王のいる共和政
ジャコバン再考

王のいる共和政

ジャコバン再考

中澤達哉 編

岩波書店

はじめに
── ジャコバンから革命・自由・共和政を読み替える

中澤達哉

　民主主義の機能不全が指摘されて久しい。民主的な共和政治を実現していた<ruby>はず</ruby>のアメリカで、なぜ前大統領はなかば独裁的に振る舞うことができたのだろうか。議会制民主主義の母国であるはずのイギリスで、なぜ議会の機能を率先して停止させようとする首相が現れたのだろうか。民主化後の、特に EU 加盟後のハンガリーやポーランドなどの中・東欧諸国で、なぜポピュリストが同時多発的に政権の座に就いたのだろうか。帝政ではないはずのロシアが、なぜかつての帝国主義列強さながらにウクライナに侵攻することができるのだろうか。現代に生きる私たちは、かつて戦間期のドイツで民主主義の手続きを経て政権を掌握し、その後、独裁制をしいた政治家の事例をよく知っている。プロレタリアの天国であったはずの社会主義ソ連で、それとは正反対の独裁や粛清が行われていたという事実もまた、知り得ている。だが、今日では米英の民主主義もまた、私たちの眼前で、しかも、急速に、「負」とも言うべき側面を露にしてきているのである。

　もしかすると、私たちはいま、歴史的に稀有な事態に居合わせているのかもしれない。もっと言えば、市民的な徳や倫理、そしてそれに裏打ちされた人文主義や啓蒙思想によって国家の骨格を作り上げてきた国々の民主政がいま、音をたてて崩れるのを目撃しているのかもしれない。それは、今般のパンデミック下でいっそう明示的に現れているようにみえる。もしそうならば、これはいったい何を意味するのだろうか。

　私たちの論集はこうした現代的問いに答えようとする一つの試みである。なにより本論集は、近現代世界が前提としてきた諸原理が必ずしも自明のものではなかったのではないか、という素朴な疑念から出発している。「民主主義」のみならず、「革命」「自由」「共和政」といった近代の主要原理の理解が実は一様化されて、現代に受け継がれてはいなかっただろうかと。あるいは、現代人の認識こそ問われねばならないのかもしれない。つまり、私たちの論集は、

近代的といわれる思想や原理をいったん相対化したうえで，近代の初発を根本から再検討しようとしているのである。そうすることが必要な時代に，いま私たちは居合わせているのではないだろうか。

　さて，そのような問題意識をもつ本論集が検証の対象とするのが，ジャコバンないしジャコバン主義である。そして，これを通じて体現される「共和政」の概念とその実態である。それに付随する「革命」と「自由」である。ジャコバンと聞くとき，革命的急進主義，さらには，独裁や恐怖政治というマイナスのイメージを持つ人もいるだろう。フランス革命期のロベスピエールら公安委員会の活動をみれば，それは無理もない。一般的な感覚では，民主政や人民主権を掲げる政府のもとで，なぜあれほど多くの人命が失われたのか，なぜ流血の事態が加速化したのか……と素朴に疑問を感じている人も多いはずである。あのマリー＝アントワネットもオランプ・ド・グージュも，革命のさなかに処刑された無数の人びとの中の一人である。ジャコバン主義は，自由・平等・同胞愛を掲げるフランス革命がその一方で有した「負」の側面を，一身に背負ってさえいる。

＊　　　＊　　　＊

　だが，ここで，「王のいる共和政」であるとか，「向う岸のジャコバン」などという耳慣れない語を聞くと，どのような感想をもたれるだろうか。1791年のロベスピエールの以下の言葉を耳にすれば，従来のイメージとは異なる共和政の姿が見えてくるに違いない。「国民が，何ものかであるような自由な国家はすべて，共和国である。国民は，君主と共にあっても自由でありうる。共和制と君主制は相反するものではない」[1]。一方，フランスより東方のハンガリーのジャコバン派は，1793年に以下の一節を残している。どのような印象をもたれるだろうか。「主権は国民に存する。国民は一人の王，貴族，民衆からなる。王は主権において第一身分を形成する。貴族は多様な称号を保持し，第二身分をなす。民衆が第三身分を形成する」[2]。さらに，スウェーデンで展開されるように，君主政の枠組みのなかで政体が変化することを revolution と形容する事態をどう理解すればよいだろうか。同様に，自由がいまだ特権と同義語であった18世紀末の状況も軽視しうるものではないだろう。

　実のところ，上記の「革命」「自由」「共和政」といったキーワードは，18世紀末には今日よりもはるかに広い意味で使用されていた。J. リブセイや J. イニスらによるフランス革命期民主主義の再考によれば，Republic が「民主共和国／民主政の共和国」(democratic republic) を指し，revolution が回転や流転というより「変革」を意味するようになるのは，早くても1790年代半ば以降のことであった[3]。いわゆる北大西洋の近代共和主義とは別に，中・東欧のジャコバンには中世後期以来の選挙王政の経験を基盤に「王のいる共和政」(republic with king)／「君主政的共和主義」(monarchical republicanism) の理念が長らく堅持されてもいた。つまり，私たちが峻別しながら理解してきた近世と近代の各々の価値観を混在させた政治的主張が，18世紀末のジャコバンにおいて展開されていたのである。それらは歴史的ヨーロッパの個性とも呼ぶべき姿なのであろう。

　そもそも共和国／共和政とは本来「公けの事柄」あるいは「公共善の実現体」という意味をもつラテン語のレスプブリカ (res publica) である。マキァヴェッリなどルネサンス期イタリアの政治的人文主義者によれば，レスプブリカは君主政・貴族政・民衆政 (民主政) のどれを通じても実現しうる[4]。ただ専制とだけは相容れない。理想は三政体の混合 (混合政体) であり，その歴史上の実例は共和政ローマ，スパルタ，ヴェネツィアなどの，君主や統治者を選挙によって選んだ国家であった。かの共和政ローマのキケロも，長期的には「一人支配の王政」，「少数者支配の貴族政」，「多数者支配の民衆政 (民主政)」という三政体の混合，すなわち選挙制が望ましいと結論していた[5]。混合政体として選挙王政が最適であるとの意味合い，つまりレスプブリカは君主政と両立するという古典古代の理解は，マキァヴェッリを通じて，近世のヨーロッパに確かに浸透していたのである[6]。

＊　　　＊　　　＊

　幕末の日本では，ヨーロッパにおけるこうしたレスプブリカの系譜は必ずしも正確に把握されていたわけではなかった。2004年に小倉欣一が編著『近世ヨーロッパの東と西──共和政の理念と現実』(山川出版社) において論じたように，「共和」は中国語の Gòng hé であり，西周の後期，周の厲王（れいおう）追放後の空位

期を指す。空位の 14 年間は，宰相の召公と周公による共同統治期にあたり，これを共和と号したのである[7]。日本で共和の語は地理学者の箕作省吾(みつくりしょうご)の『坤輿図識(こんよずしき)』(1845 年)に初めて見える。箕作は，近代欧米に出現する君主のいない国制・政体の訳出にあたり，大槻磐渓の助言をえて上記の中国の故事に解決を求めた。箕作は，同書第 4 巻下の北亜墨利加洲(アメリカ)総説で，United States を「共和政治州」と訳出し，これにオランダ語表記 Verenigde Staten のカタカナ書きのルビを付した。「共和政治州(フルエーニフデスターテン)総説　此疆域，北ハ新貌利太泥亜(ブリタニア)ニ接シ，南ハ墨是可(メキシコ)ニ至リ，……次デ十三州トナル，……然レドモ，国主酋長有ルニ非ズ，毎国，其賢者数人ヲ推テ政官トナス」[8]。

　なによりも興味深いことに，箕作はヨーロッパ史における「共和政治州」の例として，革命後の君主のいないフランス[9]だけでなく，神聖ローマ帝国崩壊後の領邦君主国による「列応共和州」(Rheinbund 現代訳：ライン同盟)[10]や，ポーランド分割後のドイツ・ロシア・オーストリアの保護下にある「クラカウの共和政治」(Rzeczpospolita Krakowska 現代訳：クラクフ共和国)[11]を挙げた。しかし箕作は，近世ヨーロッパで最も選挙王政が発展し国王自由選挙制を施行していた，三分割以前の「ポーランド＝リトアニア共和国」(Rzeczpospolita Obojga Narodów)についてはそもそも言及すらしていない。つまり，この幕末の知識人は，革命によって王を処刑した共和政と，王を選挙で選び続けてきた共和政とを，古来のレスプブリカの系譜の中において正統かつ相補的なものとして必ずしも理解していたわけではなかった。むしろ，複数の者が国家の意思決定に能動的にかかわる複合国家の国制を，「共和州／共和政治州／共和政治」と呼ぶ傾向があった。繰り返しになるが，選挙制や混合政体などの政体を指して，古典古代以来の意味のもとでこの語を使用したわけではなかったのである。

　とはいえ，箕作の「共和州／共和政治州／共和政治」も複合国家の国制概念として定着することはなかった。そもそも箕作以前には，渡辺崋山が『西洋事情御答書』(1839 年)において United States を「北亜墨利加フルエーニクテスターテ」[12]とオランダ語読みで表記していたし，プリンセン著・杉田玄端訳の『地学正宗図』(1851 年)になると，今日の用法である「合衆国」がみえるようになる[13]。

　一方，政体論における「共和」の使用はおもに 1860 年代を待つことになる。

加藤弘蔵は『立憲政体略』(1868年)において政体を「君政」と「民政」に分け，前者を「君主擅制」「君主専治」「君民同治」(上下同治)に，後者を「貴顕専治」「万民共治」に分類した。このうち「万民共治」とは，「国中君臣尊卑ノ別ナク惟有徳ノ君子一人若クハ数名選択セラレテ政権ヲ掌握」[14]する政体であり，当時の「花旗国」(アメリカ)及び「瑞士」(スイス)のそれを指定した[15]。これに対して，憲法を制定し国民に公権を与える立憲君主政体には「君民同治」(上下同治)の語があてられた。加藤は時勢として君政では君民同治を，民政では万民共治を「立憲政体」として把握した[16]。

とはいえ，維新前後の状況に決定的な役割を果たし，今日の思想や術語に多大な影響を与えることになるのが，福澤諭吉の『西洋事情』(1866年)であった。君主政と対立する(と福澤が考えた)アメリカ独立革命・フランス革命以後の民主政を「レポブルック」と捉え，これを独占的に「共和政治」と訳出したのである。「政治に三様あり。曰く立君礼楽征伐一君より出ず。曰く貴族合議国内の貴族名家相集て国政を行う。曰く共和政治門地貴賤を論ぜず人望の属する者を立てゝ主長となし国民一般と協議して政を為す」[17]。これが「共和政」を「民主政」と等価のものとして限定した初期の言説である。

この福澤の把握が以後主流を占めていく。しかし，のちの中江兆民による「君民共治之説」(1881年)は，君主とともに公義公道が行われる政体を共和と捉える点で，明らかに福澤と異なった。兆民によれば，「政体ノ名称数種アリ曰ク立憲曰ク専制曰ク立君曰ク共和ナリ」[18]。「其事実ニ就テ之ヲ校スルトキハ立憲ニシテ専制ナルアリ共和ニシテ立君ナルアリ共和未ダ必ズシモ民政ナラズシテ立君モ亦タ未ダ必ズシモ民政ナラズンバアラズ」[19]。それゆえ，このような思想をもつ以下の兆民の主張は，レスプブリカの系譜を理解した実に稀少な共和政論であったといえる。「共和政治ノ字面タルヤ羅甸語ノ「レスピユブリカー」ヲ訳セルナリ「レス」ハ物ナリ「ピユブリカ」ハ公衆ナリ故ニ「レスピユブリカー」ハ即チ公衆ノ物ナリ公有物ノ義ナリ」[20]。「此公有ノ義ヲ推シテ之ヲ政体ノ上ニ及ボシ共和共治ノ名ト為セルナリ……君主ノ有無ハ其問ハザル所ナリ」[21]。

　　　　＊　　　＊　　　＊

　ここで重要なのは，民主政のみを共和政とイコールで結ぶ19世紀欧米の一理解を無批判に受け入れてしまった福澤を論難することではない。また，福澤を通じてある種一面的な近代理解が明治期の日本に流布したことを批判することでもない。そうした理解の向うに広がる地平を歴史学的に検証することのほうがはるかに重要なのである。出発点として踏まえておきたいのは，近代を考える際に，近世の視点を抜きにしては何も語れないということである。近年の歴史学界では，近世の政治社会がもった独自性を明らかにしながら，近代主義的な歴史観を批判する研究が相次いだことで，近世史と近代史をいかに接続させるかが課題の一つとなっている。J. ポーコック，Q. スキナーらの市民的人文主義にもとづく共和主義論[22]，J. イスラエルの急進的啓蒙主義論[23]，H. ケーニヒスバーガ，J. エリオットらの複合国家論や「君主と政治共同体の統治」論[24]，などを踏まえるならば，近代ヨーロッパの姿は新たにどのように見えてくるだろうか。近代の重要な概念と見なされてきた共和政，それに付随する革命や自由，啓蒙といったキーワードは，より広い歴史的文脈のなかでどのように再考されるだろうか。

　本論集は，近世史と近代史を接続するキーワードとしてあらためて「共和政」を選び取り，この概念がもった多義性と輻輳性に着目しながら，近世から近代への変動期の実態に肉薄するものである。その際，本論集は，複数の地域を比較する補助線としてジャコバンを選択する。フランス革命史の文脈のなかで理解されてきたジャコバンは，その世界史的な意義とともに空間的にも時間的にも「広がり」をもって受け入れられた事象でもある。それゆえに一方で，ジャコバンという名辞に偏差を引き起こした各地域特有の政治的・社会的条件とこれに対応した各地域の「啓蒙」とを通奏低音として着目する必要があるだろう。

　本論集は以上の点に着目し，まず序章でジャコバンと共和政治ならびにジャコバン史観を総括する（近藤和彦）。これを受けて，身分・社団制および君主政原理への対応の相違や偏差にもとづき，第I部「ジャコバンの諸相：「王のいる共和政」と「王のいない共和政」」および第II部「19／20世紀の転回」にお

いて，各国・各地域のジャコバンの思想と運動を検証する。

　第I部第1章は，ダルジャンソンの「王のいる／いない共和政」論を吟味のうえで，のちのフランス・ジャコバンとの関連を問う。その際，オランダのパトリオット革命を踏まえて革命情報のヨーロッパ規模での流通を検証し，共和政論の空間的広がりの前提条件を究明する(森原隆)。同第2章は，前期ハンガリー・ジャコバンの「王のいる共和政」(君主政的共和主義)を事例に，「大西洋圏」とは異なる「中・東欧圏」という近代共和主義のもうひとつの水脈を掘り起こす。特に「世襲王政の共和国」論がハプスブルク啓蒙君主政の正統化原理として機能したという特性を踏まえ，これが「王のいない共和政」論へと転換するまでを検証する(中澤達哉)。同第3章は，オーストリア・ジャコバンの国制改革案の検討を通じて，反貴族政を媒介に近世イタリア都市共和政思想とドイツ啓蒙思想とが交差する実態を掘り下げる。これにより，内実としては「王のいない共和政」に漸近するも君主政を形式とせざるをえないオーストリア的特性が浮き彫りとなる(阿南大)。同第4章は，パヴリコフスキがポーランドの政治状況の変化(分割，蜂起)に対応する中で，「王のいる共和政」を標榜する人民君主主義から，ジャコバン主義的な「王のいない共和政」，すなわち急進的な民主政的共和主義者へと変貌する過程を跡付ける(小山哲)。同5章は，イングランド・ジャコバンにおける3つの国制論を分析する。つまり，古来の国制を尊重する「王のいる共和政」論，フランス革命に直面した際の実験的な「王のいない共和政」論，そして暴力行使による世襲的特権身分の全面廃止論である(正木慶介)。「ジャコバン」という視角が近世から近代を見通す有効な準拠枠であることを確認して，第I部を締め括る。

　第II部「19／20世紀の転回」は，19世紀および20世紀における各地域の歴史的文脈に即した共和政の多様な実態を示し，従来の近現代史の理解に再考を促す。同第6章は，スウェーデン史上の混合政体をめぐる議論や「ジャコバン」と称された者たちの主張の検討を通じて，君主政の枠組みを維持した政体が更新され「「ジャコバン」の王国」が立ち現れる実相を究明する(古谷大輔)。同第7章は，カントを中心に展開される君主政と共和政の両立をめぐる思想と運動を踏まえ，ジャコバンとボリシェヴィキの狭間にある19世紀ドイツの立憲君主政論の特性を追う(小原淳)。同第8章は，バルト地域の小村

が 1905 年革命期において「共和国」を名乗る背景とその意味を，自由の語義の変転をめぐる人びとのせめぎあいの中で考察する(小森宏美)。同第 9 章は，ロシア革命までの過程に着目しつつ，社会主義革命からジャコバンと共和政を振り返る。これによって，フランス・ジャコバンを意識するボリシェヴィキの「王のいない共和政」論と王政復古のフランスに端を発するカデット流の「王のいる共和政」論の双方を軸に，近現代史の観点からジャコバンを総括する(池田嘉郎)。

終章では，21 世紀においてジャコバンを語ることの意義と問題，方法と認識が批判的かつ提言的に検討される(高澤紀恵)。

総じて本論集は，欧米近代に内包される複数の様態に着目することで，近世から近代そのものの総点検を行うものである。前近代を踏まえない限り，近代はおろか現代をも見通すことはできないという認識の上に立つからである。なお，以上の営為は，近現代歴史学の従来の認識を相対化することを伴う。しかし，歴史修正主義と関わりのない厳密な実証研究に基づくものであることは言うまでもない。

　　　註
1)　辻村みよ子『フランス革命の憲法原理——近代憲法とジャコバン主義』(日本評論社，1989)，263 頁。同様に，ナポレオンが 1807 年まで「フランス共和国皇帝」を名乗ることの意味についても着目する必要があろう。山﨑耕一『フランス革命——「共和国」の誕生』(刀水書房，2018)，299 頁。
2)　Benda Kálmán, *A magyar jakobinusok iratai*, vol. II (Budapest, 1952).
3)　James Livesey, *Making democracy in the French Revolution* (Cambridge, Mass.; London, 2001); Joanna Innes and Mark Philp (eds), *Re-Imagining democracy in the age of revolutions: America, France, Britain, Ireland 1750–1850* (Oxford, 2013).
4)　マキアヴェルリ(大岩誠訳)『ローマ史論』第 1 巻(岩波文庫，1949)，24-32 頁。
5)　キケロー(岡道男訳)「国家について」『キケロー選集』第 8 巻・哲学 I (岩波書店，1999)，37-41，46，60 頁。
6)　なお，アリストテレスの『政治学』における「ポリティア」(政体一般とともに最良の国制形態をも意味)を，ポリティアではなく「レスプブリカ」とラテン語訳したフィレンツェの書記官ブルーニの重要性は言を俟たない。皆川卓「アリストテレスが結ぶヨーロッパ——ポリティアからレスプブリカへ」小倉欣一編『近世ヨーロッパの東と西——共和政の理念と現実』(山川出版社，2004)，106-123 頁。
7)　小倉欣一「序」小倉編『近世ヨーロッパの東と西』，12 頁。

8) 箕作省吾『坤輿図識』(以下『図識』)巻 4 下(須原屋伊八, 1847), 三丁(裏)。

9) 「仏蘭西, ……五十年前ヨリ, 国中争乱続キ起リ, 国王之ヲ征服スルコト能ハズ, 遂ニ闔州皆共和政治州トナリ, 那波礼翁勃那抜爾的ヲ以テ其長タラシム……」(『図識』巻2, 一二丁(表)〜一三丁(裏))。

10) 同上, 九丁(表)。

11) 「波羅泥亜, ……近三十年前ニ至リテ, 其臣下ノ不和ヨリシテ, 国内干戈止ムトキナク, 人民半ハ離散ス, ……封内, 俄羅斯, 独逸, 孛漏生, 共和政治ノ処アリ, 是ヲ「カラカウ」ト云フ(同上, 五丁(表)〜五丁(裏))。

12) 渡辺崋山『崋山全集』(崋山叢書出版会, 1941), 42 頁。

13) プリンセン著／杉田玄端訳『地学正宗図』(天真楼, 1850-51), 丁表記なし。

14) 加藤弘蔵『立憲政体略』(上州屋総七, 1868), 三丁(表)。

15) 同上, 一五丁(裏)。

16) 同上, 三丁(表)。

17) 福澤諭吉「西洋事情」マリオン・ソシエ他編『福澤諭吉著作集』第 1 巻(慶應義塾大学出版会, 2002(1866)), 14 頁。

18) 中江兆民「君民共治之説」松本三之介他編『中江兆民全集』第 14 巻(岩波書店, 1985(1881)), 10 頁。

19) 同上(傍点筆者)。

20) 同上, 10-11 頁。

21) 同上, 11 頁。

22) J. A. ポーコック(田中秀夫・奥田敬・森岡邦泰訳)『マキァヴェリアン・モーメント ── フィレンツェの政治思想と大西洋圏の共和主義の伝統』(名古屋大学出版会, 2008);Martin van Gelderen and Quentin Skinner(eds), *Republicanism: A shared European heritage*, vol. I-II(Cambridge, 2002).

23) J. イスラエル(森村敏己訳)『精神の革命 ── 急進的啓蒙と近代民主主義の知的起源』(みすず書房, 2017)。

24) Helmut G. Koenigsberger, *Dominium regale or dominium politicum et regale: Monarchies and parliaments in early modern Europe: Inaugural lecture in the chair of History at University of London King's College 25th February 1975*(London, 1975), pp. 1-28; Helmut G. Koenigsberger, 'Republicanism, monarchism and liberty', in Robert Oresko, Gary C. Gibbs, and Hamish M Scott(eds), *Royal and republican sovereignty in early modern Europe*(Cambridge, 1997), pp. 43-74; John H. Elliott, 'A Europe of composite monarchies', *Past and Present*, vol. 137(1992), pp. 48-71; Harald Gustafsson, 'The conglomerate state: A perspective on state formation in early modern Europe', *Scandinavian Journal of History*, vol. 23(1998), pp. 189-213.

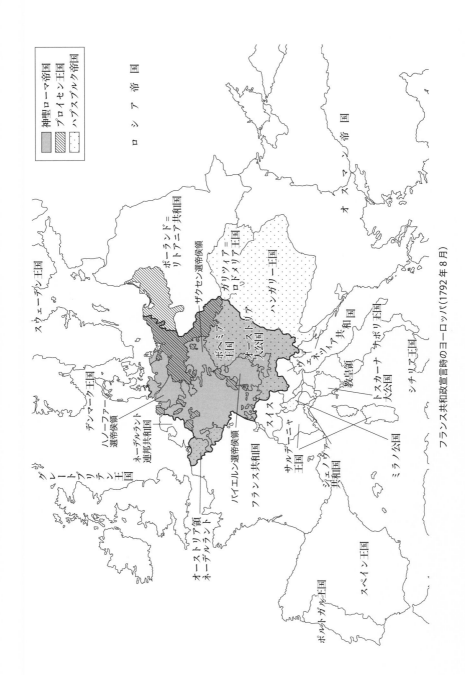

神聖ローマ帝国
プロイセン王国
ハプスブルク帝国

ロシア帝国

スウェーデン王国

オスマン帝国

ポーランド＝
リトアニア共和国

ザクセン選帝侯領

ガリツィア＝
ロドメリア王国

ハンガリー王国

ボヘミア
王国

オーストリア
大公国

ハノーファー
選帝侯領

ネーデルラント
連邦共和国

デンマーク王国

グレート
ブリテン
王国

オーストリア領
ネーデルラント

バイエルン選帝侯領

フランス共和国

スイス

サルデーニャ
王国

ジェノヴァ
共和国

ミラノ公国

ヴェネツィア共和国

トスカーナ
大公国

教皇領

ナポリ王国

シチリア王国

スペイン王国

ポルトガル王国

フランス共和政宣言時のヨーロッパ（1792 年 8 月）

xiv

目　次

序 章

研究史から見えてくるもの

近藤和彦

1. はじめに —— 3 つのキーワード

　本書はフランス革命期の人々が世の中の秩序，あるいは国のかたちをめぐって，どう語り構想していたかを考察し，後の時代への展望をひらく。その導入として，この序章では 3 つのキーワードについてその歴史的な意味，そして関連する研究がどう展開してきたかを振り返ろう。そうすることによって本書の立ち位置，そして共著者の課題が明らかになるだろう。

　フランス革命をめぐる研究は 19 世紀以降，大きく発展し変貌してきた。歴史学は時代と政治のただなかに営まれる。だが学問固有の展開というものもあって，たとえば両大戦間期，すなわち 1920 年代・30 年代にみられた新しい知の萌芽が，数十年後に花開いて歴史学の景観をめざましく変えたのもその一つである。20 世紀後半，とりわけ 70 年代以降の経済史，社会史，文化史，そして思想史，国制史の隆盛は，そうした両大戦間期の苗床が世代を隔てて一挙に成長・展開したものとみることができる[1]。本書もまた 20 世紀の知的な地殻変動を経過した今日の歴史学の産物であるから，ただ権力政治や制度の変遷をたどり，歴史を「基底」や「原因」のようなものに還元して了とするものではない。むしろ政治・秩序・文化・国のかたち・広域システムをめぐって討論するさいにも，おのずと反省的に「ことば」を意識する。そのさいに，日々ダイナミックに変化し流動しうる「政治」(politics) と，政治社会の骨組・編成としての「国制」(constitution, Verfassung) とは区別する。後者は「国のかたち」，あるいは慎重に「国体」と言い換えることもできるが，これは昭和 10 年代に唱えられた神がかりの「國體」とはちがい，たとえば福澤諭吉も尾高朝雄も重視した用語であった[2]。なお共著者の性向から，とりわけ思想的，国制史的な考察に力が入ることは，本書の長所であり短所でもある。

1

そこで，本書の3つのキーワード，すなわちリパブリック，ジャコバン，そしてパトリオットについてである。

　第1にリパブリックという語は，近現代にはほとんど「共和政治」や「共和国」に特定して用いられている。しかし，それより前は，君主(一人の権力者)・貴族(少数の既得権をもつ集団)・人民(多数者，市民)からなる政治共同体の編成のことをいい，ときに包括的に「国制」(国のかたち)，しかも理想的な国のかたちを意味したこともある。言葉の成り立ちを考えると，英語で republic，ラテン語では res publica ないし respublica(公共のこと，また公事，政治社会，国家)であるが，公共善，共和政治，共和国などとも訳せる語で，古今の西洋史，そして近代以降の世界史を理解するには文字どおりの鍵概念となる³⁾。なお本来のラテン語にはギリシア語源の political/politics(ポリス[国家共同体]に関すること)に即対応する語はなく，たとえばプラトンの著書 *Politeia*(国家／国制)はラテン語で *Respublica* あるいは *Civitas* と訳され，アリストテレスの著書 *Ta Politika*(政治学／国家論)はラテン語で *De Republica* と訳されて流通した。古代の哲学者や弁論家も，中世の学者からルネサンス，啓蒙期の文筆家も，近代日本の西周，福澤諭吉，そして現代の政治哲学者や文明批評家にいたるまで，およそ政治社会を本気で論じる者は，それぞれこのギリシア語由来のポリティカ，ラテン語由来のリパブリック概念と取り組んできたのである。

　2020年早春から数派にわたって全世界におよんだパンデミックのさなかに，疫学・公衆衛生と経済と社交のあいだの軽重，あるいは科学と政治と日常生活のバランスといった問題がおおいに議論されている。そのさいに識者の脳裏では，古代から今日にいたる公共善と自由と執行権力についての政治史・思想史が，それぞれ反芻されているに違いない。本書では，歴史的に政治社会／公共生活が危うくなり転変するときに，どのような議論があり，その編成替えをめぐる構想がどのように提起されたかを考察する。

　たとえばカエサルの同時代人キケロは「内乱の1世紀」にあって，ギリシアの先学に準拠しつつ，国のかたちを考察して *De Republica*(国制について)と題する書を著したのだが，そのなかで，都市共同体からイタリア半島，さらに地中海に版図を広げたローマ共和政治の理想は，結局ギリシア型のポリスではなく，混合政体(res publica mixta)だと論じた⁴⁾。念のために2つのよく普及してい

るキケロ英訳書についてみると，元のラテン語 republica/res publica をオクス
フォード世界古典叢書(ラッド訳)はまず republic と英訳したうえで，本文中は
文脈により state, country, form of government, constitution, nation と言い換えて
いる[5]。これにたいしてケインブリッジ政治思想史叢書(ゼチェル訳)は republi-
ca/res publica を現代英語として特別の響きをもつ commonwealth と訳したうえ
で説明を加えて，これは国制・国家権力構造をさす語であるが，具体的には
i. あらゆる国制・統治形態について一般に用いる場合(したがって「国」ないし
「国家」と読み替えることができる)，ii. 君主制と対照して共和政治に特定する場
合，iii. 道徳的に正しい国制を語る場合があるという[6]。当面はキケロの用語
法についての説明であるが，このあと本書が明らかにするとおり，リパブリッ
クという語は，この 3 つの意味あいのスペクトルのなかで，歴史的情況に応
じてニュアンスを変えつつ用いられるのである。

　こうした用法の基本は遡ってアリストテレスにおけるポリテイア(politeia)の
場合も似ていて，これを広く国制という意味で用いる例，また特定の統治形態
をさして用いる例がある。アリストテレスによると，多数者が統治する正常の
ポリテイア(ラテン語訳では republica)が逸脱すると悪しき民主政治(demokratia)に
転じるという[7]。18 世紀のモンテスキューになると共和政体(république)のなか
に民主制と貴族制という 2 つの型をふくめて，君主政体および専制と対比し
ている[8]。以下の各章でみられるとおり，フランス革命期の議論において，こ
うしたリパブリック概念の間口の広さがしだいに限定され，特別の価値と磁力
を帯びるにいたる。リパブリックにしてもリパブリカニズムにしても歴史的な
深みと多面性があり，各論者はそれに特別な意味をこめて用いていた。そうだ
とすると，そこに「共和政治」「共和主義」「共和国」といった限定的な日本語
をつねに当てはめようとすると，討論が窮屈になるだけでなく混乱をまねくの
は目にみえている。序章であえてカタカナ表記を通すゆえんである。

　近世ヨーロッパ[9]の全域で ── マキァヴェッリもボダンもホッブズもモンテ
スキューも，そして本書に登場する多くの「ジャコバン」たちも ── こうした
国制・共和政治・公共善を，要するにリパブリックを，統治者の資質いかんも
ふくめてさかんに議論していた。こうした思想的資産を継承しつつ[10]，17 世
紀半ばのクロムウェル，18 世紀後半のジェファーソン，18 世紀末のロベスピ

エールたちはそれぞれ緊迫した情況の当面する課題に対処しつつ、彼らの知るギリシア・ローマとそれ以後の歴史に照らして考え、君主大権と貴族特権を否定する民主共和主義者へと成長／脱皮したわけである。わたしたちのよく知る反君主・反貴族の「共和国」や「共和主義」はこうした革命の力学の産物であって、本書であつかうのは、いわばそうした近代的用語法の確立する前夜から当日の情況である。

なお「共和」「民主」という漢語・日本語についても、一言だけ補っておく必要があろう。アメリカの外交官 H. ホウィートンの著書 Elements of International Law (1836) を、清国駐在の宣教師 W. マーティンが清の知識人たちの協力をえながら漢訳し刊行した『万国公法』(1864) は、その後の漢字文化圏において決定的な影響力をおよぼした。日本でも幕末 1865 年からこの翻刻や和訳がいくつも試みられた[11]。そのなかで republic/republican の訳語として「共和」はすみやかに通用したが、democracy/democrat の訳語「民主」はさほど容易には通用しなかった。すでに「民ノ主」すなわち王・君主という用法が古い漢語にあったので、紛らわしかったという[12]。

第 2 のキーワードは、ジャコバンとジャコバン主義であるが、これはフランス革命期に登場したそのときから問題はらみの言葉だった。今日でも、一方では自由で公正、平等で清廉な政治社会への希求と期待に結びつき、他方では独裁と断頭台に終わったディストピアへの痛恨と反撥に結びついて、強い喚起力のある語である。

このジャコバンは、フランス革命中のジャコバン・クラブのメンバーや「革命家」を漠然とさして用いる例もないではない。しかし厳密な意味で使う場合は、1793 年夏〜94 年夏(ほぼ「共和暦 2 年」)にジャコバン・クラブの多数派を占め、国民公会議員のうち「山岳派」[13]をなし、パリの民衆運動と絶妙に連携しつつ、ジロンド派を排除し、また過激派も排除し、革命／共和国をまもり、継続させようとしたダントン、マラー、ロベスピエール、サンジュストといった革命指導者や活動家たちのことである(かりにジャコバン A と呼ぼう)。歴史的には、曖昧にジャコバンというより——多くのフランス革命研究者がそうしているように——「山岳派」と呼ぶほうがふさわしい。彼らはパリ民衆の経済生活を重視し、パリ中心に／中央集権的に思考した[14]。ジロンド派が地方分権

的・連邦的に思考したのと対照的である。テルミドールのクーデタ（1794年7月27日）以後，山岳派の遺志を継いだバブーフやブオナローティたち，いわゆるネオ＝ジャコバンも含めて考えてよいだろう。ただし，彼らは最初からある主義主張を確立した（ぶれない）イデオローグだったのではない。なおまた，ジロンド派も過激派も，発想や路線は異にしたが，そして山岳派から「反革命」と攻撃されたが，フランス革命をになった事実まで否定することはできない。それぞれ緊迫した情況の展開に向きあい，そのなかで鍛えあげられたパトリオット／革命家であった。たとえば1789年8月「人権宣言」の時点では，その後数年のうちに国王を裁判のうえ処刑したり，「革命独裁」を遂行することになろうとは，ましてや最終的に自身が断頭台に送られることになろうとは，だれも──ダントンもロベスピエールも──想像もしていなかった[15]。

　ジャコバンとジャコバン主義はその後の社会運動に無限の想像力とインスピレーションをもたらしたので，膨大な言説の蓄積がある。19世紀半ばからの社会主義運動においてはやがてマルクス派（権威主義）とバクーニン派（アナキズム）の対立が生じたが[16]，それぞれの立場からフランス革命の諸局面，そして19世紀の諸革命への関心が深まった。第三共和制期の1889年にパリ大学（ソルボンヌ）に革命史講座が設置され，オーラール，次いでマティエといった歴史家が教授として着任し，研究にはずみがつき，1907年には「ロベスピエール研究協会」もできた。20世紀前半のルフェーヴル，後半のソブール，彼らと交流したパーマ，コッブやベイカ，ハント，そして柴田三千雄，遅塚忠躬なども革命史の実証研究の隆盛をになった[17]。

　20世紀後半には英米の研究の影響をうけて，まずは革命独裁・恐怖政治をめぐり，ついでジェンダーをめぐり，それまでの正統的な理解──すなわち階級闘争／ブルジョワ革命の極致という性格づけ，そしてジャコバン政権の歴史的必然性──が批判され，1989年のフランス革命200周年に向けて研究は大きく転換した[18]（後述）。これは広くみると，旧来のフランス史とフランス革命の画期性・規範性を軸に語られてきた近世・近代の西洋史＝文明史が相対化されるのとほぼ重なる動きでもあったが，同時に進行していた社会主義圏，そしてソヴィエト社会主義共和国連邦の崩壊（1989-91年）とも同期した現象でもあった。まだ実現していない理想のユートピアをゴールとして，そこへ向けて段

階的に進歩する人類文明という，かつて広く共有されていたヴィジョンが根本的に動揺したかにみえる。あたかも日本では80年代の「バブル」が破れて長い低迷期に入った。中国では天安門事件を期に強権的「開発独裁」体制が，共産党の指導のもとに固められた。洋の東西をとわず，信教と排他主義(と権威主義)の体制が優勢であるかにみえる。1989年をはさむ前後の時期は，ただフランス革命200周年というにとどまらず，近現代史における，そして歴史観における決定的な転換点となった。2020年からのパンデミックは，その方向性をなお揺さぶるかにみえる。わたしたちは今，世界的な知の「見直し」の大洪水に見舞われている。

　ここであらためて注意したいのは，フランス革命は一国だけの現象ではなかったという事実である。フランス(パリ)は17世紀からヨーロッパ文明の中心にあり，18世紀にはオランダ，イギリスとともに啓蒙の震源をなしたので，そこで起こった革命が他へ波及して大きな影響をおよぼしたというだけではない。むしろフランス革命は，同時代のヨーロッパ，アメリカ，また地中海世界でも共振した政治社会の躍動の一局面で，一つの極端なケースだったとみられるのであり，18世紀末〜19世紀初めの広域にみられた世の中の編成替え，したがって時代の転換の重要な一契機なのであった。フランスの外に西欧，南欧，中東欧，北欧，そして海の向こうにも，自称・他称のジャコバンがうごめいていた。彼らはテルミドールのクーデタの後にも ―― ロベスピエール型ではないかもしれないが ―― 革命的な共和主義者であった。こうした広域ヨーロッパにおける広義の革命家現象をかりに**ジャコバンB**と呼ぶことにしよう。

　彼らジャコバンBについて，各地でローカルな研究が蓄積されていたのだが，1955年にいたって，フランスのJ.ゴドショとアメリカのR.R.パーマが各地の個別例の集積を示すのにとどまることなく，むしろ時代の地殻変動，ほぼ1760〜1800年におよぶ大西洋世界をまたいで観察された「民主革命」の輪郭／構造を呈示し，後年のパーマ『民主革命の時代』のテーゼを予示した[19](後述)。またこれとは別の潮流として，20世紀後半におもにケインブリッジ大学に学んだ研究者を中心とする近世の政治思想史研究があるが，その旗頭はJ.ポーコックとQ.スキナであった。彼らの個別研究とともに，共同研究，そして「ケインブリッジ政治思想史」という叢書がよく知られる(後述)。なおド

イツ語圏における『歴史基礎概念』の大辞典プロジェクトは，戦前からつづく重厚な理念史(Ideengeschichte)と国制史の連結した所産といえるが，この辞典においてもリパブリック，ジャコバン，パトリオットといった概念は，民主，独裁，公共性，世論，議会，代表などとともに，重要な項目をなしている[20]。

　ここまで述べたうえで，あらためて確認しておかねばならないが，本書のほとんどの共著者の研究は，じつはゴドショ，パーマやケインブリッジ学派の影響下に始まったのではない。むしろ，西欧中心・大西洋史観とは別個に展開していた中東欧・北欧研究の独自の伝統から生まれたものであって，ここに示すような東西の学問の共振する運動は，近年になってようやく相互に認知されるにいたったものである[21]。この点は，他のキーワード，リパブリックおよびパトリアについてみると，なおさら明らかであろう[22]。

　第3のキーワード，パトリオットおよびパトリアもまた，近世・近代の広域ヨーロッパにおいて強い喚起力をもった語である。ラテン語・イタリア語でpatriaとは生まれ育った故郷・祖地だが，これをさらにギリシア語までさかのぼると，patriotesとはポリスの市民(polites)と対照された異邦のバルバロイ仲間，同郷人のことである。OEDの周到な解説によると，古代・中世においてヨーロッパ各語のパトリオット(patriotないしその異形)は本国人と区別されて，異邦の同郷人というだけの意味であったが，近世から新しい意味が加わった。なにより1568年からネーデルラントでスペイン・ハプスブルク朝の支配にたいする現地プロテスタントの反乱・独立の気運が高まるにつれて，宗主王朝に抗してたたかう志士という意味が生じたという。また1685年からナント王令廃止によりフランスを出奔したユグノー・ディアスポラについて(土地への連想はなく)信仰を同じくする者という用法が生まれたらしい。その後，各国語において「良き」「真の」といった形容詞をともなうパトリオットの用例が多くみられる。それぞれ現王朝・現体制の暴政に抗して自由のためにたたかう者，あるいは私利私欲でなく公共のためにつくす有徳の士といった肯定的な含意で用いられた[23]。さらに18世紀前半のイングランドではホウィグ貴族(ウォルポール派)による寡頭支配に反対した野党のボーリンブルックたち[24]，世紀後半にはブリテンの支配に対抗したアイルランド人，そして北アメリカ13植民地の志士たちの自称として用いられるようになる。こうした場合にパトリア／パ

トリオットは，優勢なイングランド人の支配体制にたいする抵抗勢力の合言葉である。

18世紀半ばの聖職者G.バークリの著した『パトリオティズムについての最高命題』(1750)という小冊子がある。ここでバークリは「パトリオットとは公共の繁栄を心から望む者，そのために心で望むだけでなく，その促進につとめ力をつくす者」であり，「パトリオットは公共のなかで自らの益を追求するが，悪漢は公共を自らの私益に従属させる」と唱えている[25]。重要なのは，バークリにおいても他の18世紀の用例をみても，パトリオットと特定の土地や国家とのつながりは示唆も含意もされていない点である。今日のヨーロッパ文化史家J.リアセン(アムステルダム大学)が比較史的な考察のあとに明快に述べるところだが，ロマン主義の影響を受けた19世紀のナショナリズムが土地や国家(の歴史)とのつながりを強調するのと異なり，18世紀のパトリオティズムは徳，公共性，自由，法をかかげ，啓蒙的な志向が著しく，むしろコスモポリタンなのである[26]。

そうしたパトリオットに「愛国者」といった訳語を当てるのは，まったく不適切で過ちをまねく。むしろ既存の「国家」や「民族」とは別の，理想のユートピア，現実に存在しないかもしれない共同体を希求し拠りどころとする志士である。本書のそここここに，自由なパトリアのために論じ，たたかった志士たちの姿が見えるであろう[27]。18世紀には，19世紀以降のナショナリズムとは異次元の世界が広がっていたのである。

フランス革命中にも，パトリオットとはアンシアン・レジームを否定して理想の政治社会のためにたたかう志士をさした語であり，柴田三千雄はこの語をカタカナのまま用い，山﨑耕一は1789年までは「愛国派」，以後は「革命派」と訳し分けている[28]。そうした情況的な意味転換には十分留意しつつ，本書では誤解を招きやすい「愛国派」や「愛国主義者」という訳語はとらず，パトリオットと表記する。後述のように，フランスの外で理想の，自由なリパブリックをになうべき人々もまたパトリオットであった。ナポレオンによる征服・支配がひろがると，これに抗した各地の自由戦士もそれぞれの地で――かつて王朝の暴政とたたかった志士と同様に――パトリオットと呼ばれることになる。たしかに19世紀に入ると彼らがナショナルな精神と共鳴して文字どおり「愛

国」ナショナリストとなることもありえたが，そうしたパトリオットとナショ
ナリズムの結合は，あくまで19世紀以降の情況的産物であろう。まずはパト
リオットとナショナリストを別の概念としてとらえておかないと，本書の各章
で活躍する人物たちを理解することはむずかしい。ちなみに19世紀以後のア
ナキズムにあっても，その核心は理想のユートピア(にすぎない)かもしれない
パトリアであり，自由であるという[29]。

　現代英語の用法としても Patriots' Day とはボストン郊外のレキシントン・コ
ンコードの戦い(1775年4月19日)にちなむ合衆国の革命記念日であり，宗主
支配への抵抗，自由のための戦い，独立の志を想起させる。逆に現代中国語で
「愛国者」とは，共産党の統治する中央集権の権威主義国家にたいして忠良で
従順な人民のことをいうらしい[30]。これはすなわち，パトリオティズムとい
う歴史的な概念を横領し踏みにじる体制順応主義，その強制に他ならない。

　このように，本書は A. フランスの山岳派と，B. 広域ヨーロッパのジャコバ
ン現象 ── もし革命期のフランス国内に置かれたなら，ジロンド派やエベール
派，はては「反革命」と指弾されたかもしれない人々も含まれる ──，その両
方に注目して，リパブリックやパトリオットという語に託して何がどう語られ
ていたかを考察する。ただし，A についてはすでに厚い研究蓄積があり，本書
でなにか独創的な分析を示せるわけではない。むしろ相対的に研究が少なく，
また共著者たちの得意とする B に比重がかかる。だからといって，本書は研
究におけるニッチ探しなのではない。むしろ同時代の B の広い地平に A を置
きなおして考察し，上の3つのキーワードの用例を歴史的に検討することに
よって，近世の終わり，近代の始まりとされる時代の問題情況が浮き彫りにさ
れ，新たなパースペクティヴが見えてくることを期待している。

　古代のアリストテレスやキケロから継承された君主政体，貴族政体，そして
理想の共和政体ないし民主政体という統治3形態論は，中世・ルネサンスの
政体論を中継して，近世300年間に統治者の徳，政治共同体，秩序をめぐる
百家争鳴のなかで錬磨され，18世紀後半にはとりわけモンテスキュー，ルソ
ーの出版物により，各地の読書人の共有する知識あるいは準拠枠となっていた。
フランスの，そして各地のジャコバンは，そうした言論宇宙のなかで模索し自
己主張したのである。本書ではジャコバン現象ないし革命的共和主義を発掘し

比較するにあたって，政治過程そのものよりも，政治社会と国制をめぐる議論が重視される[31]。こうしたアプローチによって，広域ヨーロッパにおける「共和」「国のかたち」をめぐる政治思想史はもちろん，随伴してフランス革命／フランス史を中軸として語られてきた西洋近世史の見えかたが変容することも期待している。さらに副次的ながら，本書は近年の国制史・思想史の展開を再訪することによって，たとえば R. R. パーマ，柴田三千雄，二宮宏之，ジョアナ・イニスといった 20 世紀後半以降の研究者の仕事を再評価することにもつながるだろう。

2. ロベスピエールの演説

1794 年 2 月 5 日（共和暦 2 年プリュヴィオーズ 17 日），国民公会におけるロベスピエールの演説が雄弁で，厳密なジャコバン主義／山岳派（上記の A）の言説の一つの頂点ともいうべきものであり，ここでもリパブリックおよびパトリア（に当たるフランス語）が重要な役割を負って駆使されている。年表（巻末）にも示すとおり，内外の情況は緊迫し，93 年 6 月に山岳派はジロンド派を排除し，10 月には公安委員会の革命独裁を発足させていた。ようやく 12 月・1 月に戦況はもりかえし，ヴァンデの反乱はほぼ平定され，情況は小康状態に転じたとはいえ，共和国（la République）は危急の秋（とき）にあることに変わりはない。ロベスピエールは 12 月 25 日の「革命政府の原理原則」と題した演説に続き，この 2 月 5 日のさらに長い演説で，「共和国の内政において国民公会を導くべき政治モラルの原理原則」を論じる。ここではカエサル，クロムウェル，タキトゥス，マキャヴェッリなどの名を —— この順で —— 挙げながら，悪しき特権政治，君主政治，「敵」として措定された暴政と対照しつつ，民主政治・人民政治の原理原則を論じ，権力のさらなる集中，共和国の敵の処罰，専制政治の必要を説いてこう言う[32]。

「……諸君の政治の第一の格率は，人民を理性によって導き，人民の敵を恐怖（terreur）によって導くということでなければならない。平和時における人民政府の原動力が徳（vertu）であるとすれば，革命時における人民政府の原動力は，徳と恐怖の両方である。徳，それなくして恐怖は忌まわしく，恐怖，それなく

して徳は無力である。この場合の恐怖とは正義(裁き)，迅速で厳しく妥協のない正義(裁き)に他ならない。したがって恐怖とは徳の表われ出たものであり，恐怖とは……パトリの緊急の必要に適用された民主主義の一般原理の帰結に他ならないのである」(引用いったん終わり)。

　ちなみにこの原理原則(principes)とは，ロベスピエールも依拠するモンテスキューによれば，「政体を活動させるもの」「政体を動かす人間の情念」である[33]。また「徳」とは，古代の virtus(男気，力，英雄的行為，美徳，高潔)由来で，ルネサンスをへてモンテスキュー，ルソー，ロベスピエールにいたるまで，利己心や腐敗の対極におかれ，結局のところパトリオティスム，自己犠牲と重なるものであった。こうした徳は，共和国・共和政治・公共善への愛とも言い換えられる[34]。もう一つの「恐怖」は，モンテスキューによれば専制政治の原理であった。その専制政治とは，君主が法律と名誉によって統治する君主政治と異なり，法も規則もなく，一人の意思と気紛れによって引きずられてゆく政体で，腕力と恐怖を要した[35]。なお，パトリ(patrie, ラテン語ではパトリア)のことを近代史家は通例「祖国」と訳してきたが，先にも述べたとおり，18 世紀の用法では歴史的な土地や国家へのつながりは希薄だった。ここでロベスピエールは定冠詞つきの la patrie に革命的な公共性，自由，法を体現した有徳の政治社会(という理想)と，公安委員会の独裁がしかれた「フランス共和国」(という現実)の同一視をこめている。聴いている国民公会議員を絶妙に高揚させながら，そのまま演説は続く。

　「恐怖とは専制政治の原動力だと述べた人がいる。だとすると，諸君の政府は専制政治に似ているのだろうか。そうだ。……諸君が恐怖によって自由の敵を制圧するのは，共和国を創建した諸君であれば正当なのである。革命政府とは，暴政にたいする自由の専制(despotisme de la liberté contre la tyrannie)なのである」[36]。

　ここで「恐怖とは専制政治の原動力だと述べた人」とは誰と名をあげていないが，モンテスキュー(ないし彼を引用する人)のことである[37]。ロベスピエールの演説がモンテスキュー『法の精神』の「理論的な枠組もしくは道具立てを，若干の修正を加えつつも用いている」ことはすでに指摘されているとおりで[38]，そのさいにロベスピエールはモンテスキューの重要な語を言い換えた

11

り，定義をずらしたりする。たとえば，モンテスキューが専制政治は徳でも名誉でもなく恐怖を必要とすると論じたときのフランス語は crainte（恐れ，不安，畏敬）だったが，ロベスピエールが恐怖なくして徳は無力だという場合のフランス語は terreur である。2つの語は共通する部分もあるが，後者は恐怖政治・テロリズムの語源にもなっているとおり，強権や死も含意していた。はっきりいうなら，これは2年前から公開処刑で執行されていた断頭台のことである。なおまたモンテスキューの共和政治 (gouvernement républicain) には人民主権の民主政治と貴族政治という2つの型があり，ともに徳を原動力とするとされて，古代以来の用法を踏襲するものだった[39]。だがロベスピエールの場合は「共和的」とは即「民主的」「人民的」と同義で，貴族ないし特権身分とは相容れず，共和政治＝民主政治・人民主権とされている[40]。そうすることにより，彼はそれまでだれも擁護しなかったデスポティスムを「暴政にたいする自由の専制」という曲芸師のようなレトリックで正当化したのである。

　なおこの2月5日のロベスピエール演説に République/républicain および patrie/patriote という語は何度もくりかえされるが，Jacobin/Montagnard といった党派を自称する語は一度も用いられない。他党派や外国人を攻撃する語は分派 (faction) および暴政という語と結びつけて頻繁に用いられる。革命は共和国ないし人民を代表する「一般意志」「理性」の企てであり，分派や党派は忌まわしいという了解である。したがって，（イギリス的）政党政治への道は最初から否定されている。この演説は拍手喝采で迎えられ，冊子として印刷配布され，多くの紙誌にも転載された[41]。

　こうしたことは，ただの概念の差異やレトリックの問題なのではない。なによりモンテスキューは1740年代，おおむね平穏な時代に南仏のシャトーで執筆し，初版の刊行後も推敲を重ねて，わたしたちに伝わるのは1757年の版である[42]。他方のロベスピエールの演説は1794年の初め，内外の障害を根絶し，反革命を制圧すべく，共和国の存亡をかけて革命独裁の正当性を訴えたもので，長年の友人であっても「穏健派」とか「ウルトラ革命派」として弾劾せざるをえない状況にあり，緊迫度はまるでちがった。ロベスピエールには重大な責任とストレスがかかり，大演説の後には病臥したほどである[43]。では彼の言説は，はたして93年憲法を棚上げした革命政府に異論をとなえ続けるエベール

派(ウルトラ革命派)とダントン派(穏健派)を論駁し，その後の粛清を正当化するための方便，あるいは権力集中のための口実にすぎなかったのだろうか。

　そうではないと考える。その第1の理由は「独裁」と訳されるフランス語dictature, ラテン語 dictatura だが，これはローマ共和政治の制度で，非常事態に対処すべく元老院が無制限の権力を独裁官(dictator)に6ヵ月と期限をきって付与したものであった。それじたい共和政治の枠内の任命であって，共和政治をそこなうものではないし，ましてや暴政とは範疇を異にする[44]。7月26日(テルミドール8日，逮捕の前日)の演説にいたるも，ロベスピエールは暴君と正当な独裁者とは明確に区別し，対置していた[45]。たとえば，こうである。「「独裁」という語は魔術的な効果をもつ。いわくそれは自由を台無しにし，共和国を破壊するなどと。……共和国の敵どもは，ローマの一公職の名称[ディクタトル]について，なんとひどい扱いをすることか。……彼らはわたしを暴君(tyran)とまで呼ぶのである」[46]。

　第2の理由は，そうした独裁官をはじめとするローマの制度が，モンテスキューの『法の精神』(1748, 1757)でも，ルソーの『社会契約論』(1762)でも，しっかり論述されていたことである[47]。ともに18世紀後半，啓蒙の読書空間におけるロングセラーであり，他の言語にも翻訳されて広域ヨーロッパに流通していた。なお『歴史基礎概念辞典』によれば1734年刊のドイツの『普遍辞典』第7巻でも，1779年刊のフランスの『百科全書』第10巻の2でも，「独裁官／独裁」が立項され，ローマの制度として説明されていた[48]。ローマ共和政治における独裁官の制度的正当性は，読書によって国民公会の議員たちにも既知の了解事項だったのである。

　ここで「独裁」「独裁官」という日本語について一言補っておこう。「革命独裁」という語が広く行きわたっていた1973年のこと，宮本顕治，不破哲三に率いられた日本共産党は党大会で「ディクタツーラ」(dictatura)という語は「独裁とはまったく関係がない」のだからこれを止めて，むしろ「執権」(鎌倉幕府の執権のように政治の権力を執る)という訳語を採用すべきという論陣をはった。これは党の新聞『アカハタ』および理論誌『前衛』に載ったばかりでなく，大きな出版広告が朝日新聞，毎日新聞などの紙面に掲載されて，党員以外の一般新聞読者にも周知された[49]。たしかに一定の学問的な理由のある提言であっ

た。だが，ときの議会主義的な宮本・不破路線への不審から，これは戦術的に
ただ「反共世論」を凌ぐためのカムフラージュにすぎないとして「反共」勢力
からも「革命的」左翼からも冷笑された。武装蜂起による一挙的革命こそ正し
く，議会による合法的改良主義は誤り（日和見主義）で禍根をのこすといった言
説が，まだ大学内で生命を保っていた時代であった。幸か不幸か，共産党の提
言は日本の古代ローマ史研究にもフランス革命やロシア革命の研究にも効果は
およばず，今日もなお共和政治の最高官職 consul が執政官と訳され，非常事
態に任命された dictator は独裁官／臨時執政官と訳されている[50]。

　革命政府のロベスピエールにとって「暴君」「暴政」とは，共和国の敵，す
なわち外国にある王公や特権貴族，国内でそれに呼応している腐敗分子や犯罪
者（たとえば悪徳商人，地域主義反徒，民衆主義者）のことをさし，すなわち「反革
命」と同義だった。ロベスピエールの論法は，市民と敵，徳と悪徳，純粋と腐
敗，パトリオットと反革命派，共和国と外国といったシャープな二項対立で表
現され，味方と敵を単純明快に対置して，2つの陣営に分断し，異論をとなえ
る者や曖昧な中間派を容赦なく追いつめた。危機感は国民公会の議員・聴衆，
そして紙誌の読者にも共有され，人文主義由来の知的資産を横領したロベスピ
エール──「清廉潔白の士」──の演説が，あたかもモンテスキューの描いた
専制のままに，革命政治を引きずったのである。だれしも間違えること，迷う
ことを許されなかった[51]。2月5日の演説，そして同月にサンジュストの提案
した「ヴァントーズ法」に続き，3月にはエベール派そしてダントン派があい
ついで逮捕され，裁判のうえ，即公開処刑された。この粛清に続く「大恐怖」
と「最高存在の祭典」をへて，まもなく7月27日のクーデタにより，ロベス
ピエールをふくむ5名が逮捕され，自殺した1人を除き，翌日，20名ほどと
ともに処刑された。パリの山岳派の革命独裁はこれで瓦解するのだが，オラン
ダ，アイルランド，イタリア各地，スイスなどにおけるジャコバンBの共和
国が宣言されるのは，むしろその後のことである。

　この節では，厳密な意味のジャコバンA，山岳派独裁期のロベスピエールに
おける共和，徳，パトリア，恐怖，自由，専制，暴政といった語の用法を確認
した。先を急ごう。

3. ジャコバンと共和政治の研究史

　ジャコバン派の革命的共和主義は，日本でも近代知識人の心をとらえてきた。分析的な研究が展開するのは 1945 年以降だが，そこには一方で 30 年代の山田盛太郎の影響をうけた講座派マルクス主義者たち，とりわけ高橋幸八郎などの研究[52]，他方には桑原武夫をはじめ京都大学人文科学研究所に集うフランス研究者による仕事[53]という 2 つの大きな潮流があった。マルクス主義者も近代主義者もともに，フランス革命こそ封建社会から市民社会への転換／移行を代表具現し，これはフランス一国に留まらぬ人類史／文明史における画期であると考えた。戦中・戦後の歴史学にとって，イギリスとフランスを中軸とした西洋史は——それと対照されたドイツ史とともに——日本の近代化のために資する実学的な参照系(準拠の枠組)のような役割をになったのである[54]。なお，講座派の基本テーゼのような役割をになった『日本資本主義分析』の序言で日本資本主義(と革命の条件)と比較参照されたのは英・仏・独・露・米といった「列強」の各国史と型(構造)であって，これ以外の各地や，あるいはナショナルな枠を越えた広域ヨーロッパの歴史と構造はまだ問題意識にのぼらなかったとみえる。

　「典型的な市民革命」とされた「フランス大革命」については，アンシアン・レジームの経済・政治・思想・文学といった多方面から明らかにされ，とくに京都の人文研の共同研究にはめざましいものがあった[55]。革命そのものについては，ルフェーヴルの複合革命論，ソブールの山岳派とサンキュロットの「指導と同盟」論を踏まえて，柴田・遅塚などの分析的研究が続いた[56]。しかし，1970〜80 年代には修正論が知られ，アナール学派，社会史，世界システム論といった「新しい歴史学」，そしてアジア史，イスラム研究の隆盛とともに知的な大転換が進行した。1989 年秋にフランス革命 200 周年を記念した国際シンポジウムが東京大学と京都大学で開催されたが，これは日本史研究者も交えて，20 世紀の研究史が総括され，次の展開が模索された集会であった[57]。これ以後のフランス革命研究はしばらく政治史を離れ，ローカルな政治文化および言説とジェンダーに特化するか，あるいは遅塚忠躬および服部春彦のように広域の経済史に向かうようにみえた[58]。

歴史学の流行・廃りとは無縁のようにみえた国制史・概念史が，ここで「新しい歴史学」の前と後をつなぐ架橋のような役割を果たす。フランス史とドイツ史の両方に造詣の深い成瀬治は，近世ドイツの Verfassungsgeschichte(国のかたち，法・秩序・正当性を問う国家構造史)と取り組み，1970 年代には註記したような翻訳出版を積極的におこなうと同時に[59]，東京大学の講義ではむしろ近世フランスの国制・税制に分け入っていた。なおこの時期にドイツ語圏では歴史学界の総力をあげた『歴史基礎概念辞典』の刊行が 1972 年に始まり，97 年に完結した(前出)。

　こうした動向とちょうど照応するかのように，1977 年，日本西洋史学会大会でシンポジウム「近代国家形成の諸問題」がおもに成瀬の努力によって組織された。これは 2 年後に編著として刊行されたが[60]，成瀬の北海道大学および東京大学(文学部・法学部)における学問的交友の成果でもあり，副次的には二宮宏之のまとまった形での絶対王政論を産みだしたことに意義がある。二宮は長い闘病のあと，ようやく小康をえて，かつての絶対主義と民衆蜂起をめぐる論争史をふまえ，1969-73 年刊の P. グーベール『アンシアン・レジーム』2 巻，また両大戦間期の E. ルースたちの社団・身分制議会研究以来の研究史によりつつ[61]，フランス絶対王政が「一君万民」の専制でも中央集権でもなく，地域的・身分的な諸要素の重なり合う複合的構造からなっていたことを論じた[62]。これはまた遡ってモンテスキューによる，法と名誉によって統治され，「中間的・従属的・依存的な諸権力」によって構成された君主政治論(専制とはカテゴリー的に区別されたもの)とも整合するものであった[63]。今ではよく知られた絶対王政の「社団的編成」論だが，これは予定調和のフランス王国論ではない。さらに二宮のフランス革命論でもあったことに注意を促したい。というのは，こうである。

　「フランス絶対王政の統治構造」の最後の節で二宮は，1789 年 5 月に召集された全国三部会が国民議会に切り替わり，8 月 4 日，封建制・領主裁判権など諸特権の廃止宣言につづき，8 月 26 日，人権と市民権の宣言が「人は生まれながら自由，かつ権利において平等」として，アンシアン・レジームの社団的な編成を原理的に否定したこと，その後，数々の特権が次々に否定されることを指摘したうえで，こう述べる。

「勿論，……社団的編成そのものが，永い伝統を持つ社会的な存在であった
以上，一片の法令によってそれが雲散霧消するものでなかったことは明白であ
り，現実にそれが解体するまでには，なお永い年月を要した。1793-94 年のい
わゆるジャコバン独裁期は，91 年憲法によって原理的に方向づけられたこの
過程を，真に現実化するために不可欠の局面として，あらためて検討される必
要があろう。さらに言えば，王政復古期から七月王政期にかけて強調されてい
る，いわゆる「名望家」grands notables の支配という現実も，こうした文脈の
中で捉えなおす必要が生じて来よう」[64]。

　一見して悠長なアンシアン・レジームの統治構造の「闇」を切り裂き照らし
だす一瞬の稲妻のように[65]，二宮のジャコバン(山岳派)独裁論が 43 年前にこ
のように刻み込まれていたのである。

4. 広義のジャコバン研究史から

　さて，視野を広げて 1780 年代・90 年代の広域ヨーロッパを俯瞰すると，
諸々の政治秩序の危機，それにともなう共和政治の動きが広汎に見られる。

　最初に論及しておくべきは E. P. トムスン『イングランド労働者階級の形
成』[66]（初版 1963）であろうか。これはイングランドにおける 1790 年代の通信
協会の結成と弾圧からコンヴェンション，そしてヨークシャの機械破壊の蜂起
までを歌いあげた叙事詩のような大著である。この着想は，1956 年にイギリ
ス共産党を離れたトムスン，リチャード・コッブ，グウィン・ウィリアムズの
3 人が，それぞれのフィールドでフランス革命期の民衆政治，固有のラディカ
リズムの歴史を書こうと語りあったときに始まったという[67]。

　トムスンの『労働者階級の形成』の議論はこうである。1790 年代にロンド
ン通信協会の急進主義が全国にひろがり，ピット政権は革命フランスを凝視し
つつ，国内の運動を弾圧したが(首相みずから容疑者の取り調べに加わった，その調
書の口吻をもトムスンは引用する)[68]，全国民コンヴェンション (National Conven-
tion すなわち国民公会!)運動の展開とともに，世紀転換期には全国的な労働者
階級意識が形成された。だが，それを理解するには 18 世紀の 3 つの契機，す
なわち非国教徒の信仰，「生まれながらに自由なイングランド人」という観念，

民衆騒擾をそれぞれ捉えないとならない。いずれもフランス革命，産業革命より前から存在したイングランド人の固有の経験・伝統であり，外来のものや他のなにか基底的な要素に還元することはできないという。

　政治風土 (political climate) の転換を「潮の変わり目」(sea change) と表現し，外的要素でなく，内在的・内因的 (indigenous, endogenous) な契機，そして経験に求めたトムスンであるが，こうした姿勢は，いずこの良質の学問にも共通した一つの傾向であった。広くラディカリズムや民主主義の歴史について，パトリオットの発掘があいつぐのは，本書の各章にもみられるとおりである。あたかも日本史における丸山眞男，色川大吉，安丸良夫などの研究と志向性が共通していた。ただし，丸山の場合は思想史的な関心，普遍化への意志が顕著だったが，トムスンも色川もそうした関心は弱く曖昧で，むしろ固有の伝統の掘り起こし自体に喜びを見いだしていたようにみえる。

　そうした国民史的な系譜さがしとは別のところで，「時代」という問題に正面から取り組んだ浩瀚の書が，R. R. パーマ『民主革命の時代』(第 1 巻 1959，第 2 巻 1964) である[69]。副題に「1760-1800 年のヨーロッパとアメリカの政治史」とあるが，呈示されているのは北米の旧 13 植民地からブリテン諸島，フランス，オランダ，イタリア，スイス，ドイツ諸邦，中欧，ポーランドにいたる広い地域における，同時代史の「躍動する国制史」[70]である。キーワードはおおかたの想定のとおり，君主制，貴族制，リパブリック，自由，民主，革命，そしてパトリオットなのだが，著者はそれに加えて，この本の「導きの概念」(guiding concept) は国制を構成する団体・法人 (constituted bodies) だという[71]。これはモンテスキューなら「中間的・従属的・依存的な諸権力」，二宮なら「社団」と呼んだものにあたる。インスピレーションの源としてパーマが名をきざむのは，モンテスキュー，ルソー，バーク，アダムズといった 18 世紀人，そして 19 世紀のトクヴィル，20 世紀のコーポラティスト学派，ルフェーヴル，ソブール，フュレや友人ゴドショなどである。むしろルフェーヴルの「複合革命」論に親しんだ者には，これは第一革命としての「アリストクラートの反動」，第二革命としての「ブルジョワの革命」を，広くヨーロッパ・北アメリカに一般化して議論するための概念装置としても受けとめられる。

　先にも触れたとおり，ゴドショとパーマはすでに 1955 年，ローマにおける

国際歴史学会議(ICHS)で「大西洋革命」論を提唱していた[72]。しかしその後，この著書『民主革命の時代』では1・2巻いずれでも大西洋革命という語は一度も用いられず，慎重にせいぜい「大西洋文明史の危機的／決定的なとき」(critical moment in the history of the Atlantic Civilization)と表現するに留まる。

　そうしたパーマだが，とくにフランスと日本では読みこむ読者が乏しい。フランス語訳も日本語訳もない。ちなみに遅塚忠躬，二宮宏之の書き物にはパーマという名前さえ登場せず，山﨑耕一，松浦義弘の著書でも軽い挨拶のような扱いである。そうしたなかで例外なのは柴田三千雄で，『岩波講座 世界歴史』における「フランス革命とヨーロッパ」のアイデアの元になっていた[73]。パーマ不人気の理由を推測すると，友人ゴドショもその『偉大な国民』第2版の前言でるる述べているが，時代は「冷戦」のただなか，進歩的で反米・嫌米のフランス史家にとって，大西洋革命を唱えるパーマとゴドショはあたかも北大西洋条約機構(NATO)の御用学者のように見えたようだ[74]。また短気な読者であれば，パーマがフランス大革命のユニークさ，文明史における画期性をないがしろにして，同時代の雑多な動きのなかに埋没させる「修正主義者」と受けとめたかもしれない[75]。さらにアメリカ人にはパーマが自国の「革命」をヨーロッパ史のなかに相対化してしまう歴史家と映り，イギリス政治史家には，誇るべき議会政治の展開を同時代の大陸の有象無象と一緒に混ぜてしまう蛮行とみえたのかもしれない。

　パーマ自身もそうした「愛国的」な立場からの批判・反撥をあらかじめ予想していたのだろうか。すでに初版で，この書は「比較国制史の試み」であり，「あらゆる国史を糾合して歴史学的な総合を達成すること」をめざすと明記していた。たしかに各地の政治には「おおいに相違点があった。しかし，共通点もたくさんあった」と[76]。その共通点を説明するためにこそ constituted bodies (国制上の自由・特権を認められた歴史的な団体，すなわち社団)を導きの概念として，時代のダイナミズムを論述したわけである[77]。こうした構えの仕事こそ，自由・平等・リパブリック・パトリア，そして歴史と学問を考える多くの人々の討論の架け橋，知的なプラットフォームとなるのではないか。

5. 課題と展望

　研究史のサーヴェイの終わりに，課題と展望を示して序章を閉じよう。英語圏では概念史(history of ideas)の研究がとくにルネサンスから近世について盛んで，その一つの中心がケインブリッジ大学(の出身者)なので，ケインブリッジ学派と呼ばれることもある。ポーコック，スキナ，アーミテジ，ロバートソンなどがよく知られ，また専門誌も叢書も影響力が大きい[78]。その共同研究のうち，本書に直接関連するものとして『リパブリカニズム ── ヨーロッパ共通の遺産』[79]がある。これは EU の研究助成をうけ，狭義のケインブリッジ学派に限定することなく 30 名の代表的研究者を集めてヨーロッパの知的共通遺産を明らかにする 2 巻本として刊行された。スキナも編者として 1 章を担当し，アーミテジも寄稿しているが，ポーコックは参加していない。

　ただし問題がある。その第 1 はタイトルの republicanism がはたして何を意味するのか。これは本章の最初にも記したように，古来のリパブリック(公共善，国家，共和政治)をめぐる思考や運動を意味したはずで，その具体的なかたちは君主政治も貴族政治も民主政治も，3 つの混成もありえた。まただからこそボダンの『国家論』(1576)は「République についての 6 巻の書」で君主権を論じたのだし，ホッブズの『リヴァイアサン』(1651)は respublica を英語に直訳した commonwealth を聖界・俗界にわたって論じていた。両書がともにレスプブリカ／コモンウェルスにおける主権者＝君主の絶対性を説いても不思議はないのである。ところが，共著『リパブリカニズム』は，こうした古代から近世までの多面的な意味を論じるよりは，「共和主義」すなわち君主のいない貴族的／民衆的な政体ないし思想に収斂していくかにみえる[80]。第 2 に，全 2 巻計 30 章からなる論文集だが，ジャコバン(山岳派)やロベスピエールに言及しているのはただ B. ワードンと M. ソネンシャだけで，2 人合わせても計十数行ほどにとどまる[81]。そしてパーマには，誰も一言も触れないまま。共同研究の産物としては，視野にかげりがあると言わざるをえない。

　これよりも注目に値する共同研究に，スキナたちより 1 世代若いイニスとフィリプの共編著『革命の時代のデモクラシをイメージし直す』2 巻本がある。その第 1 巻はアメリカ・フランス・ブリテン・アイルランドにおける民主主

義の言説と政治運動をあつかい，第2巻は南ヨーロッパとオスマン帝国における民主主義の言説と政治運動をあつかい，ともに社会主義の本格的登場の前夜で終わる[82]。野心的な思想史・政治史の共同研究であり，十分な討議をへて形も整った共著である。ここではロベスピエールもパーマも正面から論及され，パーマは彼らの共同研究のインスピレーション源であったと記されている。

イニスは1968年にケインブリッジ大学に入学し，70年代にトムスンやJ. ブルーアの影響のもとに18世紀政治社会史を始めていた。85年にオクスフォードに移籍してからも，世代間の学問的継承と今日のアクチュアルな課題を意識し，『パースト＆プレゼント』誌の編集委員をつとめ，また視野をヨーロッパと北アメリカに限ることなく，意識的に地中海世界／オスマン帝国も含めて，1800年をはさむ100年弱の幅で同時代的に言説と政治運動を考察している。方向性と野心を明示する共同研究である。

註
1)　いわゆる「アナール学派」が全面開花して国際的に影響がおよぶのは20世紀後半だが，*Annales* 誌の創刊は1929年で，これは1920年にストラスブール大学に赴任した L. フェーヴル，M. ブロックたちの知的企てだった。ブロックの『王の奇蹟』は1924年に，G. ルフェーヴルの『大恐怖』と『革命的群衆』は1932年に刊行されている。なおまた *Economic History Review* 誌の創刊は1927年，L. ネイミアの最初の著書2巻の刊行が1929-30年，「身分制議会の比較研究」の提案は1933年(https://www.ichrpi.info/wp-content/uploads/2019/11/80-years-ICHRPI.pdf)，P. E. シュラムの国王戴冠式の研究は1937年，*Journal of the Warburg Institute* は同37年に創刊，*Journal of the History of Ideas* の創刊が1940年といった具合に，20世紀後半に花開く学問の苗床の創建は両大戦間期に引きも切らない。
2)　福澤諭吉『西洋事情』(1867)；尾高朝雄『国民主権と天皇制』(講談社学術文庫, 2019)[初出は1947]，11, 19, 24, 47, 278頁。尾高の法哲学・国家学がいかなる意味で20世紀の学問の精髄といえるのか，石川健治による講談社学術文庫の解説が力説する。
3)　*Oxford English Dictionary Online*(以下 *OED*)，3rd ed. (2009): art. republic, republican, republicanism；*Oxford Latin Dictionary*(以下 *OLD*)，2nd ed. (OUP, 2012): art. publicum, publicus, res publica. cf. プラトン(藤沢令夫訳)『国家』下(岩波文庫, 1979)の解説；アリストテレス(神崎繁・相澤康隆・瀬口昌久訳)「政治学」『アリストテレス全集』17(岩波書店, 2018)の補注と解説。本書でギリシア語を引用する場合は，便宜上ローマ字表記とする。
4)　Cicero(trans. N. Rudd), *The Republic & the Laws*(OUP, 1998)；Cicero(ed. & trans.

James Zetzel), *On the Commonwealth & On the Laws*, 2nd ed. (CUP, 2017).

5) (trans. Rudd), *The Republic*, p. xxxiv.

6) (trans. Zetzel), *On the Commonwealth*, pp. xxxi–xxxii.

7) 『アリストテレス全集』17 巻, 148-152, 195-196 頁。先述のとおり *Ta Politika* のラテン語訳は *De Republica*, 英訳は *Politics* である。

8) モンテスキュー(野田良之ほか訳)『法の精神』上(岩波文庫, 1989), 51-63 頁。

9) ここで「近世」とは 15 世紀末〜18 世紀末。近世の人文主義者は古代ギリシア・ローマを規範のように考え, 拠りどころとしていた。「ヨーロッパ」がどの範囲をさすかも含めて歴史的な問題である。近藤和彦『近世ヨーロッパ』(山川出版社, 2018), 1-8 頁。

10) ルネサンスの人文主義が, 16 世紀初めのフィレンツェにおけるマキァヴェッリを介してどのような思想遺産を形成し継承されたかを論じたのが John Pocock, *The Machiavellian Moment*(Princeton UP, 1975)である。なおまた重要なのは, Quentin Skinner, *The Foundations of Modern Political Thought*, 2 vols. (CUP, 1978); Terence Ball, James Farr & R. L. Hanson(eds), *Political Innovation and Conceptual Change*(CUP, 1989); Nicholas Phillipson & Quentin Skinner(eds), *Political Discourse in Early Modern Britain*(CUP, 1993).

11) 加藤周一・丸山真男編『翻訳の思想』〈日本近代思想大系〉(岩波書店, 1991), 4-35, 381-400 頁に有益な抜粋と解説がある。村田雄二郎責任編集『万国公法の時代 洋務・変法運動』(岩波書店, 2010)。

12) 諸橋轍次『大漢和辞典』; たとえば福澤諭吉『西洋事情』でも「共和」は語られるが,「民主」は登場しない。

13) 山岳派(Montagnards)は国民公会の議員であるが, ジャコバン・クラブやコルドリエ・クラブのメンバーとして 1793 年 5〜6 月にジロンド派追放で合致し, 公会と民衆の接点に立ち, 革命政府を構成した。実証研究にもとづく概説として信頼できるのは, 柴田三千雄『フランス革命』(岩波現代文庫, 2007;初出は 1989 年だが新しいあとがきを付す);山﨑耕一『フランス革命』(刀水書房, 2018), 164, 172 頁。

14) R. R. Palmer, *Twelve Who Ruled: The Year of the Terror in the French Revolution* (Princeton UP, 1941;Princeton Classics, 2005)。初版は 1941 年だが, 革命情勢の展開のただなかの人物を活写し, 歴史叙述の手本。遺憾ながら最近まで一部の研究者が敬遠してきた 20 世紀の古典である。また遅塚忠躬『ロベスピエールとドリヴィエ』(東京大学出版会, 1986)は啓蒙思想, 民衆, エタンプ一揆, ドリヴィエとの関係に注目して, 考え決断するロベスピエール像を彫刻する渾身の書。

15) すでに定説であるが, 近年では Ruth Scurr, 'Varieties of democracy in the French Revolution', in Innes & Philp(eds), 後掲。

16) 柴田三千雄「パリ・コミューン解釈における「権威主義」と「反権威主義」の形成」『季刊 社会思想』2-2(1972)。

17) 研究史の大略は, 柴田『フランス革命』;山﨑耕一・松浦義弘編『フランス革

命史の現在』(山川出版社，2013)。

18)　『思想』789 号(1990)は 1989 年秋，東京，京都におけるフランス革命 200 周年記念シンポジウムにもとづき「特集：フランス革命と世界の近代化」と題するもので，修正論を感知しつつも，まだ十分に対応していない。この前後にフュレ，ハント，そしてシャルチエ，ダーントンなどの翻訳も続いていた。

19)　最初の提起は 1955 年の国際歴史学会議である。J. Godechot & R. R. Palmer, 'Le problème de l'Atlantique du XVIIIᵉ au XXᵉ siècle', *Relazioni del X Congresso Internazionale di Scienze Storiche, Roma 4-11 Settembre 1955*, V. なお註 72 をも参照。こうした問題提起を積極的に受け容れて，同時にホブズボームの二重革命論からも示唆を受けて，「フランス革命とヨーロッパ」を著したのが，柴田三千雄であった。『岩波講座 世界歴史』18(1970)。

20)　Otto Brunner, Werner Conze & Reinhart Koselleck(hrsg.), *Geschichtliche Grundbegriffe: Historisches Lexikon zur politisch-sozialen Sprache in Deutschland*(Klett-Cotta, 1972-97).

21)　cf. 小倉欣一編『近世ヨーロッパの東と西——共和政の理念と現実』(山川出版社，2004)；池田嘉郎・草野佳矢子編『国制史は躍動する——ヨーロッパとロシアの対話』(刀水書房，2015)；井内敏夫編『ロシア・東欧史における国家と国民の相貌』(晃洋書房，2017)；中澤達哉代表の科研費共同研究「ジャコバン主義の再検討：「王のいる共和政」の国際比較研究」(2016-19 年度)など。

22)　R. Oresko, G. C. Gibbs & H. M. Scott(eds), *Royal and Republican Sovereignty in Early Modern Europe: Essays in Memory of Ragnhild Hatton*(CUP, 1997)もこの文脈で重要な論文集である。

23)　*OED*, art. patria, patriot, patriotism；*OLD*, art. patria. 古典ラテン語に patriot に類する語はなく，6 世紀になってようやく patriota という語形が生じたようである。

24)　18 世紀前半のイングランドで，ホウィグ寡頭支配の表象とギリシア＝アテネの狡獪な征服というイメージとが重なった。たとえば 1729-31 年のマンチェスタで，ホウィグ＋長老派の労役所法人化プロジェクトに反対した詩人バイロムたち(トーリ，ジャコバイト)は，このプロジェクトを「ギリシア人の独占」(Greek monopoly)をわがトロイに根付かせるための「トロイの木馬」のような陰謀と呼んだ。K. Kondo, 'The Church and politics in "disaffected" Manchester, 1718-31', *Historical Research*, LXXX(2007).

25)　[George Berkeley,] *Maxims concerning Patriotism*(Dublin, 1750), pp. 5-6. この初版では第 21，第 24 項だが，のちに広く流布する版では第 24，第 27 項：たとえば *The Works of George Berkeley, D.D. . . . in 3 vols. ed. by A. C. Fraser*(Oxford, 1871). データベース ECCO(およびその前身 ESTC)にはこの初版について，あの J. M. ケインズの書きこんだ書誌メモがみえる。

26)　比較史家 Joep Leersen[Leerssen]の 'Anglo-Irish patriotism and its European context: Notes towards a reassessment', *Eighteenth-Century Ireland*, 3(1988)が含蓄深く説得的である。リアセンは後掲の Palmer や Venturi も参照しつつ議論している。

27)　cf. Franco Venturi, *Utopia and Reform in the Enlightenment*(CUP, 1971), pp. 71-77. この書は，ケインブリッジにおける G. M. トレヴェリアン記念講演にもとづくが，あげて 18 世紀のリパブリックとユートピア(コスモポリタンで自由なパトリア)を論じる。

28)　ロベスピエールの演説にも頻出する。柴田三千雄『フランス革命』；山﨑前掲書 27, 79, 311(註)頁；Leersen, pp. 12-13. リアセンの場合は特定の年で分けることなく，アメリカ革命，フランス革命を支持するパトリオットは温度差はあれ，それぞれ「革命家」になったという。

29)　戸田三三冬『平和学と歴史学：アナキズムの可能性』(三元社，2020)。

30)　従来からウイグル，ティベット，台湾にたいして，なおまた習近平政権の下では香港やさらに外地にある「中国人」にたいしても，党に従順な「愛国」が強制されている。

31)　既刊の共同研究には，近藤和彦編『長い 18 世紀のイギリス　その政治社会』(山川出版社，2002)；小倉編『近世ヨーロッパの東と西』；古谷大輔・近藤和彦編『礫岩のようなヨーロッパ』(山川出版社，2016)；立石博高編著『スペイン帝国と複合君主政』(昭和堂，2018)；「主権国家再考」(計 4 回)『歴史学研究』976 号(2018)，989 号(2019)，1007 号(2020)，1015 号(2021)など。

32)　*Oeuvres de Maximilien Robespierre*, X(PUF, 1967), pp. 356-7；http://ihrf.univ-paris1.fr/en/enseignement/outils-et-materiaux-pedagogiques/textes-et-sources-sur-la-revolution-francaise/robespierre-discours-du-18-pluviose-an-ii/paragraphs 22, 23. この 2 つのテクストは微細に異なるので，相互に参照する。遅塚『ロベスピエールとドリヴィエ』，300-302 頁；河野健二編『資料 フランス革命』(岩波書店，1989)，415-416 頁(樋口謹一訳)にも抄訳があるが，ここは拙訳による。

33)　モンテスキュー『法の精神』上，70 頁。

34)　『法の精神』上，31, 77, 95, 106 頁；*Oeuvres de Robespierre*, X, pp. 353-4；paras 11, 12, 18.

35)　『法の精神』上，51, 82 頁。

36)　*Oeuvres*, X, p. 357; para 23.

37)　『法の精神』上，82, 86 頁。

38)　山﨑耕一『フランス革命』，195 頁。

39)　『法の精神』上，31-32, 71, 77 頁。

40)　*Oeuvres*, X, pp. 352-3; paras 8, 9.

41)　2 月 5 日の演説を印刷した冊子は *Oeuvres*, X, p. 350 に，これを転載した紙誌は pp. 366-7 に(20 世紀の編者により)列記されている。

42)　Montesquieu, *The Spirit of the Laws*(CUP, 1989), introduction；『法の精神』上，「訳者序文」「凡例」。

43)　ロベスピエールの健康状態・病臥期間について，山﨑『フランス革命』，217 頁。

44)　長谷川博隆『古代ローマの政治と社会』(名古屋大学出版会，2001)，130-132 頁；砂田徹「SPQR」「共和制」「ローマ」『歴史学事典』12(2005)；小池和子『カ

エサル』(岩波新書, 2020)にも独裁官の先例がいくつも挙がっている。カエサルの場合, 有期の独裁官ではなく「終身の独裁官」になったことが, 元老院の(共和政治の)嫌悪を招いたのである。

45)　ただし, 1794年春〜夏には, ロベスピエールを「暴君」「野心家」として中傷し非難する声が高まっていた。山﨑『フランス革命』, 214-217頁。

46)　*Oeuvres*, X, pp. 553-4.

47)　『法の精神』上, 61-62, 325頁；ルソー(桑原武夫・前川貞次郎訳)『社会契約論』(岩波文庫, 1954), 172-174頁。

48)　*Geschichtliche Grundbegriffe*, I(1972), 900-901.

49)　http://www.jcp.or.jp/akahata/aik14/2014-05-15/2014051509_01_0.html

50)　前出, 註44.

51)　たとえば学友デムーランの言論の自由(間違える権利)の主張にたいするロベスピエールの厳格な処分(結局は死刑)について, 山﨑『フランス革命』, 194-206頁。

52)　山田盛太郎『日本資本主義分析』(岩波書店, 1934). その「序言」は講座派マルクス主義を規定し, かつ拘束する範式としてはたらいた。高橋幸八郎『近代社会成立史論』(日本評論社, 1947)；『市民革命の構造』(御茶の水書房, 1950)；高橋学派の最後は, 岡田与好(編)『近代革命の研究』上・下(東京大学出版会, 1973)。これらにたいする批判的なコメントとして, 近藤「文明を語る歴史学」『七隈史学』19(2017), 3-8頁。

53)　桑原武夫(編)『ルソー研究』(岩波書店, 1951；第2版1968)；『フランス百科全書の研究』(岩波書店, 1954)；『フランス革命の研究』(岩波書店, 1959)；『ブルジョワ革命の比較研究』(筑摩書房, 1964)。

54)　研究史の大略は, 柴田『フランス革命』；山﨑耕一・松浦義弘編『フランス革命史の現在』。イギリス史については, 柴田三千雄・松浦高嶺編『近代イギリス史の再検討』(御茶の水書房, 1972)；近藤和彦『文明の表象　英国』(山川出版社, 1998)；『イギリス史10講』(岩波新書, 2013)。

55)　その最後を締めるのが, 河野編『資料 フランス革命』(前掲)であった。

56)　柴田三千雄「フランス革命論の再検討」『歴史学研究』253(1961)；『バブーフの陰謀』(岩波書店, 1968)；「フランス革命とヨーロッパ」『岩波講座 世界歴史』18(1970)；『パリのフランス革命』(東京大学出版会, 1988)；『フランス革命』(前掲)。遅塚忠躬「フランス革命の歴史的位置」『史学雑誌』91-6(1982)；『ロベスピエールとドリヴィエ』(前掲)；『フランス革命を生きた「テロリスト」』(NHKブックス, 2011)。柴田・遅塚と性格も世代も異なる実証研究として, 竹中幸史『フランス革命と結社』(昭和堂, 2005)；山﨑耕一『啓蒙運動とフランス革命』(刀水書房, 2007)；松浦義弘『フランス革命とパリの民衆』(山川出版社, 2015)。

57)　〈特集：フランス革命と世界の近代化〉『思想』789号(1990)に記録されている。「明治革命」(Restorationでなく Revolution)論もこのときに公にされた。

58)　K. Baker, C. Lucas, F. Furet & M. Ozouf(eds), *The French Revolution & the Creation of Modern Political Culture*, 4 vols(Pergamon, 1987-94); Lynn Hunt, *Politics, Culture &*

Class in the French Revolution (U California P, 1984); do., *The Family Romance of the French Revolution* (U California P, 1992).

59) O. Brunner『ヨーロッパ—その歴史と精神』(岩波書店, 1974); F. Hartung, R. Vierhaus, et al.『伝統社会と近代国家』(岩波書店, 1982)。

60) 吉岡昭彦・成瀬治編『近代国家形成の諸問題』(木鐸社, 1979)。編者二人の名が並んでいるが, 吉岡は 1977 年, 日本西洋史学会大会の主催校(東北大学)にあり, 木鐸社には「宗家」のような御茶の水書房以来の因縁があった。むしろ学問的内容については成瀬のイニシアティヴが明らかである。

61) これについて二宮の明示的言及は,「フランス絶対王政の統治構造」および「社団国家とネオ・コルポラティスム：高橋清徳氏の論稿に寄せて」(初出は 1985)。ともに『フランス　アンシアン・レジーム論』(岩波書店, 2007)に再収, 257, 269-272 頁。

62) 二宮宏之「フランス絶対王政の統治構造」。二宮はこの前年 J. ルゴフの来日講演「歴史学と民族学の現在」を司会, 訳出して『思想』630 号(1976)に発表し, 日本の歴史学界を瞠目させていた。76 年に歴史民族学で, 77 年(共著刊行は 79年)に社団的編成で日本の学界を転回させたのだ。

63) 二宮はモンテスキューの名はあげるが, その「中間的・従属的・依存的な諸権力」と自身の「中間的団体」とがどう同じでどう違うかは論じない。そもそもモンテスキューはすでに君主政治を専制や暴政と対置して呈示していた。『法の精神』上, 51, 64, 80-82 頁。

64) 二宮「フランス絶対王政の統治構造」『近代国家形成の諸問題』, 231 頁; 二宮『アンシアン・レジーム論』, 250-252 頁。振り返ると, 柴田三千雄『近代世界と民衆運動』(岩波書店, 1983)の社団国家・名望家国家・国民国家論が導かれるヒントが, すでにここで呈示されていたわけである。

65) だからこそ, 社会的結合関係の 2 つの概念図(A・B)はなめらかな楕円状の弧ではなく, ギザギザに切り裂く稲妻のように描かれなければならない。cf.『クリオ』30(2016), 3, 38 頁における二宮証言の記録。

66) E. P. Thompson, *The Making of the English Working Class* (Gollancz, 1963, 1968, 1980). 版により推敲・修文があり, 80 年版が生前の決定版である。

67) Gwyn Williams, *Artisans and Sans-culottes: Popular Movements in France and Britain during the French Revolution* (E. Arnold, 1968), pp. 1-2; Richard Cobb, *The Police and the People: French Popular Protest, 1789-1820* (OUP, 1970); E. P. Thompson, *Customs in Common* (Merlin, 1991), p. 259. それぞれニュアンスのやや異なる述懐である。

68) 長い友情を保ちつつも批判的なホブズボームによれば, トムスンは「天才的著述家」だが,「……自分の主張を簡潔に表現する能力を欠いていた」。R. J. エヴァンズ『エリック・ホブズボーム』下(岩波書店, 2021), 130 頁。

69) R. R. Palmer, *The Age of the Democratic Revolution: A Political History of Europe and America, 1760-1800* (Princeton UP, 1959, 1964; Princeton Classics, 2014).

70) cf. 池田・草野編『国制史は躍動する』の編者あとがき。

71)　Palmer, *Age of the Democratic Revolution* (2014), pp. 20-41.

72)　このパネルを準備するよう慫慂してきたのは他ならぬ G. ルフェーヴルだった, とゴドショが後に述懐している。J. Godechot, *La grande nation: l'expansion révolutionnaire de la France dans le monde de 1789 à 1799*, 2me éd. (Aubier, 1983). この事実は, 正統派のフランス革命研究者にむけて強調しておきたい。

73)　該当の『岩波講座 世界歴史』18 巻の刊行は 1970 年だが, 北原敦の学生時代の講義ノートによると, 1961 年 5 月 8 日の東京大学文学部の特殊講義で, 柴田はパーマの新著 (第 1 巻) を紹介し, キーワード constituted bodies をどう訳すか苦慮していた。

74)　Godechot, *La grande nation* (1983), pp. 8-10; *French Historical Studies*, XVI, no. 4 (1990).

75)　彼が保守でも反革命でもないことは, *Twelve Who Ruled* (前出) をみれば明白である。これは若きリン・ハントの「青春の書」であった。インタヴュー (近藤和彦)「母のこと／政治文化／ボディ・ポリティク」『思想』789 号 (1990).

76)　Palmer, *Age* (2014), pp. 3, 7.

77)　だが, 2014 年版に前言を付したアーミテジは, 本書の「導きの概念」には論及しない。このとき国制史の重要性について彼の関心は弱まっていたのかもしれない。

78)　註 10 を参照。この学派の専有物ではないが, *Historical Journal*; 叢書 *Cambridge Texts in the History of Political Thought*; *Ideas in Context* などを通して成果が公刊されてきた。

79)　Martin van Gelderen & Quentin Skinner (eds), *Republicanism: A Shared European Heritage*, 2 vols (CUP, 2002).

80)　David Wootton, Book review of *ditto*, *EHR*, CXX, no. 485 (2005).

81)　Blair Worden, *Republicanism*, I; Michael Sonenscher, *ibid.*, II.

82)　J. Innes & M. Philp (eds), *Re-imagining Democracy in the Age of Revolutions: America, France, Britain, Ireland 1750-1850* (OUP, 2013); *Re-imagining Democracy in the Mediterranean, 1780-1860* (OUP, 2018).

ジャコバンの諸相

「王のいる共和政」と「王のいない共和政」

第1章
旅する「共和政」とパトリオット・ジャコバン
—— フランスとオランダのジャーナリズムを中心に

森原　隆

フランスとオランダとの関係から見えること

　フランスを中心にした「共和政」やパトリオット・ジャコバンとその運動を，当時のヨーロッパとアメリカにまたがるグローバルな観点，とくにオランダ（ネーデルランデン連邦共和国 De Republiek der Verenigde Nederlanden）との関係から捉え直したい。18世紀のフランスにとってオランダは最も身近な「王のいない共和国」であり，フランスとオランダが「共和政」やパトリオットをめぐっていかなるやり取りをしていたのか，新聞や雑誌などのジャーナリズムでいかに緊密に結びついていたのか，また旅や旅行記などを通した人や思想の交流がこれらの理念に与えた影響などを検証していきたい。

　1788年5月15日早朝4時のことである。ロッテルダムの税関で3名のオランダ人が，渡航船でマース川の対岸であるベルギーのアントワープやブリュッセルを経て，パリを目的地とする長い旅路につこうとしていた。旅人はいずれも1780年代のオランダに勃興した「パトリオット(patriotten)革命」の関係者で，L. v. エック(リーダー)，P. パウルス(海軍将軍)，ヘーフェルス夫人(パトリオット派裁判官の妻)であった[1]。パトリオット革命は，1785年以降に支配層である州総督やレヘント(regenten，都市為政者)に対してパトリオット派が起こしたものであり，アムステルダムやロッテルダムなどの市政を掌握することで一時成功したかに見えた。しかし，1787年9月，州総督ウィレム5世が要請したプロイセン軍の出兵でアムステルダムは降伏し，2万人以上ともいわれるパトリオットが亡命を余儀なくされた。旅人の目的は，まずこの亡命者たちと面会することであった。エックの手記によれば，ベルギーでは，80年代にハプスブルク家の専制支配への抗議が始まっていたので，温かく迎えられた。次に男性たちが目指したフランスでは，最大の使命が待ち構えていた。フランスにオランダのパトリオット支援を呼びかけることである。パトリオットのフランス

訪問が果たして功を奏したのか。また当時オランダがなぜフランスに期待でき
たのであろうか。

18世紀ヨーロッパ政治・革命思想におけるオランダ

ヨーロッパの1680-1715年を激動の時代とみなし，オランダを震源として
位置づけたのは，P. アザールの名著『ヨーロッパ精神の危機』(1935)である[2]。
彼によれば，1685年にフランスで布告された「ナント王令の廃止」でユグノ
ーの亡命活動が始まり，旅行者の大移動によってヨーロッパに「静から動へ」
「旧から新へ」「南から北へ」の心理の激変が起こった。「寛容で親切な国」オ
ランダでは，亡命者の思想・文化運動が展開された。代表は亡命思想家P. ベ
ールであり，学芸誌『文芸共和国便り』(Nouvelles de la République des Lettres, 月刊・
110頁・12折)が仏語で刊行された。「本当にヨーロッパ的規模の新聞はまだな
かった。フランスのユグノーたちは，気前よく提供された自由や歓待とひきか
えに，オランダにこの素晴らしい贈り物をした」。アザールは，ヨーロッパの
啓蒙の起点を1680年代にまで遡及し，オランダ啓蒙の意義を評価した。

近年，この「ヨーロッパ精神の危機」をさらに1650年代まで引き下げ，オ
ランダ啓蒙を強調する研究が展開されている。J. イスラエルの研究によれば，
オランダに渡ったデカルト哲学が「新しい哲学」となって伝統的な信仰や思想
への反抗が始まった[3]。ヨーロッパ啓蒙には，「穏健な啓蒙」と「急進的な啓
蒙」の二つの潮流があったという。とくに「共和政」思想では，前者はポーコ
ックらの研究により提唱されたイタリアのcivic humanismやイングランドの
J. ハリントンの共和主義で，古典的共和主義と自然法の結合，混合政体を重視
する。また後者はオランダの共和主義で，スピノザのような反君主政主義や，
平和・商業を優先する海洋国家の民主的共和主義を掲げ，ジャコバン言説にも
影響を及ぼしたと主張するのである。

一方「大西洋革命論」では，オランダ革命は，ジュネーヴ(1768・82)・アメ
リカ(1770-83)・スウェーデン(1772・89)・アイルランド(1780-83)などの革命
と並置して重要性が論じられた[4]。ところが，19世紀末以降の革命史研究の
主流であるパリ第一大学革命史講座派の研究では，例えば代表的なA. ソブー
ルによって，「「ブルジョワ的自由」にかくれて，富の支配を保証するような，

保守的な」革命と論破され，フランス革命の独自性が強調された[5]。とはいえ，革命をグローバルな観点から再考する動きは，200周年記念行事を主催したM. ヴォヴェルの頃から顕著に現れ，とくに2008年に講座教授となったP. セルナは，フランス革命を国際環境から捉える研究を推進し，2010年には「旅の共和政」と題するコロックをドーフィネ革命の起点ヴィジルで開催した。

ところで，このオランダを18世紀フランスの政治思想はいかに捉えていたのか。フランスには16世紀のジャン・ボダンから18世紀のモンテスキューやルソーにいたる固有の啓蒙の系譜があるとされ，「共和政」研究においても，フランス語「レピュブリック」(république)をめぐる著名なフィロゾーフ（啓蒙思想家）の論に焦点が定められてきた。ただ，その中でオランダ共和国（レピュブリック）の政体を肯定的に捉え，言及するものは多くはない。モンテスキューは1728-32年のヨーロッパ旅行で，オーストリア・ハンガリー・イタリア・ドイツに続きオランダに入ったが，『旅行記』で腐敗している様子を皮肉に語り，落胆の気持ちを隠せない[6]。共和国の支配層を分析しつつ，「アムステルダムは一種の選挙貴族政」であると述べ，ユダヤ人の商業活動と関連づけ「オランダ人の貪欲，狡さ，詐欺について聞いていたことは，誤魔化しではなく真実」であると手厳しい。彼はイタリアやオランダの共和政に失望し，古代のギリシア・ローマの共和政や，その後訪ねたイギリス立憲君主政に傾倒したともいわれる[7]。またルソーが『社会契約論』(1762)で強調した当時の代表的共和政モデルは，外交官秘書として滞在したヴェネツィアと，故郷のジュネーヴ（第2編第7章「立法者について」・第4編第3章「選挙について」など）の2共和国が中心である。

他方，オランダの共和政（レピュブリック）を高く評価したものに，R. ダルジャンソン侯爵(René-Louis de Voyer de Paulmy, marquis d'Argenson, 1694-1757)の政治論がある[8]。彼は18世紀中期フランスの勢力均衡政策を重視した外務卿(1744-47)であり，自由主義・重農主義的な経済理論家であったけれども，失脚して晩年は著述に専念した。彼の暗鬱で皮肉や風刺のきいた浩瀚な回想録・日誌は，ルイ15世時代の宮廷政治の内実を知る重要な史料として扱われることが多いが，本章が対象とするのは1737年草稿(1764年初版)の『フランスの古今の統治に関する考察』である[9]。彼は14年にオランダを旅している。

本書は，当初の主題「民主政は君主政治の中でどこまで容認しうるのか」が

示すように，形式的には君主政を念頭にした民主政擁護論である。第 1 章では，伝統的な三政体論(君主政ロワイヨテ・貴族政アリストクラシ・民主政デモクラシ)を前提としつつ，ヨーロッパの政体は多かれ少なかれ混合政(mixité)であると述べる。そのうえで，第 3 章では混合政 2 か国(イギリス・スウェーデン)，貴族政 4 か国(ヴェネツィア・ジェノヴァ・ポーランド・ドイツ領邦)，民主政 2 か国(オランダ・スイス)，君主政国(フランス・デンマーク・スペインなど)の分析が提示される。意外なのは，伝統的共和国のヴェネツィア・ジェノヴァが貴族政で，オランダ・スイスを民主政と分類した点である。スイスは「オランダほど繁栄していない」とし，専ら民主政モデルと措定するのはオランダ共和政である。「オランダは 7 連邦州が 2 つの統治目的をもつ。互いに独立し民主的な 7 主権を保持することと，7 州が共通財産のため総合組織を維持し国外での政治利害を統括することである。組織は平等・民主的で人民代表により指導される」。「オランダには固有貴族はおらず，……真の民主政治があり，結果としてそう呼べる」。「共和国では人民の利害が継続的に人民を導き，法の効果の内に公権力が認められる。各人は他人を害さないかぎり完全に自由で，自由と多様な利害が衝突せずに作用し，商業の大きい利益が生まれる」。共和政の自由リベルテや平等エガリテを高く評価したのである。

　まず留意すべきは，民主政と君主政との関係である。ダルジャンソンは，第 7 章で，州会・郡会の自治制度による民主政のプランを提唱しているが，本書は畢竟，民主政的君主政(monarchie démocratique)論なのか，あるいは民主政に主眼を置く君主政的民主政(démocratie monarchique)論なのか。この判断によって，後世の評価が分かれるように思われる。前者は，彼の形式的な民主政重視と保守性を指摘し，「国家の絶対権を人民の偽りの自由によって隠している」(Valbert, 1888)や，「フルーリやフェヌロンと同様に経済的・社会的平等を絶対政治と結びつけた」(Sonenscher, 2013)という否定的ダルジャンソン像となる。一方，後者は，その先見性を評価し，「ジャコバン主義のイデオロギー的祖先」(Barruel, 1797)や，「89 年の全体が，またそれを超えたものさえ少し見られる」(Sainte-Beuve, 1828)という積極的肯定に繋がる。この点で，本書の異版 4 種類と草稿・註を分析し，後者を支持する 2019 年の J. ジェンチルの議論の論拠が興味深い。ダルジャンソンは，『永久平和論』(1713)の聖職者サン・ピエールと書簡で意見を交わしていたという。「世界君主政」(monarchie universelle)に基づく

勢力均衡論や「ヨーロッパ連合構想」(confédération européenne)を説く友人に対し，ダルジャンソンは「君主政的民主政」に拘泥し，サン・ピエールも「彼は君主政よりやや民主政に傾いている」という証言を残している。

　さらに問題となるのは，共和政論（レビュブリック）である。本書は，必ずしも体系的な共和政論を構築しておらず，おおむね république は，古代アテネ・スパルタやヴェネツィア・ジェノヴァ共和国という国名で扱われている（第3章第4項）。しかし，民主政をオランダ・スイス共和国だけに認めているように，共和政（レビュブリック）への明確な共感が示されている。第8章第2項では，「république の長所は，君主政の権威を攻撃するどころか増大させる」とし，註では「各教区・都市・町は，偉大な国王の保護で république となる……これをレビュブリック精神(esprit républicain)と呼ぶ」と述べており，共和政を君主政と矛盾するものとはしない。また補遺註の「公共の事柄(chose publique)の管理は別で，権威は一種の機械に委ねられる。……それが君主政に守られる真の république である」には，アリストテレス的共和主義や「公共善」の影響が認められる。ダルジャンソンは「ヨーロッパ共和国(république européenne)構想」を抱懐していたといわれるが，この république は，王のいるいないにかかわらず，原理としての「共和主義」「共和政」の国家なのである。

　ここで想起されるのは，ルソー『社会契約論』の共和政論であろう。ルソーは，république は一般意志の表明である合法的政府を意味するものであり，この条件を満たすかぎり貴族政でも君主政でも république と呼べると述べ，レピュブリックを正当な国家とした[10]。ルソーは 1756 年版の本草稿を読んだと思われ，『社会契約論』の註4箇所でダルジャンソンに言及している。とくに第4編第7章「市民的自由について」で，「république においては，各人が他人を害さないかぎり，完全に自由である」と述べた箇所は，前述のダルジャンソンのオランダ陳述からの引用である。ルソーの民主的共和政論に，ダルジャンソンのオランダ共和政論の痕跡が明確に認められる。

　ダルジャンソンは，1724 年パリ設立の政治サロン「中二階のクラブ」の常連で，サン・ピエール，モンテスキュー，ドルバックや英のウォルポール，ボーリンブルックらと交流を結び，ルイ・ル・グラン学院の同級生ヴォルテールとは終生懇意であった。「文芸共和国」(République des Lettres)理念に代表される

ように，「共 和 政」への共感はフィロゾーフ一般にみられる特徴でもあっ
た[11]。彼らの間では，フランス封建制・君主政の起源に関する論争が起きて
いた。例えば，ブーランヴィリエは，フランク征服説により貴族政を擁護した
(『フランス君主政史論・貴族論』1732)が，一方でアベ・デュボスがガロ・ロマン
以来の王権の正当性により啓蒙君主政を主張した(『フランス君主政成立史』
1734)とされる有名な議論である。このクラブは政治性を帯びたためか，フル
ーリ枢機卿により31年に廃止されたが，これらから推察すれば，モンテスキ
ューはサン・シモンやブーランヴィリエを継承し「王のいる」貴族政的共和政
論へ傾き，ダルジャンソンはデュボスを支持しつつも，ルソー流の「王のいな
い」民主政的共和政論へと傾いていたといえる。ともあれ，ダルジャンソンの
民主的オランダ共和政論が，当時の現実に符合するものか，パトリオットがな
ぜ革命運動を起こしたのかが次に問われなければならない。

オランダの「パトリオット革命」と『ライデン・ガゼット』(*Gazette de Leyde*)

　オランダは，1581年にホラント州を筆頭とする7州(provincie)がスペイン国
王フェリペ2世に対し「国王廃位布告」決議を行い，1608年の休戦条約によ
って独立した，ヨーロッパ近世史上の先駆けとなる「王のいない連邦共和国」
である[12]。オランダは各州議会が王権を廃することで議会主権国家となり，
中心の州議会はレヘントによって構成された。連邦共和国の統治はレヘントと
旧貴族との協力により行われるが，事実上の指導者となりうるのは，州総督
(stadhouder)とホラント州法律顧問であった。とりわけ州総督は，国王代理と
して州政治を担当し，独立戦争でのオラニェ公ウィレム1世(総督在位，1572-
84)の活躍もあって，独立後は多くの州総督職を兼務するオラニェ家によって
継承された。州総督は州軍の総司令官で，1625年以降は共和国軍最高司令官
として国土防衛にあたり，「国父」として君主に匹敵する権力者となった。オ
ランダの共和政は，州総督とレヘントの競合・対立によって堅持されていた。
　ことに17世紀前半に，オラニェ家州総督マウリッツ公(1585-1625)からヘン
ドリック公(1625-47)へと総督の権限が強化され，あたかも「王のいる共和政」
の様相を呈すると，反オラニェ派がパトリオット(patriot)と称する抗議を行っ
た。パトリオットはパトリア patria(郷土・祖国)を愛する者を意味し，「バター

図1 《バターフ人の策謀》レンブラント (1662)

フ神話」という民族伝承によって，王のいる共和政を批判した。これによれば，オランダ人の祖先はゲルマン族の英雄にして自由を愛するバターフ（バタヴィ）人で，指導者クラウディウス・キヴィリスのもと部族集会(primores)で統治し，紀元 69 年のネロ死去後，ローマへ反乱を起こした（図1 参照）[13]。ゆえにオランダ固有の国家形態は民主政的「共和政」であるから，州議会中心の政治が本来の姿となる。この神話はタキトゥスの歴史書『同時代史』の中に含まれているもので，16 世紀初期オランダの人文主義者コルネリウス・アウレリウスらによって，オランダの民族・文化アイデンティティをめぐる国内の論戦で喚起され，その際に patria や natie(民族)が頻繁に使用された。エラスムスは論争を好まなかったが，のちのグロティウス著『バターフ共和国の古代について』(1610)の影響もあり，バターフ神話とパトリオットが抗議の象徴となった。

しかし，パトリオットがつねに反オラニェ派であったわけではない。ヘンドリック公の息子ウィレム 2 世が 1650 年に病死すると，ハーグの特別「大会議」は州総督を置かないことを宣言し，オランダは第 1 次無州総督時代(1650-72)となった。53 年にホラント州法律顧問に就任したヨハン・デ・ウィットは，レヘント主導で州議会中心の体制を敷き，州総督職を廃した「真の自由な共和国」を目指した。折しも，イングランドはピューリタン革命期の議会が 51 年に保護主義的な「航海法」を発令し，これを契機に 52 年から三次にわたる英蘭戦争(-1674)が始まった。この危機の末期では，オラニェ公たちのパトリアへの貢献が想起され，パトリオットは「バターフ神話」を捨象して親オラニェ

総督派・反レヘント議会派へと急転する。72 年，オラニェ家待望論の中，ウィレム 3 世(1672-1702)が州総督・軍最高司令官に就任すると，デ・ウィット兄弟はオラニェ派の暴徒によって虐殺された[14]。ウィレム 3 世は，名誉革命期に妻メアリ 2 世と共にイングランドの統治者となるが，1702 年の死去後，再びオランダは(第 2 次)無州総督時代(1702-47)となった。ベールが晩年を過ごし，ダルジャンソンやモンテスキューが旅したのは，「国父」としての州総督を置かない，この自由な共和政体制のオランダであり，ひと握りの門閥化したレヘントが州議会や商業で繁栄を極める一方，底辺では貧困化が進行していた。これが民主的で平等か，腐敗的かは論者の慧眼にかかっている。その後 47 年の総督派パトリオットの「オラニェ革命」によるウィレム 4 世(-51)時代や，摂政期を経て 66 年にウィレム 5 世が全州総督を継いだ。この総督政治が無策かつ優柔不断で，前摂政のオーストリア人陸軍顧問ブラウンシュヴァイク公の専横も目立ち，ついに 1780 年代のパトリオット革命が始動した。

　この時のパトリオット派は，オラニェ州総督派とレヘント議会派のいずれにも属さない，中産階級，市民，知識人，地方貴族を中心に構成されるようになり，指導者にファン・ベルケル(アムステルダム)，デ・ヘイゼラール(ドルドレヒト)，ゼーベルフ(ハーレム)などの市長・都市貴族層がいた[15]。革命の契機は 70 年代以来のアメリカ独立戦争であり，イギリスが，援軍の要請を断ったオランダに対して 80 年 12 月に宣戦布告して，第 4 次英蘭戦争が開始された。英海軍の圧倒的な攻勢によってオランダは窮地に立たされ，英王家出身の母親を持つウィレム 5 世に非難が集中した。この状況下，同年 8 月アメリカから派遣された J. アダムズの積極外交が展開された。アメリカを代表する独立派「ペイトリオット」(patriot)で，のちに第 2 代大統領になる人物である。彼は親米派の商人・貿易業者のみならず，パトリオット派指導者と会見を重ね，その結果，親米派とパトリオット派の連携が成立し，革命の機運が一気に盛り上がった[16]。そして，1781 年 9 月 25 日に長文パンフレット『オランダ人に向けて』(*Aan het Volk van Nederland*)が匿名で配布され，パトリオット革命宣言が発せられた。

　「ああ尊い同胞諸君！　……君たちが裏切られ欺かれたのは最近だけではない。否，君たちは殆ど 2 世紀に互って，異なる人間たち〔州総督とレヘント〕の

野心の対象になってきた。彼らは，自由や利害を見守るという口実で，……自由な人たちの首に世襲の軛<rb>（くびき）</rb>を固定してきたのだ」[17]。著者は，オランダの貴族出身で，イギリスのウィルクスの政治批判の影響をうけて，思想的指導者となったファン・デル・カペレン (Van der Capellen) と目される。彼は「バターフ人」の自由の歴史を回顧しながら，スペイン統治，オラニェ家州総督支配に対する批判を暴露した。加えて(1)バターフ人と同じくアメリカの自主独立精神に学ぶこと，(2)総督を排除した自由な共和国実現のため，顧問協議会を設置すべきこと，(3)自由市民軍を組織し，英支配と闘う米仏連合へ接近すること，を訴えた。この宣言により，オランダ各州でアメリカ独立承認の請願運動が1782 年冬から 83 年末まで 4 回行われ，82 年 4 月にオランダはアメリカ独立承認国となり，アダムズが初代大使として着任した[18]。85 年，ホラント州議会が英蘭戦争の責任を追及してウィレム 5 世の州軍指揮権を剥奪し，86 年には危険を感じた総督がハーグを脱出したことで，革命は最高潮に達した。

　ところで，このパトリオット革命は，両派がパンフレットや定期刊行物などのプロパガンダ活動を戦略としたことに一つの大きな特徴がある[19]。その背景には，独立後のオランダが，自由な商業・貿易活動によって最初の世界経済の「ヘゲモニー国家」(I. ウォーラーステイン)になっただけではなく，17 世紀「黄金時代」(Gouden Eeuw)から 18 世紀半ばまで，レンブラントやフェルメールなどを輩出した絵画芸術は言うに及ばず，印刷・出版・報道でもヨーロッパの中心であった状況がある。オランダには，許容範囲の広い出版検閲，優れた製紙・印刷技術，書物・書店の普及，市民の識字率や言語能力の高さなどがあり，実際に新聞は，ベール以前からフランスの亡命ユグノーにより仏語の『イタリア・ドイツ通信』(1620-1798)や『アムステルダム・ガゼット』(1663-1782)などが発行され，ヨーロッパ全体に読者を獲得していた[20]。とりわけ『ライデン・ガゼット』(週 2 刊・4 頁) (“G. L.”)[21]は，1677 年に創刊され，当初はユグノーを対象としていたものの，1723 年に編集を受け継いだエティエンヌ・ルーサック (Etienne Luzac) の尽力で成功を収め，国際的な仏語新聞となった。18 世紀半ば頃から，オランダの経済衰退に応じて新聞業が低下したけれども，“G. L.” は 72 年末に甥のジャン・ルーサック (Jean Luzac) が編集に加わり，米のT. ジェファーソンから「ヨーロッパで最良の読むに値する新聞」と評され，

表 1 『ライデン・ガゼット』のニュース源

国	1772 年	1777 年	1782 年	1787 年	1792 年
フ ラ ン ス	11.0%	19.6%	19.3%	42.3%	49.9%
イ ギ リ ス	20.6	45.6	40.5	14.5	2.0
オ ー ス ト リ ア	2.5	0.4	3.0	2.3	1.4
ベ ル ギ ー	0.2	2.4	—	12.7	20.5
ド イ ツ 領 邦	10.6	3.1	1.2	2.7	7.6
イ ベ リ ア	—	5.7	12.3	2.0	0.7
イ タ リ ア	3.1	1.5	0.5	0.8	0.8
ネ ー デ ル ラ ン ト	2.9	1.5	12.3	7.8	1.8
ポ ー ラ ン ド	17.7	5.3	0.2	4.3	9.3
ロ シ ア	1.9	6.2	0.7	3.5	0.6
スカンディナヴィア	19.5	2.4	0.9	0.8	5.5
ス イ ス	—	0.4	4.4	—	—
ト ル コ	8.3	3.7	1.4	2.2	—
ア メ リ カ	—	1.3	1.4	2.7	
ヨ ー ロ ッ パ 以 外	1.7	0.7	2.6	1.2	—

J. Popkin, *News and Politics in the Age of Revolution*, Cornell U. P., 1989, p. 88.

ルイ 16 世が読む唯一の外国紙といわれるほどの地位を築いていた[22]。ジャンはユグノー家 3 代目で, ライデン大学教授として米独立承認の請願運動を指導し, それゆえ "G. L." がパトリオット派の国際新聞の役割を担った。同派は総督派の『ハーグ通信』(700 部程度)に対して, 国内向けにオランダ語週刊紙『ネーデルライン郵便』と『政治通信』(2,000 部程度)を刊行し, 国家・地方問題と切り分け, 英の『スペクテーター』に倣い談論風に報道した。

　表 1 は, 1770-90 年代(5 年ごと)の "G. L." のニュース源である。英仏 2 か国で半分以上を占めることが多いが, イギリスに関して言えば, オランダの新聞は, 戦争以前の同盟国でジャーナリズムが発達したイギリスの影響を強く受けていた。ついで北・東欧のニュースに重点が置かれ, 例えば, 72 年では, デンマーク・スウェーデン・ポーランドの記事の割合が高い。それぞれ, 啓蒙主義者ストルーエンセの改革と処刑, グスタヴ 3 世のクーデタによる啓蒙改革, 第 1 次分割に関する事件が掲載された。ウィーン・ベルリン・ペテルブルグの情報は規制のため短く, 軍事・外交に限定された。アメリカの記事が少ないが, ジャンは J. アダムズや T. ジェファーソンから革命情報を入手し, ヨーロッパ最初の独立宣言仏語訳を掲載した。オランダの記事が少ないのは, 外国読

者のオランダへの関心の薄さや，国内向けの蘭語新聞を考慮したためである。しかし，「（下層階級は）州総督王朝の友人の盲目の道具となっている」(84. 4. 6)，「オランダでは混乱と無政府状態が支配しているという考え方がドイツで広がっている」(85. 4. 25) など，パトリオット情報の提供に努め運動を支えた。ジャンは，"G. L." が同派の機関紙と扱われ国際的信用を失うことを警戒し，バランスの取れた分別ある記事に努めた。かといって全く中立的・客観的報道に徹したわけではない。大西洋の両岸で革命・反乱・啓蒙改革・反動が拡大していることを充分認識し，それを多く報ずることに啓蒙的意図が隠されており，州総督から発禁処分を受けた。"G. L." の部数は 80 年代半ば 4,200 部で，蘭語新聞『真実のハーレム通信』(6,000 部)，ロンドンの新聞(5,000 部程度)，ドイツの国際新聞『ハンブルク通信』(2 万部)に比肩しうる読者を獲得した。しかし，革命は州総督の義兄・プロイセン国王の軍隊により鎮圧された。次に，このパトリオットや "G. L." が，フランスといかなる関係にあったのかを検討したい。

18 世紀フランスとオランダのジャーナリズム

フランス最初の新聞は，1631 年に T. ルノドーによって創刊された『ガゼット』(*Gazette*，週刊・4 頁・23×15 cm・購読料 8 リーヴル/年，以下 "*G.*") で，ルイ 13 世時代のリシュリューの後援を受け，国際・軍事・外交ニュースを主眼に，国内宮廷ニュースを掲載した週刊紙である[23]。表 2 のように，"*G.*" はルノドー家により所有発行され，その後も特認制度によって革命期まで独占的な地位を保持したが，18 世紀への転換期に財政的危機を迎えた[24]。オランダなどの仏語新聞がヨーロッパ全域に出回り，"*G.*" の読者を奪っていたからである。"*G.*" の記事が官報さながらに情報制限され，簡略で堅苦しいのに対し，オランダの新聞は自由かつ詳細に仏事情や出来事を報道した。また E. アイゼンステインによると，「文芸共和国」の共通語がラテン語からフランス語にとって代わり，仏語出版物がコスモポリタンな性格を帯びていた[25]。ゆえに，仏語新聞は，ユグノーのみならず仏文化に関心をもつ地域にも読者を獲得した。1670 年代末には，この仏語外国紙の流入問題に対して，ルノドー家や顧問会議，郵政当局，出版業者を巻き込む裁決や訴訟が起きたため，ダヴィッド書店に外国紙販売権を一元化するという対策が講じられた。認可されたのは，各ガ

表2 『ガゼット』所有の変遷

年	形態	所有者・編集局長
1631	ルノドー家	T. ルノドー
53	―	ルノドーII
72	―	F. ルノドー
79	―	E. ルノドー
1720	―	E. J. シャプー
47	―	E. F. シャプー
49	個人所有	オニオン
51	個人所有	クルモン, メレ
57	個人所有	メレ
61	国家管理	サン・タルビーヌ
62	―	アルノー, シュアール
68	請負契約	アルノー, シュアール
71	国家管理	マラン
74	―	オベール
87	請負契約	パンクック, オベール

J. Sgard, *Dictionnaire des Journaux, 1600–1789*, Paris, 1991, 2 vols.

ゼット(アムステルダム・ユトレヒト・ブリュッセル)とドイツの『フランクフルト』紙の4紙であるが，ナント王令の廃止により，さらに"G. L."などが非合法に流入した。

　次の契機となったのは，1750-60年代である。『ガゼット』は1762年1月に国家新聞『ガゼット・ド・フランス』(*Gazette de France*，週2刊化・12リーヴル/年・1万部，以下"G. F.")に格上げされたが，これは明らかに，合法・非合法を問わず流入するオランダなどの仏語新聞への対抗措置であった。とくに七年戦争に加えて，王権と高等法院の抗争が詳細に報じられていたことが深刻であった。53年にパリ高等法院が，ローマ教皇のジャンセニスム弾劾の勅書「ウニゲニトゥス」(1713)に対して「大建白書」で抗議した問題である(57年のダミアン事件等)。オランダの仏語新聞は総じて，ユグノーの家系的伝統によってジャンセニスム擁護の方針を取り，その急先鋒となったのがエティエンヌの"G. L."である。この背景には，オランダにおける州議会派と州総督派の宗教対立がある。国内では公認宗教カルヴァン派の「寛容」教義をめぐって，穏健派(アルミニウス派)・厳格派(ホマルス派)・中間派などの論争が起き，独立後は「建白書(レモンストラント)」に関する対立やメンノー派・反三位一体派論争に

引き継がれた。18世紀半ばに，この論争は沈静化するも，亡命ユグノーにとって「信教の自由」は堅持すべき大命題であった。59年，フランスの外務卿ショワズールは，出版監督官マルゼルブの特認緩和構想に基づいて，世論の動向や規制困難を考慮したうえで，(1)外国紙流入を緩和し暗黙の容認と便宜を供与する，(2)認可外国紙に対しては，記事修正や規制などの圧力・「脅迫」行為を実施する，という政策に転じた[26]。こうして仏王権と外国紙間に奇妙な「共謀的契約」が成立し，両者は従来の対抗から一種の共存へと移行し，"G. L."を始めとする外国の仏語ガゼット(ハーグ・ケルン・ベルン・ウィーン)がフランス王権の統制下に入ったのである。

　その後1770年代にさらなる変化が起きた。まず，いわゆるモープーの啓蒙専制時代に，C.-J. パンクックにより第二の国内政治誌『ジュネーヴ誌』(1772年)が発刊されたことである。同誌は，外国誌のように偽装された国内政治雑誌であり，「ガゼット」ではなく「ジュルナル・ポリティーク」(journal politique)理念を試みた政治評論誌であった[27]。これは近年の研究で注目される「世論」や「政治的公共圏」(J. ハーバーマス)を意識した外国紙(誌)対策にほかならない。実際に，"G. L."に対して，宮内卿からオランダ・ハーグ駐在大使に，「共謀的契約」に基づく次のような厳しい規制が通達された。「貴殿はこの定期刊行物の著者へ，行政に関する記事に節度を持つように警告する必要がある。フランスについては礼儀正しく分別をわきまえ，パリの通信員の選択にも注意を払う必要がある」[28]。これに対して，エティエンヌから反論も行われたが，最後には，他の外国紙と共に情報規制が敷かれ，その後2年半"G. L."は記事の制限を余儀なくされた。表1のフランス記事の少ない理由はここにあり，購読者も減少した(73年300部)。

　次いで1774年のルイ16世即位後，新外務卿ヴェルジェンヌは，第三の政治誌『ブリュッセル誌』発刊と，78年の文芸誌『メルクュール』の政治雑誌化によって米戦争期の読者拡大を図る傍ら(合計2万部)，"G. L."など外国紙(『クーリエ・ダヴィニョン』『クーリエ・デュ・バ・ラン』)に対して厳命を指示した。かくして85年3月，"G. L."は，王妃の意向により，国王から反オーストリア記事を口実に発禁処分を受けた。しかしながら81年モールパの死で最高実力者となった外務卿は，王妃派と対立しつつ，"G. L."とパトリオットを支持

していたことを示す次のような書簡(国王宛て)を残している。「"G. L." への禁止命令により，……陛下はオランダの最良な市民を罰せられました。……懇願の御動機は諮りかねますが，パトリオットは勝利を獲たいと思い，御意志に従い厳しい戦いをしております」[29]。(1785. 3. 15)

　フランスは，ヴェルジェンヌがイギリスとの対抗や勢力均衡政策を旨としていたので，78年にアメリカ諸邦連合と同盟条約を結び独立戦争に参戦した。一方オランダは，84年5月に第4次英蘭戦争を多大な犠牲によって終結させたものの，オーストリアとのスヘルト河閉鎖問題で窮地に陥った。ここに85年末，仏蘭同盟がヴェルジェンヌ主導で締結され，フランスがのちのパトリオットの亡命先として担保された。また，かつてフランスに深刻な影響や脅威を与えていたはずのオランダの新聞，とくに "G. L." はフランスの読者を確保し続け(78年2,560部，83年1,090部)，"G. F."(84年7,000部)が触れえない事件などを許容範囲内で語っていたが，発禁処分の「脅威」に晒されていた(88年高等法院問題)。革命前夜におけるフランス及びオランダのジャーナリズムは，内容や形式の差こそあれ，いずれも仏王権の監視下にあり，研究者ポプキンの指摘するように，結局「革命のジャーナリズム」になりえなかったのである[30]。

「革命のジャーナリズム」とジャコバンへ

　本章冒頭で述べた2人の男性パトリオットは，1788年5月末にパリに到着し，亡命者だけではなく，在住のオランダ人や名士からも大歓迎を受けた。頼みのヴェルジェンヌは87年2月に死去していたが，新外務卿モンモラン(20回)や財務総監ブリエンヌ(8回)と会見し，米大使T. ジェファーソンは上機嫌で，好感触であった。だが国王との謁見は宴会に限定され交渉は進まなかった。ミラボーは，愛人との逃亡地でもあったオランダへの支援を『バタヴィア人へ』(1788)で訴えていたが不在で，代わって最大の理解を示したのはラファイエット(26回)であった。独立戦争の英雄は「ペイトリオット」を情熱的に語り，オランダ総督を「バカ」と呼び，「期待以上の満足を与えてくれた」が，プロイセンとの対立で介入は実現しなかったと弁解した。結局パトリオットは残りの日程をパリの旅行者として名所見物で過ごすほかなく，敬愛するルソー終焉の地エルムノンヴィルを訪れたものの，失意のうちに8月に帰国した。しか

し 1795 年，パトリオットは「バターフ革命」で再び蜂起することになる。

　1788 年 7 月 5 日にフランスでは全国三部会の招集が決定され，開催方式をめぐり紛糾していた。ラファイエットはレンヌの貴族反乱に忙殺され，パトリオット支援どころではなかったのである。さて，フランスでも「パトリ」「ナシオン」をめぐる議論が交わされていた。本来，patrie は自由の情念と結びつくのに対し，nation は「同じ国家(État)の住民」というニュートラルな響きの概念であった(Godechot, 1973)[31]。18 世紀半ばの論争では，ルソーの patrie は生まれた pays(郷土・国)を示唆するが，ヴォルテールの patrie は普遍的で cosmopolite であった。とくに patrie に愛着を示すルソーにとって，patrie は人々を自由・有徳・幸福にするものでなければならず，政治的に実現するためにそれぞれの民衆に応じた nation の形成が喚起され，cosmopolite 理念に通底した。『百科全書』のジョクールの patrie では情愛面が強調された[32]。かくしてモープー期に patriote の動きがあり，80 年代の米・アイルランド・蘭のパトリオット運動に続き，フランスでも「パトリオット派」(patriotes)が結成された。一方，招集決定と同時に検閲がほぼ撤廃され，自由な意見表明の『陳情書』(cahiers)が全国で作成された。4 万ほどの『陳情書』では，一般的に patrie よりも nation が多く使用され(Semur-en-Auxois バイイ区では 0 対 20)，patriotisme も目立った。nation には「政治的」意味や責務が含まれるためで，第三身分の『陳情書』は nation による政治改革を求めた。「ナショナル派」(nationaux)結成はこれを示唆する。patriote と nation が，政治闘争のシンボルでありながらも nation に傾斜していった。この状況下，政治団体「黒人友の会」，「ガリア・アメリカ協会」，「パリ・ロワイヤルクラブ」，「三十人委員会」が結成された。

　検閲撤廃を契機にパンフレットが爆発的に作成された(88. 5. 8-9. 25. 767 部，9. 25-12. 31. 752 部，89. 1. 1-4. 30. 2,639 部)[33]。アベ・シィエス「第三身分とは何か」，ロベスピエール「アルトワ人に訴える」，カミーユ・デムーラン「フランス人民への哲学」などである。しかし，政治報道の舞台は次第に新聞に移り，革命前から暗躍していたジャーナリストの動きが顕在化した。89 年 5 月 5 日の全国三部会開催によって，すでに英仏米を駆け巡りパトリオット革命をも目撃していたジャーナリスト・ブリソーの『パトリオット・フランセ』と，ミラボーの『全国三部会』が非公認で創刊された。すぐ発禁処分が下されたが，5

月 19 日に「議会報道のジャーナリズム」が漸く解禁された。そして 7 月 14 日のバスティーユ襲撃報道により，規制のない「革命のジャーナリズム」の火蓋が切って落とされた。他方，4 月 30 日には「ジャコバン・クラブ」の前身「ブルトン・クラブ」がヴェルサイユのカフェ・アモーリで発足し，10 月末に改称「憲法友の会」がパリ・セーヌ右岸サン・トノレ街のドミニコ会修道院で結成された。修道院は元々，左岸サン・ジャック街にあり，会士たちは反対派から別名ジャコバン (jacobins) と呼ばれていた。ゆえに同会も「ジャコバン・クラブ」と呼ばれるようになり，いよいよ革命家「ジャコバン」たちの本格的な革命運動が始まったのである。

おわりに

　本章は，18 世紀における「共和政」やパトリオット・ジャコバン理念を，とくにフランスとオランダとの関係から分析した。外務卿ダルジャンソンの共和政に関する考察は，モンテスキューの「王のいる」貴族政的共和政論から，ルソーの「王のいない」民主政的共和政論へと繋ぐ議論として位置づけられるが，ダルジャンソンには，為政者とフィロゾーフという二つの立場における逡巡や揺らぎが見受けられる。ただ，この齟齬は革命勃発によって一気に粉砕されたわけではない。パトリオットやナショナル理念で蜂起した「ジャコバン」も，恐らくこの論理のなかで苦悶・悪戦苦闘し，さらにこれを急進的に展開させることになる。またオランダのジャーナリズムと共謀関係を結びつつ，地道に発達していたフランスの「アンシアン・レジームのジャーナリズム」が，バスティーユ襲撃事件以後，「革命のジャーナリズム」となって論戦の場を提供した。いずれにしても，フランス革命に関わる「共和政」「パトリオット」「ジャコバン」問題は，国際的でコスモポリタンな観点から検討する必要がある。さらに，ただ継起する諸革命を並置し比較検討するだけではなく，モノ・人・思想の移動・伝播・反発などの表象の分析を通して，この革命現象の相関関係を説明することが重要かと思われる。

註

1)　Arianne Baggerman et Rudolf Dekker, Un Révolutionnaire néerlandais à Paris en

1788: *Le journal de voyage de Lambert van Eck*, Gilles Bertrand et Pierre Serna(dir.), *La République en voyage 1770-1830*, Presses universitaires de Rennes, 2013.

2) ポール・アザール(野沢協訳)『ヨーロッパ精神の危機』(法政大学出版局, 1973)。*Cf.* Elizabeth Eisenstein, *Grub Street Abroad*, Clarendon Press, Oxford, 1992.

3) 服部美樹「十七世紀ネーデルラント共和国と啓蒙」佐藤正志編『啓蒙と政治』(早稲田大学出版部, 2009), 69頁。

4) Jacques Godechot, *La Grande Nation*, 2 vols., Paris, 1956; Robert Palmer, *The Age of the Democratic Revolution*, 2 vols., Princeton U. P., 1959, 1964. 前川貞次郎『ヨーロッパ史序説』(ミネルヴァ書房, 1978), 33-37頁。

5) G.ルフェーヴル(高橋幸八郎・柴田三千雄・遅塚忠躬訳)『1789年—フランス革命序論』(岩波書店, 1975), 346頁。

6) Daniel Oster(ed.), *Montesquieu, Oeuvres complètes: Voyages en Europe*, Paris, 1964, pp. 326-330.

7) 定森亮『共和主義者モンテスキュー』(慶應義塾大学出版会, 2021), 3頁。

8) 木崎喜代治「ダルジャンソン侯爵の自由の観念」樋口謹一編『モンテスキュー研究』(白水社, 1984), 263-293頁。

9) Andrew Jainchill(ed.), *D'Argenson, Considérations sur le gouvernement: A critical edition, with other political texts*, Oxford U. P., 2019. (原文との照合)

10) Rousseau, *Du contrat social*, 1762. (Pléiade), Paris, 1964, *Oeuvres complètes*, III, p. 380.

11) 拙論「フランスの「レピュブリック」理念」小倉欣一編『近世ヨーロッパの東と西』(山川出版社, 2004), 217-240頁。

12) オランダについては, 以下を参照。Margaret C. Jacob and Wijnand W. Mijnhardt, *The Dutch Republic in the Eighteenth Century*, Cornell U. P., 1992; Jonathan Israel, *The Dutch Republic: Its Rise, Greatness, and Fall 1477-1806*, Clarendon Press, Oxford, 1995; John Price, *The Dutch Republic in the Seventeenth Century*, Cambridge U. P., 1998. 桜田美津夫「現実を後追いする理念——オランダ共和国の場合」小倉欣一編前掲書。佐藤弘幸『図説オランダの歴史』(河出書房新社, 2012)。

13) Jonathan Israel, *op. cit.*, p. 57.

14) スピノザはウィットの友人であり, この処刑に衝撃を受け, 反君主主義を強めた。

15) *Cf.* Wayne Ph. te Brake, Provincial Histories and National Revolution in the Dutch Republic, Margaret C. Jacob and Wijnand W. Mijnhardt, *op. cit.*, pp. 84-90.

16) L. H. Butterfield(ed.), *The Adams Papers, Diary and Autobiography of John Adams*, Harvard U. P., 1962.

17) The University of Chicago Library, DJ 202. A34. (〔 〕は筆者)

18) *Cf.* Wayne W. Ph. te Brake and Wim Klooster(eds), *Power and the City in the Netherlandic World*, Brill, 2006.

19) Nicolaas C. F. van Sas, The Patriot Revolution: New Perspectives, Margaret C. Jacob

and Wijnand W. Mijnhardt, *op. cit.*, p. 99.

20)　Jeremy Popkin, *News and Politics in the Age of Revolution*, Cornell U. P., 1989, p. 10.

21)　"*G. L.*" の正式名称は以下である。*Nouvelles extraordinaires de divers endroits*

22)　*Ibid.*, pp. 8-9. "*G. L.*" については，J. ポプキンの一連の研究が最も詳しい。

23)　Gilles Feyel, *L'annonce et la nouvelle : La presse d'information et son évolution sous l'ancien régime(1630-1788)*, Voltaire Foundation, Oxford, 2000 ; J. Sgard, *Dictionnaire des Journaux, 1600-1789*, Paris, 1991, 2 vols.

24)　18 世紀のフランスの外国誌については以下を参照。拙論「一八世紀後期フランスにおける外国紙と『ガゼット』」(金沢大学文学部論集・史学科篇第 16 号，1996)，33-68 頁。

25)　Elizabeth Eisenstein, *op. cit.*, p. 2.

26)　またダヴィッド書店により販売改革が行われ，国内紙に比べ異常に高い購読料も大幅に引き下げられた(120 リーヴルから 36 リーヴル)。

27)　*Archives des affaires étrangères, Correspondance politique, Hollande*, v. 521, f. 257-260.

28)　拙論「絶対王政下の新聞と政治報道——『ガゼット』から『ジュルナル・ポリティーク』へ」服部春彦・谷川稔編『フランス史からの問い』(山川出版社，2000)，117 頁。

29)　John Hardman & Munro Price(eds), Louis XVI and the comte de Vergennes : correspondence, 1774-1787, *Studies on Voltaire and the eighteenth century*, v. 364. 1998, p. 372.

30)　*Cf.* Jack Censer and Jeremy Popkin(eds), *Press and Politics in Pre-revolutionary France*, Cornell U. P., 1987 ; Jeremy Popkin, *La presse de la Révolution*, Paris, 2011 ; Id. *Revolutionary News*, Duke U. P., 1990.

31)　Jacques Godechot, nation, patrie, nationalisme et patriotisme en France au XVIIIe siècle, Société des Études Robespierristes(éd.), *Patriotisme et Nationalisme en Europe*, Paris, 1973, pp. 7-27.

32)　柴田三千雄(福井憲彦・近藤和彦編)『フランス革命はなぜおこったか』(山川出版社，2012)，166-167 頁。

33)　Jeremy Popkin, *Revolutionary News*, p. 25.

第 2 章

向う岸のジャコバンと「王のいる共和政」
——「中・東欧圏」という共和主義のもうひとつの水脈

中澤達哉

はじめに

一般にジャコバンという言葉の響きからイメージされるのは，君主政の撤廃を求める「共和主義」あるいは君主を処刑するまで加速化した山岳派の「革命的急進主義」ではないだろうか。この語が従来，フランス史の文脈に規定され使用されてきたのであるから，それは無理もない。しかし，フランスの向う岸，中・東欧のハンガリー・ジャコバンの展開をみるとき，どのような地平が広がるであろうか。フランスとの間にそれなりの地域的な偏差があることは想像される。実際に，当時のハンガリーの人びとに「ジャコバン」とみえたものは 2 つあった。ひとつは前期(1792〜94 年)の君主政的共和主義者，いわゆる「王のいる共和政」論者であり，もうひとつは後期(1794〜95 年)の民主政的共和主義者，すなわち「王のいない共和政」論者であった。実は，これまでフランス史の文脈の中で理解されてきたジャコバンは，空間的にも時間的にも驚くべき広がりをもった事象であった。

とはいえ，ハンガリー・ジャコバンはフランス・ジャコバンと同じ最期を迎えた点で共通する。1795 年 5 月 20 日と 6 月 3 日に，大逆罪のかどでジャコバン派 7 名がブダのドナウ川沿いの広場において公開で処刑された(**右図**)。この広場はのちに「血染が原」(Vérmező)と呼ばれ，後世の人びとには悲劇を記憶する場となった。検挙自体，ハンガリー・ジャコバンが極秘に行動綱領を策定した 2 か月後のことであったから，社会にはまだジャコバンによる実害はなかった。まさに「陰謀」が問われたのである[1]。それゆえに，当時，国内の 16 の県からは，性急な逮捕・取調・裁判は不当であるとの声が上がったほどである[2]。逮捕後の取調も十分ではなく，秘密裁判のもと弁護の機会も十分に与えられないまま，被告人たちに結審が言い渡された。検挙された 53 名のうち 35 名に禁固刑，18 名に死刑判決が下された[3]。死刑囚のうち 11 名は直後

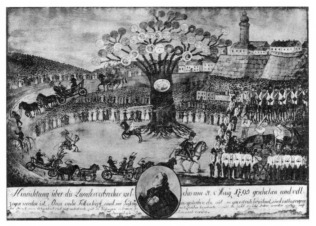

《血染が原におけるマルティノヴィチとその一党の処刑》(1795)
(Hungarian National Museum, Public domain, via Wikimedia
Commons, jpg)

に減刑されたものの，7名には死刑が執行された[4]。フランス革命後の反動期
に，ハプスブルク朝が示したのはこうした強硬姿勢であった。ジャコバンの
「殉教者」像は，以上のような背景のもとで形成されたのである。

ハンガリー・ジャコバンとは？

　時間軸を数年遡ろう。1793年1月，ハンガリー王フランツ2世(Franz II/ 在
位 1792-1835)は，半年前の即位時に自ら任命した王国官房書記のヨゼフ・ハイ
ノーツィ(Jozef Hajnóczy/ 1750-95)を公職から追放した。ハンガリー・ジャコバ
ンの理論家として，のちにブダで処刑されるハイノーツィは，1790年9月，
時のハンガリー王で啓蒙君主のレオポルト2世(Leopold II/ 在位 1790-92)向けに，
王国改革案『ハンガリー王権の制限に関する政治公共的論議』(*Dissertatio politico-
publica de regiae potestatis in Hungaria limitibus*, 以下『論議』)を発表していた。『論議』
が武力抵抗権の行使を伴う制限君主政・選挙王政の徹底を求めていたことをの
ちに知った保守的な次王フランツ2世は，1793年1月にこの官房書記を電撃
的に解任したのである。

　こうした不穏な情勢の中，1793年8月以降の諜報機関文書において，ハイ

ノーツィに対して「反政府的な親仏分子」「ジャコバン派」という語をあてる形跡がみえはじめる[5]。このことは，93年6月にフランスで人民主権を唱える1793年憲法がジャコバン派(山岳派)の主導のもとに制定され，8月に発布されたことと大いにかかわる。翌94年8月のハイノーツィらの検挙後の調書にも「ジャコバン派」との表記がみえ[6]，翌95年5月と6月には文字通り「ジャコバン派」として7名が処刑されている。

つまり，ハンガリーのジャコバンとは，フランツ2世治世下の政府による蔑称であった。蔑称であることを考慮に入れつつ，本章は，従来の研究の用法に倣い，次のようにハンガリー・ジャコバンを定義したい。つまり，フランス共和主義および革命思想の影響下で，1792年半ばに萌芽があり，93年から95年にかけてフリーメーソン，薔薇十字団，イリュミナティ，フランシスコ修道会士，イエズス会士，ドミニコ修道会士を中心とするヨーゼフ主義者(後述)によって展開された，ハンガリー共和国の建国をめざす思想と運動の総体であると。1794年時点での会員数は300名余りで，その内訳は，貴族，役人，退役軍人，法律家，聖職者，大学教員であり，当時の最急進改革派を形成した[7]。

さて，研究史を概略しておこう。第2次世界大戦後のハンガリー史学のほか，後継国家のチェコスロヴァキアのスロヴァキア史学やユーゴスラヴィアのクロアチア史学のマルクス主義史観によって，ハンガリー・ジャコバンはしばしば「急進的革命運動」や「民主政的共和主義」の代名詞として理解された[8]。独立の契機を重視する民族史観も相まって美化はいっそう進んだ。特に1950年代の研究は，ハイノーツィの理論的発展の最終段階にあたるフランス・ジャコバン(山岳派)型の「王のいない共和政」論と民族連邦制構想とを，民主政的共和主義の観点から高く評価した。しかし，それには以下の4つの問題点を指摘することができる。①R.R.パーマーおよびJ.ゴドショ流の「民主革命の米仏的伝統」論[9]の中・東欧への拡張を意図していた点。②近代国民国家と国民史の枠組みの下に，国民史に資するかたちで各国のジャコバンを把握する傾向があった点。それゆえに，③近世複合国家の実態とその国家理論に規定されるジャコバンの側面については検討の対象にしなかった点。これと関連して，④山岳派と類似する後期ジャコバンの「王のいない共和政」論に関心を集中さ

せ，前期ジャコバンの「王のいる共和政」論には焦点をあてなかった点である。

　しかし，ハンガリー・ジャコバンの思想と運動は，民主政的共和主義論と同等にかれらが基軸に据えた君主政的共和主義論なくして成立しなかった。別稿でも言及したように，君主と特権諸身分とが等しく国家権力を分有する中世後期・近世ハンガリー王国の選挙王政は，ポーランドと同様，長らく「共和政」と認識される伝統があった[10]。つまり，ハンガリー・ジャコバンの検証は本来，中世後期以来の選挙王政的伝統を踏まえて分析する必要がある。2008 年のスロヴァキアの歴史家 E. コヴァルスカーの史料詳解は，研究対象を 1794〜95 年の後期ジャコバンに限定せず，1792〜94 年の前期ジャコバンを踏まえ，両者を総体として捉える必要性を強調するものであった[11]。それは，J. リブセイおよび L. ハントの問題提起[12]以来，民主政的共和主義がもつ負の側面にも着目した研究が増加したことと無縁ではなかった。さらに 2004 年に，小倉欣一による君主政と共和政の親和性を問う共和政論集が刊行されたことも，また象徴的であった[13]。こうした関心の延長線上にある本章は，紙幅の関係上，研究蓄積の豊富な後期の「王のいない共和政」については概略するにとどめ，最大の理論家ハイノーツィによって策定された前期の「王のいる共和政」論（1792〜94 年）の特性とその組成を主たる分析の対象とする。その際，ジャコバンと称される以前の 1790 年の思想も参照しつつ，共和政言説を成り立たせる概念装置もあわせて検証する[14]。

「王のいる共和政」――選挙王政の共和国

　ハイノーツィは，1750 年に北部ハンガリー（現在のスロヴァキア共和国）の王国自由都市モドラのルター派牧師の家庭に誕生した。74 年に弁護士資格を取得し，79 年にはヨーゼフ 2 世の啓蒙改革を支持していた大貴族セーチェーニのもとで私設秘書の職を得た。セーチェーニの異動に伴い，83 年に太守副官秘書，85 年には国王顧問官秘書，86 年から 90 年までセレーム県副知事の職に就いている。この間，自由主義改革の立案者として活躍した。ハイノーツィは 80 年代に啓蒙君主ヨーゼフ 2 世による農奴解放令や宗教寛容令の熱心な支持者（ヨーゼフ主義者）となり，のちのジャコバン活動の原点となる啓蒙思想と自由主義に強く感化されていた[15]。ともにジャコバン派の指導者となる I. マル

ティノヴィチをフリーメーソン活動に引き入れたのは，ハイノーツィであった。フランス革命勃発後の90年にジャーナリストに転身した後，問題となる数点の論文を著している。92年7月から半年間，国王フランツ2世に採用されブダの王国官房書記に奉職し，幾多の改革案を発案した。

　さて，ジャーナリスト時代の1790年9月に執筆した『論議』は，中世後期ハンガリーの選挙王政を議論の核に据えている。選挙によって戴冠した王の権力は本来制限されていること，そしてもし王が臣民との約束を破り専制を開始すれば，臣民は武力抵抗権の行使も厭わない，と主張する[16]。1440年代に確立した選挙王政を理想視するも，近代の人民主権を彷彿させる抵抗権[17]をも求めている。総じて，国王候補者に女子を含む自由選挙に基づいた「選挙王政の共和国」が構想されたのである[18]。

　『論議』は要求を項目別にまとめる形式をとった。第66項「一般最高権」では，1514年のI. ヴェルベーツィ著『ハンガリー国家慣習法の三部書』(以下『三部法典』)の一節「貴族は合法的に戴冠された君主以外の何人にも服さない」[19]を引用している。古来の選挙王政の思想を体系化した『三部法典』は，王は貴族による選挙なしに，貴族は王による貴族身分の付与と高貴さの供与とがなければ存立しえないと述べたうえで，「かくしてかの貴族たちは聖王冠の四肢(membra sacrae coronae)とみなされうる。貴族は合法的に戴冠された君主以外の何人にも服さない」[20]との主張を展開した。制限王政の端的な表現であると同時に国家有機体説としての「聖王冠」概念が成立した瞬間であった。

　しかし，興味深いことに，『論議』においてハイノーツィは，ほぼ同じ国制を表そうとしたにもかかわらず，「聖王冠」の語を一切使用しなかった。旧き選挙国制由来の同概念に代わる語として，古典古代の「共和国／レスプブリカ(respublica)」の語を選択したのである。第1項によれば，「統治形態がレスプブリカの福祉に適うならば，それはレスプブリカの安寧にも寄与する。……安寧はレスプブリカにおける至高の法である」[21]。このレスプブリカは「王の最高権と諸身分の威厳」[22]とから構成され，それゆえに前者はしばしば制限される。つまり，レスプブリカを「聖王冠」に置き換えても外形的には意味が通じ，両者は互換の関係となっている。

　ただし，第47項では，単に君主と選挙権をもつ特権層との関係性を再定義

するだけでは到底済まされないような主張が展開される。古代ローマ共和政を
尊重する政治的人文主義期の『三部法典』では，国王選挙権を有する特権層は
ポプルス (populus) と称されたが，『論議』ではナティオ (natio) に置換されてい
る。元来ナティオも国王選挙権をもつ特権層の総称であったが，ハイノーツィ
は「ハンガリーのナティオは王国の大多数を占めている」[23]と述べ，この概念
を国内の一般住民を包含する大規模な集団概念へと読み替えたのである。つま
り，1720 年代の公法論争と 64 年の A. F. コラリウス著『ハンガリーの使徒列
王の聖性に基づく立法者の権限の起源とその永遠なる行使とについて』以降の
重農主義的な用法に準拠したものといえる[24]。一般住民を包含するような国
家概念として，聖王冠ではもはや耐久できず，より多くの者の幸福が実現され
る国家，すなわちレスプブリカ概念の使用がより適切であると考えられたので
ある。

　概して『論議』は，レオポルト 2 世による啓蒙改革の継続を後援しつつも，
同君主に対して制限王政の実現を要求した。さらに，ハンガリーの選挙国制を
レスプブリカと呼び，単に国王選挙権だけではなく抵抗権を含む貴族および住
民の権利を啓蒙君主の保護下で実現しようとした。これによって，1687 年以
来進展していたハプスブルク家によるハンガリーの世襲王政化を阻止し，近代
的に読み替えた古来の混合政体たる選挙王政を復活させようとしたのである。
やがてより保守的なフランツ 2 世が即位すると，抵抗権をも唱える本著は危
険視された。93 年 1 月に公職追放の憂き目に遭ったハイノーツィは，戦略の
転換を迫られることになったのである。

「王のいる共和政」──世襲王政の共和国

　『論議』から戦略転換を図ったマニフェストこそ，1793 年 8 月のハイノー
ツィ著「ハンガリーに与える新たな国制の構想」(*Entwurf einer neuen für Ungarn
bestimmten Konstitution,* 以下「構想」) である。同著から前期ジャコバンの骨子が
「世襲王政の共和国」論であることが分かる。また，ドイツ語で執筆されてい
ることから，君主ほか大貴族層向けに作成されたものと推測される。まず国民
主権原理から検証しよう。

　第 1 章「ハンガリーの名称及び区分について」の第 1 項によれば，「ハンガ

リーは将来，独立共和国(Republik)となる」。第 3 章「ハンガリー国民の主権について」の第 15 項では「主権は国民に存する」と述べ，第 16 項ではこの国民の内実を簡潔に次のように定義する。「国民は一人の王，貴族，民衆からなる」。続く第 17 項は国民主権における三者の身分的編成に言及している。「王は主権において第一身分を形成する。貴族は多様な称号を保持し，第二身分をなす。民衆が第三身分を形成する」[25]。

　つまり「ハンガリー共和国」には王が存在する。この共和政は，君主政・貴族政・民主政という三政体の混合であり，形式的にはキケロ的な混合政体を彷彿とさせる。君主の有無とかかわりなく，公共善の実現をめざす国家，すなわち古典古代的な「共和国」を想起させるのである。ただし，これは主権論を踏まえる混合政体であり，ローマ共和国とまったくの同一物とはならないことに注意する必要がある。

　第 10 章「ハンガリー共和国の王について」の第 78 と 79 項によれば，「ハンガリーの王位は，現在の統治者オーストリア大公家の世襲とする」「その称号はハンガリー王，すなわち，祖国の父」[26]である。ハプスブルク家に世襲王位継承権が承認され，ここに，父祖の時代から連続する「世襲王政の共和国」が表明されたのである。同時に，武力抵抗権を下地とする「選挙王政の共和国」論は放棄されたのである。これと関連して，第 14 章「ハンガリー市民の状態について」は伝統的な身分制社会構造を是認し，貴族とその特権的地位とを残存させた[27]。

　しかし一方で，人格的自由を付与されたものの賦役は残存するなど，不完全な実施にとどまっていた農奴解放を徹底しようと画策した。たとえば，第 112 項によれば，「これまでいかなる実際の所有物をも自由に使用することができなかった農民は，なべて土地所有者との間に契約を締結する。これは，これまで従属者として使用してきた土地の一部を賃貸借するための契約である」。第 119 項では，「なぜならすべてのハンガリー市民は自由な人間だからである」。続く第 120 項は，「貴族市民の称号は，騎士の市民，高位官職保持貴族の市民，卿の市民，公の市民である。非貴族の称号は単に市民である」[28]と定義する。なによりも，これら市民の人身保護が保障されたことは言を俟たない[29]。

　つまりハイノーツィは，農民の賦役を撤廃することにより，契約を通じて借

地あるいは雇用労働を創出しようとした。そのうえで，全国議会にあたる「最高立法会議」に，王・貴族のほか民衆も国民の一員として参加させようとした。つまり，農民も貴族と同様，自由主義的自由と民主主義的自由を享受する市民として把握したのである。旧来の特権を是認しつつ，自由で平等な市民を創出するという矛盾，そして，選挙王政から世襲王政への後退も，フランツ 2 世との交渉の余地を残そうとした結果であり，君主にも了解可能な諸条件を提示したかったからと思われる。

　さて，前期・後期ジャコバンに共通するのが，民族別の連邦共和国の建国である。連邦を構成する単位としての各州(Provinz)は自らの民族語を教育現場や官公庁で排他的に使用する権利を有するとされた。さらに，「最高立法会議」には州から民族代表の貴族および民衆が参加することが企図された[30]。後期ジャコバンが「身分制の解消」と「諸民族の共存」とを一体のものとして理解したのに対して，前期ジャコバンは「身分制の存続」を前提に「諸民族の共存」を構想した。主権は単一不可分なのではなく分有されるものと考えられた。複合的・礫岩的君主政体に特有の近世的な身分的・地域的・社団的編成が，近代の国民(民族)別の編成と混合した形態といえよう。

「王のいる共和政」の組成

　ハンガリー・ジャコバンの共和政思想はどこに淵源があるのか。その組成を検証する際のひとつの指標が，1791 年 3 月にマルティノヴィチが記した書簡である。「レスプブリカの哲学は，……プラトン，アリストテレス，ルクレティウス，キケロ，……ドイツの優れた合理主義哲学者たちによって，そしてついにプラトンの再来たるカントによって〔われわれに〕継承された」[31]。この言説を踏まえて，ローマ共和政から 18 世紀に至るまでのレスプブリカ概念の変遷を吟味し，前期ジャコバンの「王のいる共和政」の組成を検証したい。

　既述のようにハイノーツィは，16 世紀ハンガリーの政治的人文主義者ヴェルベーツィ著の『三部法典』から古来の選挙王政に基づく「聖王冠」思想を継承した。ハイノーツィが 1790 年の『論議』で「聖王冠」を「レスプブリカ」と互換性のあるものとして使用したのは先に見た通りである。しかし，両者の互換はハイノーツィ独自の思想であったわけではない。すでに中世後期の選挙

王政確立期ないし空位期においてそれらの等置は頻繁にみられた[32]。このような中,「聖王冠」をローマ共和政期の「レスプブリカ」と互換性のあるものにまで高めたのが,まさに人文主義者のヴェルベーツィであった。かれは,キケロ著『国家論』と同様,レスプブリカとは人民(ポプルス,populus)のものであり,法的な合意を伴う,人民にとって良きものが実現されている国,すなわち公共善が実現されている国家と考えた[33]。ヴェルベーツィやハイノーツィの関心は,キケロが,公共善が実現されている国家の政体には「一人支配の王政」「少数者支配の貴族政」「多数者支配の民衆政(民主政)」があるとしつつも,最良の政体は「王政」であるとし,長期的には,三つの混合形態(選挙王政)が望ましいと考えていたことであった。周知のとおり,キケロは『国家論』において,レスプブリカの好例を「ローマ共和政」と考えた[34]。

やがて,マキァヴェッリは『ローマ史論』においてレスプブリカを「幸福の国」と定義し,その国は「君主政」「貴族政」「民主政」のどれを通じても実現しうると主張した[35]。歴史上の実例は,ローマ共和政,スパルタ,ヴェネツィアなど,君主や統治者を選挙で選んだ国であった。マキァヴェッリの受容を通じて,王政を含む混合政体として選挙王政が最適であるとの意味合いが広く近世の中・東欧,とりわけハンガリーとポーランドに拡散したことはよく指摘されるとおりである[36]。合意の基礎的な手続きたる選挙で統治者を選出することが最良であり,むしろ選出する側のポプルスにこそ主権が存するとの意識さえ誕生した。これと連動して,特に近世ハンガリーでは,レスプブリカが議会などの国王選出母体を指して使用されるケースが多々生じた。つまり,近世のレスプブリカは王のいる共和政,すなわち「選挙王政の共和国」であり,そもそも君主政と矛盾しなかったのである。

次にハイノーツィのレスプブリカ論の同時代的系譜として重要なのは,急進化する前のロベスピエールによる1791年執筆の「フランス人への呼びかけ」であろう。この頃からかれのロベスピエールに関する言及が始まっていることに着目したい。この時期のロベスピエールは,アンシアン・レジームの打破に際して,国家全体の転覆は求めず,むしろ王の存在が必要と主張し,立憲君主政の維持を表明していた。「国民が,何ものかであるような自由な国家はすべて,共和国である。国民は,君主と共にあっても自由でありうる。共和制と君

主制は相反するものではない」[37]と。そもそもハイノーツィは，1791 年憲法を含めロベスピエールを議会に重きを置く君主政的共和主義者として認識していた節がある[38]。こうした中で 1793 年春から初夏にかけて，ジロンド派が追放され，ロベスピエールら山岳派がジャコバン派の主導権を握ることになった。いわゆるジャコバン独裁のもと 93 年 6 月には「共和政＝民主政」論への転換がおこり，1793 年憲法が策定された。しかし，同年 8 月に『論議』において「世襲王政の共和国」論を展開したハイノーツィは，なおもロベスピエールを賞賛した。「かれの精神はかけがえのない炎であり，フランス革命において肉体と魂となって生き続ける！」[39]。この賞賛に，君主政と共和政の緊張感あふれる最後の共振を垣間見ることができる。

　さて，この共振は，フリードリヒ 2 世を絶賛するカント哲学によって補強されると考えられた。カントは 1784 年に『啓蒙とは何か』を著したが，そこで君主政の本質は全国民の意思を体現することであると主張した[40]。さらにカントは，1795 年の『永遠平和のために』において以下のように述べた。「ほかの 2 つの国家体制〔君主政と貴族政〕も，こうした統治方式〔民衆政〕への余地を残しているかぎりでつねに欠陥をもつが，しかしそれでもそれらが代表制度の精神にかなった統治方式を採用することは，すくなくとも可能である。たとえば，……フリードリッヒ 2 世が，自分は国家の最高の従僕にすぎない，と語ったような仕方で可能である」[41]。ヨーゼフ主義者からなる前期ジャコバンは，啓蒙君主政を幸福の国レスプブリカあるいは混合政体の最善例とするカントから大いなる着想を得ていた。つまり，カント哲学を通じて，啓蒙専制が共和政と接合されたと想定されるのである[42]。「公権力が一般意志に仕えているとき共和国は自由である」とはロベスピエールの確信であるが，これとは異なり，「啓蒙君主が公けに奉仕している限り共和国は自由である」とする前期ジャコバンの思想的確信はカントに由来するといえよう。当時のハンガリーの現実から，啓蒙君主政を最善のレスプブリカとする論理が構築されたのである。

おわりに——近代共和主義のもうひとつの水脈

　1794 年 5 月にハンガリー・ジャコバンは，「王のいる共和政」論から「王のいない共和政」論へと転換し，君主のいないハンガリー連邦共和国の建国を主

張するに至った。レスプブリカ（respublica）が君主政を打破する論理として把握しなおされたのであるから、これは本質的な思想転換であった。こうした転換が起こった理由は、93年から94年にかけての内外の要因から説明しうるであろう。国内的要因としては、フランツ2世による先の「世襲王政の共和国」論の却下が挙げられる[43]。国際的要因としては、1793年憲法の人民主権論の浸透、ロベスピエールの「民主政＝共和政」論者への変貌の影響拡大、最後に、同年9月から年末まで続いたトゥーロンの戦いにおける革命戦争の形勢逆転などが考えられる[44]。こうした内外の諸事件を踏まえ、94年5月にとうとうハイノーツィは君主政下での問題解決に見切りをつけ、「王のいない共和政」論者へと変貌を遂げた。

　後期ジャコバンには2つの声明文がある。1つは自由主義的貴族層に向けられた「改革派秘密協会問答書」（Cathecismus occultae societatis reformatorum）、もう1つは民衆語のハンガリー語で市民層と農民層に向けて発せられた「自由・平等協会問答書」（A Szabadság és Egyenlőség Társaságának kátéja）である。前者では連邦制の民主共和国の建国が主張され[45]、後者ではそのための手段として民衆の一斉蜂起・武力抵抗権の行使[46]が唱えられた。後者は、ルソーの社会契約説のほか、ドルバック、コロー・デルボワ、ペインの人権宣言の影響が指摘され[47]、これまで民主政的共和主義の代名詞として強調されてきた。「構想」と同様、各民族（gentes）が新たに国民（natio）を形成し個々が国民主権の担い手となるような連邦制の導入も主張されたが、「構想」との決定的な相違は、国民主権の担い手から国王が完全に除外されたことであった。

　以上の論述から明らかなのは、ハイノーツィにみるハンガリー・ジャコバンの伸縮である。ジャコバンと名付けられる前の①1790年は「選挙王政の共和国」論、ジャコバンと名付けられる頃の②93年8月には「世襲王政の共和国」論に転じ、③94年5月に「民主政の共和国」論を掲げた。①②は「王のいる共和政」論であり、実態としては、ヨーゼフ2世型の啓蒙改革（特に農奴解放と宗教寛容）をさらに促進し、なおかつその継続を正当化するイデオロギーとしての要素をもった。特に②は、世襲君主の強権により上から啓蒙改革を断行するという近世的なヨーゼフ主義の土壌に、古代ローマ共和政、初期ロベスピエールの共和政思想がカント哲学を媒介に混成するかたちで出現した。しかし、①

②③はいずれも当時の文脈における「ジャコバン」，つまり，ローマ共和政を規範とするような国家を，様々な政体によって実現しようとする親仏の急進改革者の集合名詞であった。総じて，①②の「王のいる共和政」論の源流を，政治的人文主義による古代ローマ共和政の近世的再解釈に求めたい。そのうえで，中・東欧におけるその拡大の要因のひとつとして，これが啓蒙君主政の継続を正当化するためのイデオロギーとして機能した点を強調したい。

　2つの顔をもったハンガリー・ジャコバンに基づけば，フランス革命後も「王のいる共和政」という近世的範疇が持続したほか，そこには「選挙王政の共和国」と「世襲王政の共和国」という2つの理論が確固として存在していたと結論づけられる。また，王の有無にかかわらず前期から後期にかけて一貫して展開されている，主権の分散を前提とした民族別の連邦共和国構想は，ジャコバン思想および近代ヨーロッパの共和主義が本来有する国民主権論の多様性を表している。山岳派による主権の統一を求める中央集権的共和国型（一般意志に基づく単一不可分の中央集権制の共和国）と，ハンガリー・ジャコバン型の主権の分散を求める民族・国民別の連邦共和国型（一人の君主・指導者によって結ばれる同君連合＝近世複合／礫岩国家の変種）は，今後，近現代史を再吟味するうえで重要な論点となるであろう。なお，改めて強調すべきは，連邦共和国の構成単位となる各州の主権者（貴族・農民）を君主権により保護するという混合政体であり，また，この構想を生み出した社会経済状況である。ジャコバンの力点はあくまで農奴解放後も貧困と劣悪な労働環境下にあった農民にあり，かれらをいったいどうするかという切実な現実が，常に眼前にあったことは言うまでもない。ただし，貴族身分を含み込んだ問題解決への志向は，本書第4章のポーランドの人民君主主義とは相容れず，中・東欧のジャコバンにはいくつかの変種が存在することに留意しなければならない。

　最後に，共和主義的伝統を大西洋圏に特化する従来の言説構成の在り方を相対化する必要性を提起したい。それは，ポーコック流の大西洋に限定された市民的人文主義の枠組みを，単に中・東欧に拡張することを意味しない。都市共和国ではなく「選挙王政の伝統を持つ複合／礫岩国家」で実現される共和主義の近世最後の展開を，ハンガリーの前期ジャコバンの思想に見出すことができるように思われる。これを共和主義の中・東欧的伝統と理解するとともに，近

代共和主義に至るもうひとつの水脈と考えてよいのではないだろうか。「向う岸のジャコバン」にみられる共和政という用語の多義性は，むしろヨーロッパの近世から近代への変動の実態を表していないだろうか。つまり古来の三政体の混合という共和主義的価値を近世の最後まで引きずりつつ，最終的にはそれを最も急進的に民主政で実現する，あるいは穏健に立憲君主政によって達成する，という2つの方法を近代に残した点では，多くの国でジャコバンは共通していた[48]。近世から近代への移行期に各国で広くみられた以上のジャコバンの機能を「ジャコバン現象」と考えたい。

註

1) 1794年7月末にオーストリア・ジャコバンが一斉摘発された際，ウィーン滞在中のハンガリー・ジャコバンの指導者 I. マルティノヴィチも同時に逮捕された。取調時の自供により，ハンガリー・ジャコバンの実態が明るみになった。これを受けて，8月16日にブダで他のジャコバンが一斉に検挙された。このとき，同じく幹部であった J. ハイノーツィの筆による225通の書簡も押収され，「ジャコバンの陰謀」として裁判における証拠資料とされた。Österreichisches Staatsarchiv / Haus-, Hof- und Staatsarchiv / Kabinettsarchiv, Vertrauliche Akten 48-1, Correspondentiae Heinoczianae 1774-1794.
2) Benda Kálmán, *A magyar jakobinusok iratai*(以下 *MJI*)，vol. II(Budapest, 1952)，pp. 247-48. 本章はハンガリー・ジャコバンの思想・運動・書簡・裁判等を網羅する上記のベンダ・カールマン編纂の刊行史料集全三巻を使用する。
3) *MJI*, II, pp. 815-19.
4) 1795年5月20日，I. マルティノヴィチ(国王顧問官)，J. ハイノーツィ(元王国官房書記)，J. ラチコヴィチ(退役軍人)，F. セントマルアイ(私設秘書)，J. シグライ伯の5名，翌6月3日に A. ソラルツェク(諜報局員)，P. ウース(弁護士)の2名が処刑された。*MJI*, II, pp. 814-19.
5) Benda Kálmán, 'Die ungarischen Jakobiner', in Walter Markov(ed.), *Maximilien Robespierre 1758-1794*(Berlin, 1961)，SS. 461-2.
6) *MJI*, II, p. 65-67.
7) *MJI*, II, pp. 814-19; Thomas Kabdebo, 'Some Jacobin military notions and their roots in constitutional proposals in Hungary', *Hungarian Studies Review*, vol. 12, no. 1 (1985), p. 9.
8) Csizmadia Andor, *Hajnóczy József közjogi-politikai munkái*(Budapest, 1958); Benda Kálmán and Elek Judit(eds), *Vizsgálat Martinovics Ignác szászvári apát és társai ügyében* (Budapest, 1983); Štefan Kató, 'Jakobínske hnutie v Uhorsku', in Milan Pišút(ed.), *Kapitoly z uhorských dejín*(Bratislava, 1952); Jozef Šimončič, *Ohlasy Francúzskej revolúcie*

na Slovensku(Košice, 1982); Eva Kowalská and Karol Kantek(eds), *Uhosrká rapsódia a alebo tragický príbeh osvietenca Jozefa Hajnóczyho*(Bratislava, 2008); Vaso Bogdanov, *Jakobinska zavjera Ignjata Martinoviča*(Zagreb, 1960).

9)　米仏流の「民主政＝共和政」理解を浸透させたのは，1955 年のローマ国際歴史学会議において J. ゴドショと R. R. パーマーによって提唱された「大西洋革命」論，やや遅れてパーマーが提起した「民主革命」論である。これ以来，共和政史研究では活発な国際的議論が行われた(Robert R. Palmer, *The age of the democratic revolution: A political history of Europe and America, 1760-1800*(Princeton, N. J., 1969)。第 4 章で言及されるポーランドの B. レシノドルスキの貢献もあり，1980 年代以降，三政体(君主政・貴族政・民主政)のうち民主政と結合した共和主義が大西洋圏のみならず，ポーランドやハンガリーなどの中・東欧圏にも広範に拡大したと理解されるようになった。ドイツの H. ハースィスや上述のハンガリーのベンダ編のジャコバン研究は，そうした民主政的共和主義の拡大を検証した初期の研究である。Hellmut G. Haasis, *Morgenröte der Republik: Die linksrheinischen deutschen Demokraten 1789-1849*(Frankfurt-Berlin-Wien, 1984); Benda and Elek(eds), *op. cit.*

　これとは別に思想史研究の集大成として出版されたのが，Q. スキナー他編の論集である。H. バロンや J. A. ポーコックと並び，近世の「市民的人文主義」に民主政的共和主義の起源を求め，結果的にパーマーの研究を思想史的に補強する役割を果たした。Quentin Skinner and Martin van Gelderen(eds), *Republicanism: A shared European heritage*, vol. I-II(Cambridge, 2002)。ポーコックは著書『マキァヴェリアン・モーメント』において，市民的人文主義がマキァヴェッリの『ローマ史論』を通じてイギリス，さらに大西洋を超えてアメリカに到達したと主張した。人文主義から啓蒙思想へと至る共和主義の「大西洋的伝統」の存在を指摘したのである。J. A. ポーコック(田中秀夫・奥田敬・森岡邦泰訳)『マキァヴェリアン・モーメント──フィレンツェの政治思想と大西洋圏の共和主義の伝統』(名古屋大学出版会, 2008)。

10)　拙稿「「王国の王冠」「王国の共同体」「王国の身体」──ハンガリーのレスプブリカ再考」小倉欣一編『近世ヨーロッパの東と西──共和政の理念と現実』(山川出版社, 2004), 45-62 頁；拙稿「ハプスブルク家とハンガリー王冠──戴冠儀礼と統治の正統性」篠原琢・中澤達哉編『ハプスブルク帝国政治文化史──継承される正統性』(昭和堂, 2012), 65-104 頁；このほか，井内敏夫「前近代と近代のレスプブリカ──ポーランドからヨーロッパの国制観念をかいまみる」小倉編『近世ヨーロッパの東と西』, 241-269 頁。

11)　Pavel Dvořák(ed.), *Na prahu modernej doby - Pramene k dejinám Slovenska a Slovákov*, vol. 9(Bratislava, 2008), s. 25. 本史料集に「ハンガリーに与える新たな国制の構想」が収録され，コヴァルスカーがこれに注解を施している。

12)　James Livesey, *Making democracy in the French Revolution*(Cambridge, Mass.; London, 2001); Lynn Hunt, 'The world we have gained: The future of the French Revolution', *American Historical Review*, vol. 108, no. 1, 2003, pp. 1-19.

13) 小倉編『近世ヨーロッパの東と西』。

14) 本章は，以下の 2013 年の拙稿の研究成果を踏まえ，「王のいる共和政」の組成を再検討しようとする論文である。同じ研究対象を異なる視点から追究するため，ハイノーツィの言説の引用や解釈が重複することがある旨，予め断っておく。拙稿「ハンガリー初期ジャコバン主義の「王のいる共和政」理論 —— 近代ヨーロッパ共和主義の多様性と共生の諸形態」森原隆編『ヨーロッパ・「共生」の政治文化史』（成文堂，2013），84-105 頁。

15) Eva Kowalská and Karol Kantek (eds), *op. cit.*, pp. 88-109.

16) *MJI*, I, pp. 322-41.

17) この抵抗権思想は，ハンガリー貴族の武力抵抗権を承認した 1222 年の『金印勅書』を，ロックの抵抗権をもとに焼き直した主張であると言われている。Kowalská and Kantek (eds), *op. cit.*, p. 124.

18) 同年のハイノーツィの別著『ハンガリー議会における法案提出の諸形態』(*Ratio proponendarum in comitiis Hungariae legum*) によれば，そうした制限王政の理想が達成されている当代の国家はイギリスとスウェーデンであった (*MJI*, I, p. 87)。両国は実質的には世襲王政ではあったが，ハイノーツィの目には，議会による推戴によって国王が即位する世襲的選挙王政と映ったようである。

19) *MJI*, I, p. 338.

20) Márkus Dezső, et al., *Corpus juris Hungarici. Werbőczy István Hármaskönyve*（以下 *Hármaskönyve*）(Budapest, 1897), p. 58.

21) *MJI*, I, p. 322.

22) *MJI*, I, p. 324.

23) *MJI*, I, p. 333.

24) 拙著『近代スロヴァキア国民形成思想史研究 —— 「歴史なき民」の近代国民法人説』(刀水書房，2009)，72-83 頁。

25) 以上の 1, 15-17 項の引用は *MJI*, I, p. 898.

26) *MJI*, I, p. 903.

27) *MJI*, I, p. 905.

28) 以上の 112, 119-120 項の引用は *MJI*, I, p. 906.

29) *MJI*, I, p. 898.

30) *MJI*, I, p. 907.

31) *MJI*, I, p. 354.

32) 初期の用法は 1386 年の空位期（制限王政の一種）に現れる。「我々〔高位聖職者，高位官職保持貴族，大貴族〕は，レスプブリカの利益，そして王国と聖王冠の公益を何人に対しても希求するが故に，たとえ国王陛下がそれに反対せんと欲せども，我々は陛下に異議を申し立て，ひいては実力をもって阻止するであろう」(János M. Bak, *Königtum und Stände in Ungarn im 14.-16. Jahrhundert* (Wiesbaden, 1973), S. 131)。〔　〕は筆者。

33) 『三部法典』によれば，制定法や布告は「まず君主自身を拘束するが，それは，

君主がポプルスの要請によってそれらを告示したからであるということを知っておくべきである」(*Hármaskönyve*, p. 230)。なお，ポプルスとは，中小貴族層の存在を意識的に強調した特権身分社団である。14 世紀以来の中小貴族層の政治的地位の上昇に応じて，この社会層はポプルスと呼ばれていた。こうして，政治権をもつ者としてのポプルスというローマ公法の概念が 18 世紀末のハイノーツィにおいて持続していたのである。

34)　キケロー(岡道男訳)「国家について」『キケロー選集』第 8 巻・哲学 I (岩波書店，1999)，37-41 頁。

35)　マキアヴェルリ(大岩誠訳)『ローマ史論』第 1 巻(岩波文庫，1949)，24-32 頁。

36)　井内「前近代と近代のレスプブリカ」，253 頁。

37)　辻村みよ子『フランス革命の憲法原理——近代憲法とジャコバン主義』(日本評論社，1989)，263 頁。ハイノーツィは，ロベスピエールらの演説や評論を，フランスの雑誌 *Gazette Nationale ou Le Moniteur Universel* から入手した。必要に応じて，ドイツ語・ラテン語・ハンガリー語・スラヴ語に翻訳し，『プレスブルク新聞』を通じて報道した。Bohumila Ferenčuhová, *Francúzsko a slovenská otázka 1789-1989* (Bratislava, 2008), s. 28.

38)　*MJI*, III, p. 367. M. デ・ヴィルデによれば，ロベスピエールは，紀元前 63 年にカティリナ派の「陰謀」を鎮圧した執政官キケロを参照していた。Marc de Wilde, 'Roman dictatorship in the French Revolution', *History of European Ideas*, vol. 47, no. 1, 2021, p. 152. つまり，キケロによる緊急措置を，ローマ共和政下のポプルスの同意の上に立脚する，非常事態政府の代替モデルとして理解していたと言うのである。結果的にロベスピエールは，シュミットが主張したような「主権独裁」を求めたのではなく，むしろ独裁を否定していたのだと言う。この指摘は，議会により委託された臨時の強権発動(≠独裁)と共和政治との関係性を，歴史的に論じる際の好例と言える。選挙王政を基盤とするハイノーツィも，キケロと同様，ポプルスの同意調達の場である議会に重きを置いた。さらに議会を尊重するがゆえに，議会で選挙された指導者＝君主を重視する君主政的共和主義の文脈からロベスピエールを評価していた。註 18 で確認したように世襲王政でも議会の同意がある限り世襲的選挙王政として肯定され，結果的に啓蒙君主の強権も許容された。この詳細については別史料に基づく論述が必要である。紙幅の関係上，他日を期したい。

　なお，一般的には，フランス・ジャコバン派の政治理念は，人民主権に基礎を置く山岳派を中心とする共和主義(王のいない共和政)理念と解されているが，これはジャコバン・クラブの設立当初からの思想ではない。同クラブ内では，1791 年初夏に，フイヤン派が多数を占める第 1 期の立憲君主政理念から，ジロンド派が主流の第 2 期の民主共和政理念への移行があった。これらは，1793 年秋以降の山岳派が主導権を握った第 3 期のジャコバン独裁期と区別されてきた。辻村『フランス革命の憲法原理』，66-68 頁。デ・ヴィルデの見解を踏まえれば，全 3 期のフランス・ジャコバン思想の総合的な捉え直しも必須のように思われる。

39)　*MJI*, III, p. 367.

40) カント(篠田英雄訳)『啓蒙とは何か』(岩波文庫, 1950), 15頁。

41) カント(宇都宮芳明訳)『永遠平和のために』(岩波文庫, 1985), 36頁。〔 〕は筆者。同著にて共和政と民主政の混同を批判した際, カントは国家を「支配の形式」と「統治の形式」とに分類した。前者形式は, ①支配権力を握る者一人＝君主政(君主支配), ②数人＝貴族政(貴族支配), ③すべての人＝民衆政(民衆支配)である。後者の形式とは, 国家が憲法に従い絶対的権力を行使する方法のことであり, ①行政権と立法権とが分離される国家原理＝共和政, ②国家が法律を独断で執行する国家原理＝専制に区別される。カントによれば, 共和的統治を実現する可能性が高いのは君主政であり, 民衆政は専制的であった。同36-37頁。チェコの近世史家 D. ティンコヴァーは, 中・東欧圏のジャコバン思想に対するカントの影響を指摘する。Daniela Tinková, *Jakobíni v sutaně: Neklidní kněží, strach z revoluce a konec osvícenství na Moravě*(Praha, 2011), s. 76-77, 79, 82.

42) J. バツァーニ裁判での陳述「啓蒙は人民に人権を, 支配者には父性的義務を教えた」(*MJI*, II, p. 604)は, 中・東欧における啓蒙および啓蒙専制の機能をよく表している。

43) ハンガリー・ジャコバンは, 1794年5月の時点で, ヨーゼフ2世とレオポルト2世の改革を評価しつつも, 「フランツ2世は王国の真の継承者にあらず」(*MJI*, I, p. 1009)と述べ, 新王には全面的に対抗していた。逆にこのことにより, 1794年5月までに, 新王が「世襲王政の共和国」論を却下していたことが分かる。

44) ハンガリー連邦共和国の建国のための蜂起にあたっては, 連勝を重ねるフランス革命軍から軍事・財政支援を受けることが期待されていた。*MJI*, I, p. 1014.

45) 「問：ハンガリー人はいかにして自らの政治的運命をあらため, 悪名高きウィーン政府のくびきを倒すべきか。答：より新たな, より善き, そして国民の精神に合致した統治形態の選択によって。問：それはいかにあるべきものなのか。答：ハンガリー国民は自らの至高権を王から奪い返し, 自らの祖国を自由で独立した共和国(respublica)と宣言すべきである」(*MJI*, I, p. 1010)。

46) 「問：蜂起とはなにか。答：専制に対する国民の力の登場以外のなにものでもない。……問：いかに蜂起を組織化すべきか。答：……市民よ, 武器をとれ！ 自由に同意せよ。……問：蜂起のあと, いかなる政府が樹立されるべきか。答：民主共和国以外にない。民主共和国は, 蜂起の目的の実現, つまり, 人間の自然権が実現するか否かにおいての最大の関心事といえよう」(*MJI*, I, p. 1027)。

47) Kabdebo, *op. cit.*, p. 9.

48) J. イスラエルは「穏健的啓蒙」(古典的共和主義と自然法の結合および混合政体の称揚)と「急進的啓蒙」(反君主政・民主政的共和主義の唱道)とを峻別するも, ポーコックと同様, その事例を西欧に限定し, 中・東欧には言及していない。J. イスラエル(森村敏己訳)『精神の革命──急進的啓蒙と近代民主主義の知的起源』(みすず書房, 2017)。本書では, これ以後の章で大西洋圏と中・東欧圏の啓蒙期の共和主義を, どちらかに限定することなく等価のものとして捉え, 比較検討している。

第 3 章

オーストリア・ジャコバンと二つの啓蒙改革
—— A.リーデルを焦点に

阿南　大

はじめに

オーストリア史における「ジャコバン」とは，フランツ 2 世治世下の 1794 年に一斉検挙され，いわゆる「ジャコバン裁判」によって有罪となった親仏・反政府・反貴族政的思想グループのことを指す[1]。その中心人物であった A. リーデル(A. Riedel)は，先帝レオポルト 2 世(Leopold II，在位 1790-92)のトスカーナ大公時代，その息子フランツの家庭教師を務め，レオポルトの即位後はその非公式諜報員として活動していた。有罪となった「ジャコバン」には約 30 名のシンパが存在していたとされている[2]。

さて，本書の一つの目的は，広域ヨーロッパにおける「ジャコバン」の諸相を，各地域の歴史的文脈に規定された事象として考察することである。その観点からオーストリアの「ジャコバン」の研究史を振り返ると，いくつかの課題が抽出される。たとえば E. ヴァンガーマンは，レオポルトの兄，ヨーゼフ 2 世の啓蒙改革によって生み出された自由主義的公論がフランス革命の影響下で急進化し，「ジャコバン」思想が生み出されていく過程を論じる[3]。また H. ラインアルターは，フリーメイソンなどの秘密結社ネットワークによって培われた中欧「ジャコバン」の平等主義的伝統を，中欧における左派民主主義，初期社会主義の嚆矢として位置づけている[4]。しかしそのいずれにおいても，オーストリアの「ジャコバン」の中心人物リーデルのレオポルト期の言説が十分に分析されているとは言いがたい。彼はレオポルトの諜報員として，ハプスブルク地域全域[5]を対象とした憲法の草案を作成し，これをレオポルトに送っていた。当時このことが画期的だったことを考えれば，レオポルト期の彼の思想はハプスブルク近代憲政史の文脈においても改めて考察の対象とされるべきものである。その点，近年の L. M. レートリスベルガーによる研究は，レオポルト期リーデルの立憲思想の記述に紙幅を割いてはいるものの，あくまでフランス

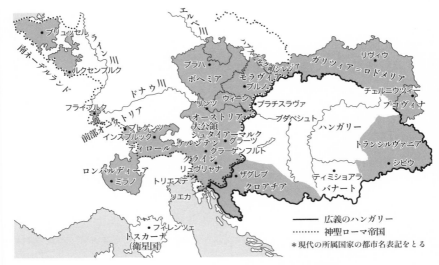

リーデル憲法草案の帝国（Reich）の範囲（網かけの部分）

革命を参照点とした分析にとどまっている[6]。本書の趣旨においてはオーストリアの「ジャコバン」を単にフランス革命の波及現象として見なすのではなく，彼らの思想が醸成された 1780 年代以降，啓蒙改革期の文脈を重視すべきであろう。

　以上の研究史上の課題を踏まえ，本章ではまずヨーゼフ，レオポルト啓蒙改革期オーストリアの「ジャコバン」思想の形成過程を概観する。その際，特に重視したいのはレオポルト期である。ヨーゼフと併せて「啓蒙改革君主」として論じられることも多いレオポルトの改革路線はヨーゼフとは異質であり，その異質性が「ジャコバン」の苗床として重要な役割を果たしていた点は看過できないからである。その上でレオポルト期リーデルの『ハプスブルク君主政のための憲法草案』（*Entwurf eines Verfassungsprojekts für die Habsburger Monarchie*, 1791）と，ジャコバン裁判のきっかけになったフランツ期のパンフレット『反貴族政的平等連盟に向けての全ドイツ人への布告』（*Aufruf an alle Deutsche zu einem anti-aristokratischen Gleichheitsbund*, 1792）に見られるリーデル思想の実態，とりわけヨーゼフ，レオポルト両啓蒙改革の刻印に光を当てることで，フランス革命前後におけるオーストリアの「ジャコバン」とハプスブルク君主政の緊張関係をよ

り精緻な形で抽出していきたい。

二人の啓蒙改革君主と「ジャコバン」の胚胎

　ハプスブルク地域の啓蒙改革政策は，様々な政治体を包含する礫岩国家としてのハプスブルク君主政の凝集性を高めることを目的として，ヨーゼフとレオポルトの母マリア＝テレジアの代に始まったものであった。それは必然的に諸邦議会を根城とする各地の貴族層や，対抗宗教改革期以来の優勢を保っていた教権勢力の既得権益との対決を伴うものであったが，その緊張が特に高まるのはマリア＝テレジア崩御後の 1780 年代前半である。この時期に単独統治を開始したヨーゼフは農奴解放令，宗教寛容令など，貴族や教権勢力の権益を削ぐ政策を次々に打ち出していくが，それに合わせ啓蒙改革を支持する諸邦の王党派知識人は，貴族や教権勢力の位置付けを相対化するための言説戦略を展開し始めた。その好例として挙げられるのは，主にハンガリー王国やベルギー（南ネーデルランド）における王党派知識人の用法の中で，それまで「政治的国民≒貴族層」に限定されていた「国民」(Nation) という語が，非貴族層をも含む諸邦の住民全体を指す概念として用いられていったことであろう[7]。

　これに対しウィーン宮廷の周辺で活躍した王党派知識人 J. ゾンネンフェルスは，ハプスブルク地域全域を対象とする「祖国愛」(Vaterlandsliebe) を喧伝し，住民全体を指す概念として「市民」(Bürger) の語を用いて貴族政の相対化を図りつつ，ハプスブルク君主政の凝集性を強めようとしていた[8]。またゾンネンフェルスは「市民は君主政体そのものではなく，「公共善」(Gemeinwohl) に奉仕する君主を愛している」という論法によって，ルソーの「一般意志」を換骨奪胎し，ハプスブルク啓蒙専制の正当化を行なっていた点にも注目しておきたい[9]。

　さて，状況が一変するのは 1780 年代後半である。この時期，ヨーゼフの啓蒙改革はさらにハプスブルク地域全域の集権化へと傾斜し，諸邦の伝統的行政機構の強制的改変や領邦議会の停止といった強権的な介入策が目立ち始めた。さらに検閲を再強化して改革に批判的な出版物を取り締まるなど，改革の専制的側面が露わになるにつれ，諸邦では各々の伝統的国法に拠る形で抵抗運動が巻き起こり始める[10]。一方ヨーゼフに失望したウィーン周辺の知識人の間には，君主専制を掣肘する成文憲法の制定を待望する機運が高まっていった[11]。

ベルギーやハンガリーなどの諸邦ではそれぞれの伝統的国法に準拠することで
ハプスブルク君主権からの離脱，ないしその制限を選択することが可能だった
が，諸邦国法の総体たる「国事詔書」のみに頼らざるを得ないウィーン周辺の
知識人にとっては，ハプスブルク全体国家の要石たるハプスブルク君主を否定
する選択肢はあり得なかった。その上で君主専制を掣肘するためには，新たに
ハプスブルク地域全域を対象とした成文憲法を起草する必要性に迫られたので
ある。

　一方，諸邦とウィーン周辺で同時に見られた現象としては，君主に対峙する
「人民」(Volk/Peuple)概念の普及が挙げられる。ベルギーやボヘミアでは貴族層
が抵抗運動に非貴族層を動員する過程で，貴族層と非貴族層をあわせて「人
民」と呼び，統治者と人民の間の契約論に準拠してヨーゼフを批判する言説が
見られるようになった[12]。またウィーン周辺においても，元々は親ヨーゼフ
知識人であった J. リヒターによるパンフレット『なぜ皇帝ヨーゼフは民(Volk)
に愛されないのか？』などによって，「国民(Nation＝全住民)の大部分＝非貴族
層」としての「人民」概念が普及していく[13]。こうした抵抗運動の最中，さ
らにフランス革命の勃発を横目にしながら，ヨーゼフは 1790 年にこの世を去
る。ヨーゼフはその逝去の直前，その全ての急進的改革を撤回したが，彼の改
革がハプスブルク近代に残した遺産はその成果というよりは，改革を支持する
中で培われた反貴族政的傾向を維持したまま，改革の行き過ぎに反発する中で
反専制的な指向性を強めていった王党派知識人の立憲君主政思想だったと言え
るだろう。

　さて，兄ヨーゼフに代わって 1790 年秋に皇帝として即位したレオポルトは，
1765 年以来トスカーナ大公国の大公として，その改革に尽力してきた人物で
あった。トスカーナは元々フィレンツェ共和国の有力市民メディチ家を世襲君
主として推戴し，フィレンツェ周辺の諸都市，諸自治体を糾合する形で成立し
た礫岩国家だが，その成立過程において，メディチ家からフィレンツェ市民権
を与えられた他都市の有力市民がフィレンツェ周辺の農村部を領有する形で事
実上貴族化し，諸政治体の既得権益が蟠踞する状況が生まれていた。18 世紀
前半にメディチ家が断絶した後，トスカーナを継承することになったハプスブ
ルク家の課題は，こうした既得権益との対決だったのである。そのためにレオ

ポルトが最初に取り組んだのは，新たな農村自治体の創設，修道院領の国有化に伴う自作農の創出，穀物流通の自由化などの重農主義政策であった[14]。そしてその上でレオポルトは1787年，諮問機関としてのトスカーナ国民議会の創設を盛り込んだトスカーナ憲法の草案作成に踏み込む。元々都市国家の集合体であるトスカーナには公式の貴族の称号は存在しなかったこともあり，レオポルトの構想する国民議会は一切の身分別編成を伴うものではなく，諸自治体の市民，農民を一律に「トスカーナ国民」(Nazzione) として扱うものであった[15]。

　さて，皇帝即位後のレオポルトは，トスカーナで培った政策パッケージをハプスブルク地域全域に応用していくことになる。諸邦身分制議会の再招集，農奴解放令の撤回といった彼の政策には，ヨーゼフ改革への「反動」が彼の治世に始まったという誤解を招きやすい部分もある。しかしレオポルトはボヘミア議会には賦役廃止指示を出しており，セルビア国教会の開設許可，ハンガリー王国内のドイツ系都市によるハンガリー貴族への抵抗運動に対する秘密裏の支持といった諸政策からは，表面的にはハンガリー貴族に譲歩しつつ，裏では非ハンガリー貴族勢力に支持を与え，ハンガリー貴族の既得権益を牽制する意図もうかがえる。レオポルトはヨーゼフよりも柔軟，状況依存的で非専制的ではあったが，その反貴族政的傾向はヨーゼフと同程度に高かったのである[16]。

　こうしたレオポルトの実績と指向性は，ヨーゼフ改革に失望した王党派知識人たちにとって，大いに期待を抱かせるものであった。たとえばハンガリーのI. マルティノヴィチは諜報員としてレオポルトに接近し，君主・騎士(貴族)身分・人民身分から成る三部制(ベルギーやボヘミアではさらに農民身分を加えた四部制)議会を伴う世襲君主政体を，「洗練された君主政」という形でレオポルトに提案している[17]。またゾンネンフェルスはシュタイアーマルクでの農民騒擾に際し，領邦議会における「第四身分」(農民層)の創出を提言した[18]。いずれの案においても農民層の政治参加をめぐる問題が国制改革の焦点になっており，この時期の王党派知識人たちが重農主義者のレオポルトと問題意識を共有する形で，再び君主側に接近を始めたことがよく分かるだろう。

　以上の通り，専制的なヨーゼフの改革路線と，議会主義的，立憲君主政的なレオポルトの改革路線は明らかに異なるものではあったが，非有力貴族勢力のエンパワーメントを通した有力貴族層の牽制，ハンガリー王国領域の分断政策

などは，両者の啓蒙改革に通底する共通項であった。そしてヨーゼフ改革への期待と失望，レオポルト改革への期待感の中で醸成されていったハプスブルク地域の「ジャコバン」思想の主訴は概して反貴族政にあり，特にウィーン周辺のそれは，常にハプスブルク君主政を遵守するものだったのである。

『ハプスブルク君主政のための憲法草案』(1791)

1790年秋，レオポルトの即位とともにトスカーナからウィーンに戻ってきたリーデルは，マルティノヴィチらと同じくレオポルトの諜報員としての活動を始める[19]。そして1791年の夏，リーデルは『ハプスブルク君主政のための憲法草案』(以下『憲法草案』)と題された書簡をレオポルトに送った。ハプスブルク地域全域を対象とした彼の憲法草案はマルティノヴィチやゾンネンフェルスのそれとは異なり，男子普通選挙に基づく一院制議会の創設が掲げられていた点が特徴的である。リーデル自身は熱心なルソー主義者であり，『憲法草案』もフランスにおける1791年憲法発布という同時代状況の中で生まれたものではあったが，同時にそこにはハプスブルク啓蒙改革の刻印もまた色濃く刻まれていた。その点について，以下テキストを引用しながら論じていきたい。

"〔トスカーナ大公としての〕気高き君主の地位が彼〔レオポルト〕にもたらした常人離れした内政，外交上の経験と洞察力ゆえに，国民(Nation)は彼に信任を与えることが得策であると言わざるを得ない"[20]

リーデルのこの考え方は，「市民は君主政体そのものではなく，「公共善」に奉仕する君主を愛している」というゾンネンフェルスの論理の延長線上にある。ただしリーデルは君主レオポルトの「姿勢」のみならず「実績」を問題にしており，実態としては世襲王政であるハプスブルク君主政に，選挙王政的な擬制が与えられている。そしてここで重要なのは，「君主に信任を与える」主体として位置づけられる「国民」(Nation)の内実である。たとえば以下のテキストを見てみたい。

"善き〔死せるさだめの〕立法者にとっても人民(Volk)にとっても重要なのは，国民(Nation)のための不滅の立法者を用意することであり，そのことで国民の総体(ganze Nation)は国民の福祉を求める上で常に若すぎも老いすぎもいない状態を保ちうる。しかしいかにして国民が自ら立法者となりうる

　　かと言えば, 隣国〔フランス〕の例にならい, 自由選挙によってもたらされ
　　る。彼らは一箇所に集まり, 国民の至高の権威は人民議会(Volksrat)によっ
　　て代表される〔中略〕一方, 人民の友と人民議会は根本的に異なった存在で
　　ある。人民によって認められた人民の友の声望と権限の全ては, 我々の君
　　主の先祖たちが継承してきた神の意志によって裏付けられる”[21]

　リーデルが構想する「人民議会」は, 「人民(Volk)」と「人民の友(Volks-
freund)＝君主」によって構成される。そして文脈から判断するにリーデルは,
「国民」あるいは「国民の総体」(ganze Nation)という言葉を, 「人民」と「善き
(死せるさだめの)立法者＝人民の友＝君主」を包含する概念として用いている。
リーデルのこの用法は, リヒターによる「国民の大部分としての人民」という
用法の延長線上にある。ただしリヒターが「人民」を君主専制に対峙させたの
に対し, リーデルは「人民」と「人民の友」を相互補完的な存在として対置し
ている。すなわち「人民の友」が「死せるさだめ」の立法者であったとしても,
各時代の「人民」が人民議会に参入し続けることで, 人民議会は「不滅の立法
者」であり続けることができ, また「人民の友」がハプスブルク君主政の伝統
を継承する存在であることによって, 「人民」と「人民の友」を合わせた「国
民の総体」は「若すぎもせず, 老いすぎもしない」状態を保つことができるの
である。この点について, さらに興味深い記述を引用する。

　　“人民の友は投票権を持たないが, 人民議会には必ず陪席し, 法に則り開
　　会の宣言を行う〔中略〕彼は常に他の大多数に仕え, 君主自らの意志や指令
　　によっていかなる言明もなさず, そのことによって人民議会の信任を得
　　る”[22]

　ここでリーデルは「人民の友」にルソーの言う「最初の立法者」, すなわち
共同体の創生期に共同体員の一般意志を見出し, 「法」として抽出する存在と
しての役割を与えている[23]。そして「人民の友」は議会に議席に持ち, 「人
民」に対する「最初の立法者」としての儀礼を「開会の宣言」という形で行う
一方, 議会の立法過程からは締め出されている。つまり先ほどのテキストでは
人民議会＝不滅の立法者と「人民の友＝善き(死せるさだめの)立法者」を合わ
せた「国民」ないし「国民の総体」が立法者とされているが, ここでは実態と
しての立法者が「人民の友」を除く「人民」であることが明らかになる。すな

わちリーデルは，啓蒙改革期王党派知識人の用法である「国民」と「人民」の峻別を用いて，「人民の友＝君主」を「人民」とは異質な「最初の立法者」として位置づけながら，実態としては君主を除く人民の主権に基づいた「王のいない共和政」に漸近しているのである。しかしリーデルはその上で，以下のようにも論じる。

> "我々は君主を全ての市民(Bürger)の上に据える。君主の下全ての市民は平等である。君主の上にはただ法のみがある，法は君主の，そして我々の活力である。我々は法の高みから君主を我々の上に据え，彼を守るであろう。議会での君主の役割は我々の友好的な主として我々の上に浮かび続けることである〔中略〕彼は対内的にも対外的にも国家の尊厳を視覚的また感動的な形で体現する存在であり，法の象徴であると同時に法そのものでもある"24)

ここでリーデルは「人民」の代わりにゾンネンフェルスが多用する「市民」(Bürger)の語を用いている。ゾンネンフェルスの用法における「市民」は，社会概念上の身分制を無化するものであり，同時に「統治者(Regent)＝君主」と「市民」の国制上での峻別を強調する時に用いられる語でもあった。そしてリーデルもその範に従い身分制の無化を図りながら，「法(一般意思)」によって「市民」の「上」に据えられると同時に，「法(最初の立法者)」そのものでもある君主の重要性を改めて強調しているのである。

さて，リーデルの構想する人民議会は，身分別編成を完全に廃した一院制構成であり，同時期，ハンガリーのマルティノヴィチがあくまで三部制(あるいは四部制)議会を提唱したのに比べれば，より平準的性格が強い。それは社会階層という「垂直」方向にとどまらず，民族集団という「水平」方向についても同様である。そのことを示すテキストを以下に引用する。

> "ハンガリー国民は憲法規定の外部に置かれ，彼らの古くからの国法を遵守する形で225人の議員を人民議会に送る。そして人民議会は帝国(Reich)のあらゆる地方から集まった全ての諸国民(Nationen)による部会によって構成され，その議席数は各領邦の人口に応じて割り振られなければならない"25)

ここでリーデルはハンガリーにおけるマルティノヴィチ(ないしハイノーツィ)

とは異なり，民族集団別の連邦制的編成という発想を持たず，既存の領邦をそのまま国制単位として用いている。また注目すべきは，ハンガリーについては古来の国法を尊重するとした上で，広義のハンガリー王国地域のうち 1711 年以降直轄領化されていたトランシルヴァニアに加え，クロアチア，スラヴォニアがハンガリー王国外に置かれ，憲法効力下の「帝国」(Reich) を直接構成する邦として扱われている点である。すなわちリーデルの憲法草案は，ハンガリー貴族への妥協を見せながらもその力を削ごうというレオポルトの中央集権的な基本戦略に沿ったものであったことがここでも確認できるだろう[26]。

　以上のようにリーデルの『憲法草案』は，トスカーナで培われたレオポルトの立憲主義，議会主義を活用しながら，ヨーゼフ改革以来の王党派知識人の言説に基づいてルソーを再解釈することで，君主専制と貴族政の問題点を同時に脱臼しつつ，君主政を遵守し続けた。言わばリーデルは，「王のいない共和政」に限りなく漸近した立憲君主政論者と呼ぶべき存在だったのである。

『反貴族政的平等連盟に向けての全ドイツ人への布告』(1792)

　さて，リーデルの憲法草案は日の目を見ることもないまま，1792 年 3 月にレオポルトはこの世を去った。そして後継者の新帝フランツはレオポルトの反貴族政的改革を撤廃するとともに，レオポルトによって一旦は緩和された出版検閲を再び強化するなど，専制的な政治姿勢をもってフランス革命の影響を排除し始める。その結果，以前からフランツと確執のあったリーデルは職を解かれ，宮廷に出入り禁止となった。下野したリーデルは自らが属していたフリーメイソン・ロッジの会組織を秘密結社に転用し，諜報活動を通して知り合ったシンパを集め，政府に批判的な執筆，出版活動を開始する[27]。そしてリーデルのサークルは，次第にドイツ・ジャコバンに連なるドイツ語圏の啓蒙主義者たちと密接な接触を持つようになっていった[28]。

　そして 1792 年 9 月，王政廃止と前後してヴァルミでプロイセン・オーストリア連合軍を破ったフランス軍は，翌 10 月にはマインツを陥落させ，マインツ共和国とジャコバン・クラブが樹立された。この報を受けたリーデルは，『反貴族政的平等連盟に向けての全ドイツ人への布告』(以下『布告』) という題名のパンフレットを執筆し，これをドイツ各地の「二十人の知人」とベルリン，

ドレスデン，ヴァイマル，ニュルンベルクなどの三十にわたる架空の宛先へと送付した[29]。このパンフレットから，重要と思われる箇所を抜粋する。

"1792年11月1日早朝7時，ドイツの全ての都市において，貴族政の抑圧の軛のもとに苦しみ，賢明なる法のもとに平等と自由を志向する者は，赤，青，白の頭巾を被って各都市の広場に集まるべし(中略)各自はたとえ一本か数本の匕首であれ，何らかの武器を携帯すべし(中略)100人の集団が集まったら直ちにケントゥリア民会を結成し，一人の代表を選ぶべし(中略)11月15日以降の早いうちに，全ての代表はニュルンベルクに向かい，一人の議長と二人の副議長を選ぶべし(中略)400人の議員が集まった時は，人民議会(Volksrat)あるいは国民議会(Nationale Versammlung)を開催し，フランス国民議会に使節を派遣し，直ちに友好関係を結ぶべし。その創設によって人民議会はドイツにおける唯一の立法機関として機能することになる"[30]

パンフレットの送付先を見る限り，リーデルの構想はフランス革命軍と呼応したドイツ全土にわたる都市民の一斉蜂起計画であったことがうかがえる。戦術的に考えればいささか非現実的な檄文だが，「人民議会」あるいは「国民議会」が「ドイツにおける唯一の立法機関として機能する」というテキストには，リーデルの確固たる政治思想があらわれている。『憲法草案』の慎重な論理展開の中でなされた「国民」と「人民」の峻別はここにはなく，両者は同一視された上で，唯一の立法者として位置づけられている。しかし先述の通り，既に『憲法草案』の内実において「人民」は事実上の立法者であったことを考えれば，その点に実質的な思想的変化はない。では，さらに次のテキストを見てみよう。

"貴族と貴族の力にすがって生きるために彼らを力づける者たちが，他の人間たちを利用することでその役割を果たす口実としての，また諸国民(Nationen)を抑圧し，窮乏と荒廃の中にとどめおき，まるで機械のような重荷を背負わせるための口実としての君主は，もはや何者でもない"[31]

『布告』は，「反貴族政的平等連盟」という言葉からも明らかな通り，反君主政ではなく反貴族政的メッセージが前面化されているパンフレットであり，君主政に対する批判らしきものは，この箇所以外には見当たらない。また，ここ

で批判されている対象は，あくまで君主を「口実」として利用する貴族である。ここでゾンネンフェルスの「市民は君主政体そのものではなく，「公共善」(Gemeinwohl)に奉仕する君主を愛している」という命題に立ち返るなら，リーデルの上記言明は，言わばこの命題の「対偶」である。ゾンネンフェルスの言葉は，実際には君主政を正当化するための言辞ではあったが，彼が君主政を否定する意図を持たなかったとしても，リーデルが彼から継承した論理は最初からその契機を孕んだものであり，その思想の内実に大きな変化はなかったと言える。むしろレオポルト死後のリーデルの言説が政府当局から危険視され始めた理由は，フランス革命の波及に伴い彼自身の思想が急進化したからではなく，政府当局がフランスの聖職者 A. バリュエルらの陰謀論の影響を強く受けることで，当時のリーデルが組み込まれていったドイツ語圏の啓蒙主義的秘密結社ネットワークを革命分子として危険視し始めたことが大きいだろう[32]。

　彼がオーストリア内部からの体制変革を断念していたこと，フランス軍の侵攻とドイツでの革命政府の樹立という「外圧」の利用による体制変革を期していたことは上記テキストから推察可能である。しかし『憲法草案』後のリーデルはオーストリアについてのいかなる国制構想も残しておらず，彼が「王のいない共和政」論者に変質していたのかを知る手がかりはない。1794 年 7 月に逮捕された後，その供述書においても彼の批判の矛先はあくまで貴族政だけに向けられている[33]。リーデルが当局の裏側を知る者として，その真意を慎重に韜晦していたのかはさだかではないが，当局の姿勢を知る手がかりとしては，リーデルとともに逮捕された「ジャコバン」の一味であった F. ヘーベンシュトライトが明確にフランツ個人を中傷した以下の散文詩が挙げられるだろう。

　　"多くの可愛い子供達が死なねばならない　惨めに　なぜなら愚かなフランツが　身の程知らずに　無理やりフランス征伐を望むから "[34]

　ジャコバン裁判においてリーデルは「秩序紊乱」の咎で禁固刑となったが，ヘーベンシュトライトは「国家反逆罪」の咎で死刑になった[35]。確執があったとは言えフランツと昔馴染みであったリーデルの量刑が軽くなった可能性はあるかもしれないが，フランス革命の急進化に伴いその反動化が進んでいたとは言え，政府当局が危険視していたのは反貴族政よりもハプスブルク君主権への侵害だったことは，ハンガリーの例からも推察されるだろう。前章で中澤が

論じている通り，1790年の段階で制限君主政を主張したハイノーツィが1793年初頭に王国官房書記を解雇されたのに対し，「洗練された君主政」の提起に留まっていたマルティノヴィチは，1794年まで体制側にとどまっていたのである。

おわりに

　以上の通り，フランス革命前後のハプスブルク君主政は，①君主専制の強化による貴族政の牽制（ヨーゼフ期），②民主的な立憲君主政による貴族政の牽制（レオポルト期），③君主専制と貴族政の連携によるフランス革命への対抗（フランツ期），という順で時代状況に対応してきた。そしてハプスブルク地域の「ジャコバン」思想は，①との二律背反的関係の中に胚胎し，②の影響下で醸成され，③に抵抗する形でフランス革命との共振を強めていった。

　その中で，オーストリアの「ジャコバン」はハンガリーと比較した場合，より親君主政的−反貴族政的傾向が強い。その理由としては両者の思想的「水脈」の違いが挙げられるだろう。ハンガリーの「ジャコバン」の「水脈」が選挙王政的の伝統だったのに対し，オーストリアの「ジャコバン」の「水脈」は，ゾンネンフェルスなどの王党派知識人を介したドイツ啓蒙の論理と，レオポルトのトスカーナ統治を介して伝播されたイタリアの都市共和主義であった。すなわち前者が前提とする君主政体と，後者と親和性の高い議会主義が，反貴族政的指向性を共通項とする形で混淆したのである。そしてリーデルはその両者を思想財として活用しながらルソーを再解釈することで，実態としては「王のいない共和政」に漸近しつつ，形式としては君主政を遵守した。そしてその思想的実態は，レオポルトの死後もそれまでの矩を超えるものではなかったのである。

　ジャコバン裁判以降，オーストリアの自由主義勢力がその崩壊に至るまでハプスブルク君主政に忠実であり続けたのに対し，ハンガリーの自由主義勢力にハプスブルクからの独立という選択肢が常に残り続けたことは，両地域の政治文化を比較する上で重要な論点であろう。また貴族勢力の牙城たる領邦議会が強いオーストリアでの民主化の最適解が集権化だったのに対し，王国議会の寡頭支配が生じやすいハンガリーでの民主化の最適解が分権化だったことも，両

地域の「ジャコバン」の相違点に現れている。なお，ここで強調しておきたいのは，伝統的国法と王国議会が既に存在したハンガリーとは異なり，新たに成文憲法と全国議会を創出する必要に迫られたハプスブルク地域全域での近代立憲君主政の確立は時間を要するものであった，ということである。だが三月革命後，フランツ・ヨーゼフ 1 世の治政下では，F. シュタディオンや A. シュメアリンクらの自由主義者が君主側と協働する形で，リーデルのそれに類似した国制案を起草するようになる。このことを踏まえるならば，二人の啓蒙改革君主と「ジャコバン」の関係性は，君主と諸国民社会の「交渉」の中で成立していったハプスブルク近代の一つの原型と言えるものだったのではないだろうか36)。

註

1)　警察省長官 J. A. ペルゲンの 1793 年の声明文には，親仏，反体制的とされる「秘密結社分子」の語が見られるが，リーデルらが「ジャコバン」として他称されるのは，ジャコバン独裁を経た「ジャコバン裁判」期である。Helmut Reinalter und Anton Pelinka (hg.), *Die Anfänge der demokratischen Bewegung in Österreich von der Spätaufklärung bis zur Revolution 1848/49: eine kommentierte Quellenauswahl* (Frankfurt am Main 1999), S. 61.

2)　オーストリアの「ジャコバン」の概括的な記述は日本語文献では浜本隆志『ドイツ・ジャコバン派――消された革命史』(平凡社，1991) に詳しい。

3)　Ernst Wangermann, *From Joseph II to the Jacobin Trials: Government Policy and Public Opinion in the Habsburg Dominions in the Period of the French Revolution* (London 1968).

4)　Helmut Reinalter, *Der Jakobinismus in Mitteleuropa* (Berlin 1981).

5)　本章における「ハプスブルク地域全域」とはトランシルヴァニア，クロアチア，スラヴォニアを含む広義のハンガリー王国やボヘミア王国や南ネーデルランドを含めた主に神聖ローマ帝国を構成する諸邦を併せた，1713 年の「国事詔書」でハプスブルク家による世襲が保証された領域，また「オーストリアの「ジャコバン」」とは後者のうちウィーンを中心としたドイツ語圏で活動し，主に神聖ローマ帝国領域の国制改革を企図していたグループを指す。

6)　Lucian M. Röthlisberger, *Die Jakobiner in Österreich: Verfassungsdiskussionen in der Habsburgermonarchie zur Zeit der Französischen Revolution* (Frankfurt am Main 2013).

7)　ハンガリー王国の事例については中澤達哉『近代スロヴァキア国民形成思想史研究――「歴史なき民」の近代国民法人説』(刀水書房，2009)，南ネーデルランドの事例については阿南大「南ネーデルランドという「第三項」――近世オーストリ

ア君主国の内，近代「ハプスブルク君主国」の外」『東欧史研究』30 号（2008）を参照のこと。

8)　Joseph von Sonnenfels, *Über die Liebe des Vaterlandes*(Vienna 1771).

9)　Sonnenfels, *Vaterlandes*, S. 74 ; Teodora Shek Brnardić, 'Modalities of enlightened monarchical patriotism in the mid-eighteenth century Habsburg Monarchy', p. 640, in Balázs Trencsényi and Márton Zászkaliczky(ed.), *Whose Love of Which Country?: Composite States, National Histories and Patriotic Discourses in Early Modern East Central Europe* (Leiden, 2010).

10)　阿南「南ネーデルランドという「第三項」」。

11)　Wangermann, *From Joseph II to the Jacobin Trials*, pp. 25-77.

12)　阿南「南ネーデルランドという「第三項」」。特にベルギーでは伝統的国法「即位大典」において政治的国民を指す語として「Volk/Peuple」が用いられていたことがこうした用法の転換を容易にした。史料翻訳は川口博『身分制国家とネーデルランドの反乱』(彩流社，1995)，251-279 頁を参照。

13)　上村敏郎「史料翻訳 ヨーゼフ・リヒター著『なぜ皇帝ヨーゼフは民に愛されないのか？』」『獨協大学ドイツ学研究』68 号(2014 年 6 月)。

14)　レオポルトのトスカーナ統治については以下の文献を参照のこと。John R. Patterson, *The Enlightened Despotism of the 18th Century in Europe : The Archduke Leopold I in Tuscany*(Los Angeles 2013).

15)　トスカーナ憲法草案については以下を参照のこと。Gerda Graf, *Der Verfassungsentwurf aus dem Jahr 1787 des Granduca Pietro Leopoldo di Toscana*(Berlin 1998).

16)　Wangermann, *From Joseph II to the Jacobin Trials*, pp. 56-108.

17)　Reinalter und Pelinka(hg.), *Quellenauswahl*, S. 35ff.

18)　Reinalter und Pelinka, *Quellenauswahl*, S. 39f.

19)　Reinalter und Pelinka, *Quellenauswahl*, S. 20.

20)　Reinalter und Pelinka, *Quellenauswahl*, S. 44.(〔　〕は筆者)

21)　Reinalter und Pelinka, *Quellenauswahl*, S. 43.(〔　〕は筆者)

22)　Reinalter und Pelinka, *Quellenauswahl*, S. 47.

23)　Röthlisberger, *Die Jakobiner in Österreich*, S. 77.

24)　Röthlisberger, *Die Jakobiner in Österreich*, S. 112.

25)　Reinalter und Pelinka, *Quellenauswahl*, S. 45. ここでいう「帝国」(Reich)は「世襲帝政国家」より「(政体を問わない)複合国家」の意に近いと考えられる。

26)　Reinalter und Pelinka, *Quellenauswahl*, S. 45.

27)　浜本『ドイツ・ジャコバン派』，151 頁。

28)　フランツ期，リーデルのグループはその国制思想において異質なハンガリーの「ジャコバン」よりも，ドイツ語圏の秘密結社ネットワークを介す形でカント思想の影響下にある南ドイツの啓蒙主義者 J. B. エアハルトらと強い繋がりがあり，政府当局も彼らとリーデルらの接触を危険視していた。なおエアハルト自身はフランスのジャコバン主義を「アナーキズム」として批判した君主政論者である。Reinalter, *Jakobinismus*, S. 21.

29)　浜本『ドイツ・ジャコバン派』，152 頁。

30)　Reinalter und Pelinka, *Quellenauswahl*, S. 71.

31)　Reinalter und Pelinka, *Quellenauswahl*, S. 70.

32)　Reinalter und Pelinka, *Quellenauswahl*, S. 18.

33)　Reinalter und Pelinka, *Quellenauswahl*, S. 155.

34)　Reinalter und Pelinka, *Quellenauswahl*, S. 95.

35)　Reinalter und Pelinka, *Quellenauswahl*, S. 157ff.

36)　近年のハプスブルク近代史研究においては，Pieter M. Judson, *The Habsburg Empire: A New History*(London 2016)に結実する形で，ハプスブルク君主と諸国民社会の「交渉」過程を重視するパラダイムが主流となっているが，ドイツ系，ハンガリー系市民層以外の民族集団，社会集団にあっては，特にドイツ系，ハンガリー系国民主義を牽制する目的のため，ハプスブルク君主側の利害と一致する局面が非常に多かった。その意味では，ハプスブルク近代を貫いた非支配的社会集団と君主政の共闘構造の一つの嚆矢として，「ジャコバン」と二人の啓蒙改革君主の関係を位置づけることも可能なのである。

第4章

ポーランドでひとは
どのようにしてジャコバンになるのか
—— ユゼフ・パヴリコフスキの軌跡 *

小山　哲

「熱烈なジャコバン」の最期

　1829 年 4 月 4 日，ワルシャワ西方レシノのカルメル会修道院に付設された監獄の一室で，ロシアに抵抗する地下活動にかかわった罪で投獄されていたひとりの政治犯が息を引きとった。のちに十一月蜂起でポーランド軍を指揮した将軍イグナツィ・プロンジンスキは，獄中をともに過ごしたこの「熱烈なジャコバン」の最期について，次のように回想している。

　　　彼は，音楽の理解はなかったが，マルセイエーズだけは，メロディーのとおりに，情熱をこめて歌った。……ポーランドとコシチューシコと自由のことを思い返すときにのみ，彼の瞳は光を帯びた。「自由万歳」(*Vive la liberté*) ということばを口にしながら，彼は永遠の眠りについた[1]。

　本章では，自由を何よりも愛したこの人物，ユゼフ・パヴリコフスキを，ポーランド・ジャコバンの事例研究の対象としてとりあげる。とくにこの人物に注目するのは，18 世紀後半の改革と分割の時代にポーランド＝リトアニア共和国から輩出した政治思想家のなかでもとりわけ天性の才覚に恵まれた文筆家であっただけでなく，その思想的な遍歴が，ポーランドにおける「ジャコバン」とは何であったのかを考えるうえで興味深い軌跡を描いているからである。

　18 世紀後半のポーランド＝リトアニア共和国における政治的・社会的・思想的変動は，「大西洋革命」の文脈のなかに位置づけることができる。1955 年にローマで開催された第 10 回国際歴史学会議において，R. R. パーマーと J. ゴドショは，アメリカ独立革命とフランス革命を環大西洋的な文脈のなかに位置づけることを提案した[2]。この共同報告をめぐる討論の場で，ポーランドの歴史家 B. レシノドルスキは，ヨーロッパ中・東部を「大西洋革命」論の視野に入れることを提言した[3]。パーマーとゴドショは，レシノドルスキの提案

を受け入れ[4]，のちの著書では中・東欧を含めて「大西洋革命」を論じている[5]。他方，レシノドルスキは，ポーランド・ジャコバンについて体系的な研究を公刊した（ポーランド語版1960年，フランス語版1965年）[6]。この著作は今日なお，このテーマにかんする基礎的な文献である。

　ポーランド＝リトアニアにおける「革命」は，2つの歴史的条件 —— 変革されるべき旧体制が貴族共和政であったこと，分割によって国家自体が消滅したこと —— が存在することによって，大西洋革命が波及した諸地域のなかでも特異な経過をたどることになった。パヴリコフスキの思想的な変遷もまた，これから述べるように，これらの条件を前提にしてはじめて理解しうるものである。

思想家パヴリコフスキの「発見」

　ユゼフ・パヴリコフスキが，独自性をもった思想家として，ポーランドの政治思想史のなかでとりあげられるようになったのは，20世紀，とりわけその後半になってからのことである。彼の著作の多くは匿名で刊行されたため，長らくテキストと著者の関係が正しく認識されてこなかった。とくに初期の2つの論考 ——『ポーランドの農奴について』(1788年) と『ポーランドのための政治的考察』(1789年) —— は，農奴制の批判に踏みこんだ内容が一部の研究者によって注目され，18世紀後半の国制改革論のなかでも独創的な主張として高く評価されたが，後述するように，1950年代にE. ロストフォロフスキの研究が出るまでは，パヴリコフスキの著作とはみなされてこなかった。

　この点に関連してここで触れておきたいのは，パヴリコフスキの同時代に，彼の名前と著作を結びつけた記述がフランスでなされていたことである。1808年に刊行された『黒人の文学について』のなかで，著者のアンリ・グレゴワールは，法の下の平等を主張して奴隷制を批判する同時代の著述家の名前を列挙するさいにユゼフ・パヴリコフスキに言及し，注に彼の著作として『ポーランドの農奴について』を挙げている[7]。「黒人友の会」の創設者でもあるグレゴワールが農奴制を批判するパヴリコフスキの著作を知っており，黒人の問題を論じる書物で言及していることは，新大陸の奴隷制と東欧の農奴制をともに克服すべき問題として結びつけて認識する視点が「大西洋革命」の時代に存在したことを示しているという意味でも興味深い。

しかし，このグレゴワールによる言及はポーランドの研究者には長らく知られることがなく[8]，ようやく 1956 年，E. ロストフォロフスキの論考によって，初期の 2 著作がパヴリコフスキの執筆によることが，ポーランド側の史料にもとづいて実証的に確定された[9]。ここで重要なことは，この 2 著の内容がむしろ君主政の強化を主張するものであったことである。これにより，のちの「熱烈なジャコバン」がはじめから急進的な共和主義者であったわけではないことが判明した。ロストフォロフスキは，初期の著作にみられるパヴリコフスキの立場を「人民君主主義」(monarchizm ludowy)と規定し，この見方はその後の研究史のなかで定着している[10]。

　それでは，この「人民君主主義者」は，いつ，どのようにして「熱烈なジャコバン」になったのか。まず，初期の論考にみられる彼の考え方を確認したうえで，その後の足跡をたどってみよう。

初期の論考にみられる改革論

　パヴリコフスキは天才肌の，早熟な思想家であった。ポーランド中部の小都市ロズプシャの都市民の家に生まれた彼[11]は，早くから身分的な差別と抑圧のもたらす社会的弊害に強い関心を抱き，国家や社会のあるべき姿について思索を重ねていた。1783 年秋からクラクフ大学で法律を学んでいたパヴリコフスキは，19 歳のときに最初の論考『ポーランドの農奴について』を完成する。1788 年，この著作はクラクフのグレベル書店から匿名で出版された[12]。翌年，2 作目の『ポーランドのための政治的考察』が，やはり匿名でワルシャワの自由印刷所(Drukarnia Wolna)より刊行される。折しも四年議会(1788-92 年)の開催にともなって国制改革をめぐる議論が熱を帯びるなかで，これらの著作は相応の注目を集め，海賊版が流布した[13]。

　『ポーランドの農奴について』において，パヴリコフスキは，シュラフタ(貴族身分)の領主に搾取され抑圧される農民の極端な貧困(OPP 24-29)，無教育状態(Ibid. 29-35)，飲酒の悪習(Ibid. 20-24)などを具体的に記述している[14]。そのうえで著者は，厳しい隷属は農民の労働意欲を喪失させ，結果的に収穫量が下がって人口が減少し，領主も国家も損失を被っていると指摘する(Ibid. 38-39, 41-51)[15]。著者によれば，君主政が強化されるほうが，領主による農民の恣意

的支配は抑制されるはずであった (*Ibid.* 14)。国富を増大させるためには，むしろ農民に土地の世襲的な使用権を認め，村の裁判に参加する権利を与え，賦役は貨幣地代に転換するべきである (*Ibid.* 57, 63-65)。農民に自由を与えることは，結果的には，農民だけでなく，領主にも利益をもたらす (*Ibid.* 66-67)。パヴリコフスキはさらに，農民に教育を与えることを重視した。「農民が読み，書き，計算できることが必要」であり，「女子も同様に教育を必要とする」ので「女子にも男子といっしょに読み書きを教える」ことを勧めている (*Ibid.* 60, 63)。

　『ポーランドのための政治的考察』では，パヴリコフスキは，国制上の問題について，より踏みこんだ考察をおこなっている。現状のポーランドは，貴族が他身分を抑圧している状態にある。これは自然からの逸脱であり，このような事態をパヴリコフスキは "rewolucja" と呼んでいる。

　　　　現在のシュラフタ身分は，すべての諸身分，ことに農民身分を抑圧しているので，われわれは或る逸脱のなかにいるようなものである (jesteśmy jak w rewolucyi jakiej)。なぜならば，人びとの一部分が他の部分を抑圧するのは，逸脱 (rewolucja) 以外のなにごとであろうか。(*MPP* 23)

シュラフタが「自由の共和国」として自賛する「貴族の共和国」は，下位身分にとっては個々の領主が暴君として君臨する「専制の共和国」にほかならない。「共和主義的な専制 (despotyzm republikancki)は最悪である。なぜならば，多数の，互いに対立する専制者がいるからである」(*Ibid.* 179)。

　この状態から脱するためには，農民を含む下位身分の境遇を改善する必要がある。都市の繁栄も，農業の発展と農民の安寧が前提である (*Ibid.* 64-66)[16]。当時の議会はカトリック教会の司教と貴族身分が代表権を独占していたが，都市民も議会に代表を送るべきであり，司教だけでなく下級聖職者にも議会での代表権を認めるべきであるとパヴリコフスキは主張する (*Ibid.* 91-92)。ただし，議会の会期は 2 年に 1 回 6 週間に限定される[17]。国王には拒否権が認められるべきであり，行政権は世襲による君主の命令に完全に従属する。警察，財政，軍事，教育の 4 つの行政にかかわる委員会がおかれるが，すべての官吏は国王が任命し，裁判官も国王の任命制とされる (*Ibid.* 178-219)。

　パヴリコフスキは，本来の「自由」とは恐怖と抑圧からの自由を指すのであって，シュラフタの諸特権を意味するものではないと指摘し，国王を，貴族に

よる「共和政の専制」から農民や都市民を守る保護者として位置づける（*Ibid.* 179）。彼にとって改革の同時代的なモデルとなったのは、プロイセンのフリードリヒ2世とオーストリアのヨーゼフ2世であった。

> プロイセンでは、統治は自由ではないが、亡きフリードリヒ〔2世〕の先見の明のおかげで、農民を自由で安全にすることができている。……ヨーゼフ2世は、おそらくは農業を成長させるために、ガリツィアの農民を解放した。これは、……農業と国家の繁栄のための大きな一歩である。（*OPP* 40）

四年議会における国制改革は、王位継承の世襲化、議会での多数決制の導入、行政の中央集権化などの制度的変更を導入しつつも、基本的には貴族共和政の理念を継承するものであった[18]。この点で、「国王の利益が国民の利益であり、国民の利益は国王の利益であるべきである」（*MPP* 213）と述べて王権主導の変革を強力に主張したパヴリコフスキの改革論は、当時の国制改革論の主流ではなかった。しかしここで重要な点は、君主政論者としてのパヴリコフスキの改革論が、非特権身分、とりわけ農民の社会的地位の向上を最優先の政治的課題として構想されていたことである。初期の論考でこのように「強力な王政」の樹立による改革を主張していたパヴリコフスキは、しかしながら、やがて「王のいない共和政」を支持する立場に転じる。この転向はどのような状況のもとで生じたのであろうか。

ジャコバンへの道

1792年、国制改革に不満を抱く保守派の貴族たちがロシアの後ろ盾のもとにタルゴヴィツァ連盟を結成し、国王もこれに参加した。第2次ポーランド分割（93年1月）のきっかけとなったこの出来事は、王権の強化を主張していたパヴリコフスキにとって、思想的・実践的な転機となった。国王への信頼を失ったパヴリコフスキは、93年5月、タルゴヴィツァ連盟に対抗する秘密革命委員会に加わった[19]。9月には武装蜂起を準備する秘密会議にコシチューシコとならんで参加し、94年3月のコシチューシコ蜂起勃発後は、ワルシャワで急進派の運動に関与した。蜂起を準備する時点ですでに、パヴリコフスキは、独立に向けて国民全体を動かすためには五月三日憲法によって保障された改革

では十分ではなく，身分・階級を問わずすべての国民に同一の自由を付与する
必要性を認めていた。

> 五月三日憲法の諸原則は，現在〔1793 年〕では不十分である。われわれは，
> 全国民を動員することを望んでいるのであり，そのためには人びとのすべ
> ての階級にとって同一の自由が必要である (potrzeba zatem dla wszystkich klas
> ludzi jednakiej wolności)。（*POP* 77）

ここでは，「自由」は「平等」と結合されて実現されるべき理念であることが
主張されている。これは，「自由」が身分的特権を意味していたポーランド＝
リトアニアの文脈においては新しい発想であった。

　コシチューシコ蜂起中の著述活動のなかで注目されるのは，1794 年に『国
民蜂起新聞』に掲載された刑法の改革をめぐる論説である。刑罰の問題点を指
摘する文脈で，著者は以下のように主張している[20]。

> 従来は，政府が人民のためにあるのではなく，人民が政府のためにあっ
> たかのようにみえる。……政府は刑罰を犯罪に適用してきたが，人びとを
> 善き者にしようと努力してこなかったし，しばしば賢慮に欠ける法律が逸
> 脱を助長してきた。……はじめに犯罪を促すような原因をとり除くべきな
> のであり，そうすれば刑罰は正しいものになるであろう。およそ刑罰はす
> べて，犯罪者の更生を目指すものであるべきであり，また，それ以外の人
> びとを，罪を犯すことから遠ざけるようにするべきものである。刑罰を受
> けた者はそれぞれ自分の罪を償ったのであるから，市民の政府に復帰する
> べきである。

刑罰の存在意義を，犯罪者に対する懲罰としてではなく，犯罪者の更生と犯罪
の予防の手段としてとらえている点，また，犯罪の原因を社会的文脈のなかで
認識する姿勢に，ベッカリーア『犯罪と刑罰』の影響がみられる[21]。また，
「政府が人民のためにあるのではなく，人民が政府のためにあった」ことに対
する批判的な指摘は，パヴリコフスキが人民主権論に接近しつつあったことを
示している。

　蜂起の敗北があきらかとなった 94 年 11 月，パヴリコフスキは，フランス
への亡命を余儀なくされた。亡命先のパリで 98 年 10 月に「ポーランド共和
主義者協会」が結成され，パヴリコフスキも参加する。翌年 8 月にはコシチ

ューシコもこの組織に加わり，パヴリコフスキは彼の秘書となった[22]。1800年，パヴリコフスキは，前年に刊行された F. アンティング『スヴォーロフ元帥の戦い』に対する反論を執筆する。ここで著者は，コシチューシコ蜂起は「すべての人民にとって平等な自由と，国王のいない共和国」(une liberté égale pour tout le peuple et une république sans roi)を土台として戦われたと主張し，「王のいない共和政」への支持を明確にしている[23]。

　論考『ポーランド人は独立を勝ちとることができるか』は，この時期にコシチューシコの示唆のもとに執筆された[24]。ポーランドの独立の回復は，諸外国の支援に依存するのではなく，ポーランド人が自力で成し遂げなければならないというのが，この論考の基本的な考え方である。独立闘争の主力は農民であり，自由な農民だけが祖国のために戦いうるのであるから，農民を解放して自由を与えることが必要であるとパヴリコフスキは主張する。解放されて自由となった農民は，大鎌で武装してゲリラ戦(la petite guerre)を展開するべきである(*CP* 90–91)。著者は，森のなかに潜んで移動しながら敵を不意討ちする戦術の利点を指摘する(*CP* 104)[25]。

　独立戦争のもうひとつの重要な武器は，言論であった。著者は，「世論をめぐる戦い」(wojna opinii)を展開してポーランドを分割支配するロシアに「革命」を輸出することを提案する。

　　　ポーランド人は，進出した先々で，世論をめぐる戦争を行うことになるであろう。すなわち自由を布告することにとり組むのであり，これこそは1万の軍隊よりも強力なのである。……ポーランドの革命(rewolucja polska)が始まるとき，もしわれわれがモスクワの民衆にわれわれの原則，自由，平等，兄弟同士の統一，規律，率直さ，誠実さを感じさせるように努めるならば，ペテルブルグの宮廷は，住民の蜂起を防ぐために軍隊の規模を倍増させなければならなくなるであろう。(*CP* 108)

『ポーランド人は独立を勝ちとることができるか』は独立戦争の戦術論として書かれたために，「革命」後の国制については簡潔な素描にとどまっている。解放後は，軍最高司令官から国民評議会(議会 Kongres)に権力が移管され，行政と立法が分離されるべきであると著者は主張している(*CP* 119–121)[26]。

　このように独立の回復は武力闘争を前提とするが，革命的暴力の行使につい

ては，啓蒙期の刑法改革論の影響を受けたパヴリコフスキは抑制的であった。1818年に刊行された『刑罰論』は，刑罰を処罰の手段ではなく矯正の手段としてとらえ，死刑の廃止を主張している点で，コシチューシコ蜂起中の刑法改革をめぐる論説の延長線上にある（*OPK* 61-62, 74-89）。フランスのギロチン刑について，著者は次のように言及している。

> ギロチンが毎日のように生命の糸を切断していたフランス革命の時代に，この種の刑罰にあまりにも親しんだので，無実の犠牲者たちの血が流れ落ちているそのときに，その台の傍らで，子どもたちが遊んでいたという。これはフランス人の性格の軽薄さによるのだと私に言う人もいるが，同じような事例は，国民を巻きこむ混乱のなかで死が政治的な薬として用いられるようなときには，イギリスやオランダやスイスでもみられたことである。こうした場合には，死が復讐や刑罰として用いられなくなったときにようやく，平穏が訪れたのである。（*Ibid.* 82）

すでに「王のいない共和政」を明確に支持していたパヴリコフスキは，フランス・ジャコバンの恐怖政治（テルール）に対しては，むしろ批判的なまなざしを向けていたのである[27]。

おわりに――2つのポーランド革命

　1780年代末から19世紀初頭にいたる時期のパヴリコフスキの軌跡をたどることで浮かびあがってくるのは，2つのポーランド革命の存在である。第1のポーランド革命は，四年議会の国制改革による立憲君主制の成立であった。その主導権を握ったのは，貴族共和政の理念を継承しながら国家の凝集力を高めようとした愛国派であり，彼らが目指していたのは制御された君主政としての「王のいる共和国」であった。それは，パヴリコフスキの主張する「平民を保護する強力な君主政」とは異なるものであった。

　第2のポーランド革命は，2回目のポーランド分割に抵抗して起こったコシチューシコ蜂起である。革命の目標は，祖国の独立の回復におかれた。独立回復後の国制については，2つの方向性が存在した。五月三日憲法体制，つまり「制御された君主政」への復帰を主張する穏健派と，「王のいない共和国」を展望する急進派である。パヴリコフスキは，都市民・農民を基盤とする共和政を

志向する蜂起左派の立場にたって活動した。この時期に，彼は文字どおりの「ジャコバン」になったと言えるであろう。

　ポーランド・ジャコバンについては，その人的系譜の複数性，集団としての輪郭のあいまいさと流動性が指摘されてきた[28]。個々の人物を個別にみていくと，四年議会の愛国派のなかから急進化して「王のいない共和政」を支持するに至った者もいる。人民君主主義者から急進的共和主義者に移行したパヴリコフスキのたどった歩みが，ポーランドでひとがジャコバンとなる唯一の道であったわけではない。

　特権身分としてのシュラフタが広範囲にわたる「自由」を身分的諸特権として享受してきたポーランド＝リトアニアにおいては，即自的にとらえられた「自由」は，そのままでは旧体制を変革するためのスローガンとはなりえなかった。「自由」を変革の契機とするためには，あらためて「本来の自由とはなにか」を問い直すことによって既成の「自由」が前提とする抑圧的側面を問題として対象化し，身分制社会における「自由」の特権性を批判的に認識したうえで，身分制的な制約から解放された新しい「自由」の創出を構想する必要があったのである[29]。初期のパヴリコフスキの改革論にみられる「人民君主主義」の主張は，貴族が特権的に「自由」を享受するポーランド＝リトアニアの歴史的条件のもとで，シュラフタの「自由」の抑圧性を批判的に可視化したうえで，非特権身分にも可能なかぎりの「自由」を保障するためには，いかなる国制的・社会的変革が有効性をもつかを考察した，一種の思考実験であった。タルゴヴィツァ連盟の成立以後の政治状況の変化のなかで，パヴリコフスキは国王への信頼を喪失し，祖国の独立の回復を目指す闘いのなかで「王のいない共和政」を展望する路線に転じる[30]。しかし，下位身分の境遇の改善を変革の課題とみなし，「貴族共和政の専制」に対する批判を徹底して行ない続けた点では，彼の思想的立場は一貫していたのである。「人民君主主義」から「人民共和主義」へと至るパヴリコフスキの軌跡は，そのような意味で，ポーランド＝リトアニアにおける急進化の１つの特徴を体現していたといえるであろう。

　急進的共和主義者となったパヴリコフスキが献身的に支えたコシチューシコは，フランス革命政府から名誉市民の称号を授与されているが，同時に，彼の

コシチューシコのジャコバン・ポートレイト
──「環大西洋革命」を体現する最高司令官
(1794年，パリで制作された彩色銅版画)。
フリジア帽の下の円形の枠のなかに武装したコ
シチューシコを描く。(楕円の枠の周囲)「王た
ちを守るために彼が腕を挙げることはけっして
なかった，そして，彼は，両半球で専制を倒す
征服者となった」。(肖像画の下)「タデウシ
ュ・コシチューシコ／その徳と才能と人民の信
頼によって／王冠をかぶった悪党たちの手下ど
もと闘うために／ポーランド国民軍の最高司令
官となった／1794年3月24日」(*Polityka. Po-
mocnik historyczny: Tadeusz Kościuszko 1746–1817.
Republikanin – Naczelnik – Inżynier. Epoka, postać,
konteksty, dokumenty*, Warszawa 2017, p. 65.)

共和政のイメージは，アメリカ独立戦争で戦った経験に深く根ざしている(図
版参照)。彼らが「王のいない共和政」をイメージするさいには，フランスの
事例だけでなく，独立後のアメリカの体制も重要な意味をもっていた[31]。パ
ヴリコフスキの農奴制に対する批判を，黒人奴隷問題と結びつけて理解する視
線が19世紀初頭のフランスに存在したことは，すでに述べたとおりである。
18世紀後半から19世紀前半における「革命」「共和政」「自由」の同時代的な
意味を再検討するためには，大西洋の両岸からヨーロッパ東部にいたる広い空
間のなかで，人の移動と新しい思想の波及，刻々と推移する政治状況のなかで
の諸集団・諸勢力の相互干渉や変動の過程をつねに念頭におきながら探究を進
めていく必要があることを，ポーランド・ジャコバンとしてのパヴリコフスキ
の遍歴は示しているのである。

註
＊本章では以下の略号を用いる。
【ユゼフ・パヴリコフスキの著作。略号に続く数字はページ数を示す】
CP＝Emanuel Halicz(ed.), *Czy Polacy wybić się mogą na niepodległość*(Warszawa, 1967).
MPP＝*Myśli polityczne dla Polski*(Warszawa, 1789).
OPP＝*O poddanych polskich*, in: Janusz Woliński, Jerzy Michalski and Emanuel Rost-
worowski(eds.), *Materiały do dziejów Sejmu Czteroletniego*, Vol. I(Wrocław 1955),

pp. 11-68.

OPK＝*O prawach kryminalnych*（Warszawa, 1818）.

POP＝"Pamiętnik o przygotowaniach do Insurekcji Kościuszkowskiej", *Przegląd Polski*, 10-7（1876）, pp. 50-97.

【その他】

KH＝*Kwartalnik Historyczny*

PSB＝*Polski słownik biograficzny*

VC＝*Volumina Constitutionum*

1）Bronisław Gembarzewski（ed.）, *Pamiętniki generała Prądzyńskiego*（Kraków, 1909）, Vol. 1, pp. 168-169.

2）Jacques Godechot, R. R. Palmer, "Le problème de l'Atlantique du XVIIIᵉ au XXᵉ siècle", *Relazioni del X Congresso Internazionale di Scienze Storiche（Roma 4-11 Settembre 1955)*（Firenze, 1955）, Vol. V, pp. 175-239.

3）Bogusław Leśnodorski, "Seduta antimeridiana del 5-9-1955", in: Comitato internazionale di scienze storiche（ed.）, *Atti del X Congresso Internazionale, Roma 4-11 Settembre 1955*（Firenze, 1957）, pp. 565-579.

4）パーマーはのちに「ローマで学んだことで私が覚えているいちばん有益なことは, ポーランドのレシノドルスキ教授によるものだった」と回想している。Robert Forster, R. R. Palmer, James Friguglietti and Emmet Kennedy, "American historians remember Jacques Godechot", *French Historical Studies*, 61-4（1990）, pp. 883-884.

5）J. Godechot, *Les Révolutions, 1770-1799*（Paris, 1965）. 英語版 Id., *France and the Atlantic Revolution of the 18th Century, 1770-1799*（New York, 1965）; R. R. Palmer, *The Age of the Democratic Revolution*, 2 vols.（Princeton, 1959, 1964）. F. ヴェントゥーリも, 中・東欧を含めた環大西洋的な連関を重視している。Franco Venturi, *Utopia and Reform in the Enlightenment*（Cambridge, 1971）. 日本語訳：F. ヴェントゥーリ, 加藤喜代志・水田洋訳『啓蒙のユートピアと改革』（みすず書房, 1981）. Id., *The End of the Old Regime in Europe, 1776-1789*, 2 vols.（Princeton, 1991）. 環大西洋的な革命の連鎖のなかにポーランドを含めて論じている比較的新しい文献としては, 次のものを参照。Janet Polasky, *Revolutions without Borders. The Call to Liberty in the Atlantic World*（New Haven and London, 2015）.

6）B. Leśnodorski, *Polscy jakobini. Karta z dziejów insurekcji 1794 roku*（Warszawa, 1960）. フランス語版 Id., *Les Jacobins polonais*（Paris, 1965）. 以下, ポーランド語版を *Polscy jakobini*, フランス語版を *Les Jacobins polonais* と略記する。ジャコバン現象の広域性については, Id., *Les Jacobins polonais et leurs confrères en Europe*（Warszawa, 1964）をも参照。

7）"O Poddanych polskich, c'est-à-dire, des paysans polonais, par *Joseph Paulikowksi*[sic], in-8°, Roku 1788". Henri Grégoire, *De la littérature des Nègres*（Paris, 1808）, pp. xi-xii.

8）レシノドルスキもロストフォロフスキもグレゴワールによる言及には触れてい

ない。筆者は W. オルシェヴィチの研究ノートからこの言及について知り，グレゴワールの原著で確認した。Wacław Olszewicz, "Jeszcze o Józefie Pawlikowskim", *KH*, 80-4(1973), pp. 914-917. W. コノプチンスキは 1950 年代初めに彼の絶筆となった 18 世紀ポーランド政治思想史の研究のなかで『ポーランドの農奴について』と『ポーランドのための政治的考察』をアンジェイ・ザモイスキの著作としている。Władysław Konopczyński, *Polscy pisarze polityczni XVIII w.* (Warszawa, 1966), pp. 376, 379.

9)　Emanuel Rostworowski, "Jakobin Józef Pawlikowski anonimowym autorem słynnych pism politycznych", *KH*, 63-2 (1956), pp. 74-94. 増補された論考が "Myśli polityczne Józefa Pawlikowskiego" として Id., *Legendy i fakty XVIII w.* (Warszawa, 1963), pp. 193-264 に収録されている。以下，本章では後者を参照する。

10)　Rostworowski, *op. cit.*, p. 260. 近年では R. リスが初期のパヴリコフスキを「四年議会期のあらゆる政治的文献のなかで最も君主政的な国制論を唱えた論者」として位置づけている。Rafał Lis, *W poszukiwaniu prawdziwej Rzeczypospolitej. Główne nurty myśli politycznej Sejmu Czteroletniego*(Kraków, 2015), p. 284. 18 世紀後半のポーランドにおける君主政論の系譜については，Arkadiusz Michał Stasiak, *Teoria władzy monarszej czasów stanisławowskich. Studium idei*(Lublin, 2013)をも参照。

11)　父親は鍛冶屋の親方であったが，パヴリコフスキ自身は自らの出自について「古い没落した貴族の家の出身」と記している(*POP* 73)。この思想家の出自と経歴については以下の文献を参照。Tadeusz Pawlikowski, Sławomir Jaros, "Kiedy i gdzie urodził się jakobin Józef Pawlikowski?", *KH*, 77-1(1970), pp. 95-96；Id., "Jeszcze raz o miejscu i dacie urodzenia jakobina Józefa Pawlikowskiego", *KH*, 82-1(1975), pp. 110-116；Józef Szczepaniec, "Pawlikowski Józef Herman(1767-1829)", *PSB*, 25(1980), pp. 446-452. 出身地・生年については異説(Olszewicz, *op. cit.*)もあるが，ここでは通説にしたがう。

12)　パヴリコフスキは国王スタニスワフ・アウグストに宛てて手紙を書き，自らこの本の著者であると名乗っている(1788 年 8 月 2 日付)。この書簡は Rostworowski, *op. cit.*, pp. 212-214 に全文が掲載されている。翌 89 年には，パヴリコフスキがワルシャワの王宮の蔵書を利用したことが，残存する閲覧票から判明している。このとき閲覧したのはビュフォン『自然誌』とヒューム『イギリス史』であった。Jadwiga Rudnicka, "Wykorzystanie księgozbioru Stanisława Augusta", in: *Z badań nad dawną książką. Studia ofiarowane profesor Alodii Kaweckiej-Gryczowej w 85-lecie urodzin*, Vol. II(Warszawa, 1993), p. 563.

13)　Rostworowski, *op. cit.*, p. 225.

14)　農民の状況にかんする記述は，ある程度まで著者自身の実地の観察をふまえたものであった。たとえば，リトアニアの農民の隷属はポーランド以上に厳しいという指摘(*OPP* 14)は，1787 年にリトアニア大公国を訪れたさいの見聞にもとづいている。Szczepaniec, *op. cit.*, p. 447.

15)　農業人口が多いほど手工業も繁栄することを指摘した箇所で，パヴリコフスキ

は，人口の多さによって生産力を高めている国の例として，日本に言及している。*Ibid.* 50.

16) ユダヤ人については，彼らの宗教と慣習を尊重しつつ，国民教育委員会の管轄下でポーランド語による教育を行ない，「文明化」(ucywilizowanie)することが必要であると主張している。*MPP* 101-115.

17) この主張は 1573 年のヘンリク諸条項にしたがっている。*VC* 2-1, 326-329.

18) 白木太一『近世ポーランド「共和国」の再建——四年議会と五月三日憲法への道』(彩流社，2005)；同『新版 一七九一年五月三日憲法』(群像社，2016)を参照。

19) この時期にパヴリコフスキはフリーメイソンに加入している。Ludwik Hass, *Sekta farmazonii warszawskiej. Pierwsze stulecie wolnomularstwa w Warszawie (1721-1821)* (Warszawa, 1980), p. 245.

20) Leśnodorski, *Polscy jakobini*, p. 237.

21) チェーザレ・ベッカリーア(小谷眞男訳)『犯罪と刑罰』東京大学出版会，2011年，41, 142 頁。『犯罪と刑罰』(原著初版は 1764 年刊)のポーランド語訳は，A. モルレによるフランス語訳(1766 年刊)にもとづいて 1772 年に出版された。ポーランドにおけるベッカリーアの受容と影響については，B. Leśnodorski, "«Zaatakujmy niesprawiedliwość u jej źródła» Cesare Beccaria w Polsce XVIII wieku", in: Id., *Ludzie i idee* (Warszawa, 1972), pp. 102-122 を参照。

22) Bartłomiej Szyndler, *Tadeusz Kościuszko 1746-1817* (Warszawa, 1991), pp. 324-327.

23) Leśnodorski, *Les Jacobins polonais*, pp. 191-192.

24) 1800 年に匿名で刊行されたこの論考の執筆者がパヴリコフスキであることを最初に指摘した歴史家は，W. トカシュである。Wacław Tokarz, *Ostatnie lata Hugona Kołłątaja (1794-1812)*, Vol. I (Kraków, 1905), p. 95. なお，『ポーランド人は独立を勝ちとることができるか』は，コシチューシコの著作として日本語に翻訳されている。中山昭吉訳『民族解放と国家再建によせて』(未来社，1972)。翻訳上の問題については，阪東宏「歴史における民族的抑圧と解放および抑圧民族の歴史研究者について」『歴史学研究』389(1972), 36-41 頁を参照。

25) このような機動戦の成功例として，著者はヴァンデの反乱をあげる。ただし，彼は，ヴァンデの農民の迷信的な習俗には批判的であった。*CP* 104.

26) 独立回復後の議会を，ポーランドの伝統的な "Sejm" ではなく，"Kongres" と表記していることは，アメリカ独立革命の影響を示唆しており，興味深い。

27) ロベスピエールも 1791 年時点では死刑廃止を唱えていた。石井三記『18 世紀フランスの法と正義』(名古屋大学出版会，1999), 254 頁。

28) Leśnodorski, *Polscy jakobini*, pp. 296-327；Anna Grześkowiak-Krwawicz, "Does 'Republican' mean 'Jacobin'? The French Revolution through the eyes of the Polish nobility", unpublished paper for the International Workshop "European Jacobins and Republicanism", on 18 March, 2019 at Central European University, Budapest.

29) この問題については，A. Grześkowiak-Krwawicz, *Regina libertas. Wolność w polskiej myśli politycznej XVIII wieku* (Gdańsk, 2006)；英語版 Id., *Queen Liberty: the Concept of*

Freedom in the Polish-Lithuanian Commonwealth(Leiden-Boston, 2012)をも参照。

30)　国制観の転換と対応して，パヴリコフスキの "rewolucja" の用法も変化している。初期の政治論では，"rewolucja" は「自然からの逸脱」(具体的にはシュラフタ身分による他身分への専制的抑圧)を意味しており，国制の変革は，この逸脱状態から自然な状態に復帰するために構想されていた。急進的共和主義に転じて以降は，"rewolucja" は，旧体制からの変革——いわゆる「革命」——を指す概念として用いられている。

31)　Zofia Libiszowska, *Opinia polska wobec rewolucji amerykańskiej w XVIII wieku*(Łódź 1962), pp. 125-142; Id., "Radykalizm anglo-amerykański — jedno ze źródeł myśli politycznej insurekcji 1794 r.", Jerzy Kowecki(ed.), *Kościuszko — powstanie 1794 r. — tradycja*(Warszawa, 1997), pp. 61-76. アメリカ独立革命がコシチューシコに与えた影響については，井内敏夫「タデウシュ・コシチューシコとアメリカ独立革命」『史観』100(1979)，132-147 頁(同『ポーランド中近世史研究論集』(刀水書房，2022)，790-811 頁に再録)をも参照。

　　【追記】本章の校正の段階で，梶さやか「ポーランドとリトアニア，両国民の滅びと再生——一八・一九世紀転換期における分割の衝撃とエリート」『史林』105-1(2022)，138-177 頁を読む機会をえた。パヴリコフスキの『ポーランド人は独立を勝ちとることができるか』(この論文でのタイトルは『ポーランド人は独立を獲得することができるか』)に言及して，パヴリコフスキがネイションと国家(の独立)を明確に区別していないこと，第 1 次分割以前の領土をポーランドの領土として意識していることを指摘している(158-159 頁)。本章とは異なる視点からの分析だが，いずれも重要な指摘である。

第5章
イングランド・ジャコバンと「王のいる共和政」

正木慶介

イングランド・ジャコバンという視角

　本章はイングランド・ジャコバンの国制論を，1790年代における急進主義の主軸を担ったロンドン通信協会(London Corresponding Society：以下LCSと略記)の活動と言説を分析することで解き明かしていく。LCSは靴職人T.ハーディの呼びかけで1792年1月に設立され，人民主権を掲げ，腐敗ゆえに国民の利害を顧みなくなった議会を改革すべく男子普通選挙と年次議会選挙を主張した。中流層知識人に支えられつつも労働者による労働者のための結社であったLCSは，イングランド急進主義の画期となった。彼らは地方都市の急進派とも提携し世論を喚起することで，政府・議会に改革の必要性を迫った。一方でLCSの運動はピット政権やE.バークなど保守派にとって，既存の国制を破壊し無秩序な社会を招き入れる試みに他ならなかった。そのためLCSなど改革派はジャコバンと名指しされ，政治秩序を脅かす危険分子として批判されたのである。

　しかしジャコバンあるいはその関連語はイングランドにおいて必ずしも蔑称としてのみ流通したわけではなく，肯定的な自称表現としても用いられた。例えば「ジャコバン都市」ノリッジのパトリオット協会に属したR.ディンモアは，1796年末に出版した著作のなかで急進派同志を「ジャコバン」と呼び，彼らの間でその語が自称表現として使われていることに言及した[1]。またLCS指導者J.セルウォールは1794年の講演で「私はサン・キュロットである」と述べている[2]。加えて，1793年2月の対仏戦争開始以降イングランドの急進派結社とフランスのジャコバン・クラブは人的交流や通信を表立っては行わなくなったが，前者は集会で「サ・イラ」を歌うなど革命を象徴する文化実践を継続した。これまで一部の歴史家はこの時期の急進主義運動をジャコバンという名で特徴づけてきたが，これには一定の妥当性があったのである[3]。本章も

これらの事例を踏まえ，LCS など急進派をジャコバンと呼ぶことにしたい。

　その一方で確認しておきたいのは，イングランドの急進派はパリの山岳派の追従者では決してなかったということである。彼らは革命の理念に賛同し「旧体制」を変革したいと願ったが，物理的暴力ではなくあくまでも合法的・平和的手段に頼ろうとした。ディンモアがロベスピエールを「失脚した怪物」と呼んだのはその証左である。またジャコバン主義について議論が及ぶ際には，特殊フランス的な文脈から切り離され抽象的に定義される傾向にあった。例えばセルウォールは『体制の横暴に対抗する自然権』(1796 年)のなかで，「私はジャコバン主義という言葉を大規模で包括的な改革の体系を示すためにのみ用いる」と述べた[4]。この言葉遣いから世襲的特権を否定する明確な態度を読み取ることは難しい。イングランド・ジャコバンはフランス革命に強く影響を受けながらも，独自の路線を追求したのである。

　それでは彼らは何を「旧体制」と認識し，いかなる国制を目指したのか。まず指摘されるべきは，彼らの主な批判対象が「旧き腐敗」とも呼ばれた貴族的寡頭制であったということである。もちろん 1790 年代以前においても腐敗や寡頭制は問題となったが，1779 年末に始まった議会外改革運動(ヨークシャ運動)が例証するように，そこで批判されたのは「国王の影響力」であり貴族ではなかった。またこのとき立法府における腐敗を攻撃したのは，主に地主層からなる野党エリートであった。他方 1790 年代の対立は貴族(地主・富裕層)と人民(中間層・労働者)の間に現れた[5]。この対立構造はすべてのイングランド・ジャコバンに共有されたと考えられる。これを前提に問われるべきは，彼らジャコバンが，混合政体を維持したままその民主的部分の権力を拡張しようとしたのか(王のいる共和政)，貴族のみならず君主も含む世襲的特権身分の廃止を求めたのか(王のいない共和政)という問題である。

　先行研究の多くはこの二つの路線のいずれかを強調する。まず B. ウェインスタインは LCS の理念の中心に混合政体を前提とする古来の国制論があったと指摘する。彼によれば，ジャコバンは 1790 年代以前の急進派同様回帰すべき原点を中世初期のサクソン国制に定め，そこで普通選挙と年次議会という理想的な制度が採用されていたと信じた。これに対し J. エプスタインは，T. ペインの人権論がジャコバン思想の中心に置かれ，世襲的特権身分の廃止が主題

となったと論じる。H. T. ディキンソンと松浦高嶺もこれに連なり，ジャコバンの急進主義と，17・18世紀コモンウェルスマンが重視した古来の国制論との間の不連続性を強調する。これら二種の議論と距離を取る研究もある。例えば M. フィルプは，ジャコバン思想に統合的なイデオロギーが欠如していることを指摘する。一方，J. ディンウィディはフィルプに類似し，ジャコバンの言説のなかに古来の国制論，千年王国論，自然権思想，山岳派思想，反乱肯定論など多様な要素を見出すも，それぞれが異なる時期に優位性を見せたと論じる[6]。

　本章はこうした対立的な見解を批判的に再検討しながら，LCS の思想と行動について整合性のある説明を試みる。考察対象とする時期は，彼らの活動を大幅に制限することになる「治安二法」の制定(1795年12月)の直前までとする。まず強調したいのは，LCS の指導層が一貫して混合政体をあるべき政治秩序と考えたということである。他方「王のいない共和政」論は LCS において完全には否定されなかったものの，周縁部に位置付けられた。本章はジャコバン思想の「中心―周縁」構図を示すことで，フィルプとディンウィディの議論を相対化する。具体的には，両者が指摘するジャコバン思想を構成する断片的な各要素は，状況や論者の意図に応じて「王のいる共和政」論(中心)と「王のいない共和政」論(周縁)のいずれかに分類することができることを示す。1796年以降は，暴力革命を目指す地下組織ユナイテッド・イングリッシュメン(以下 UE と略記)の台頭と共に，「王のいない共和政」論が大きな影響力を持ち始める。この趨勢の変化を受け，LCS の指導層における思想的な「中心―周縁」構図も1797年秋から1798年春にかけて反転していくこととなる。

ブリテン国民代表大会――英・蘇・愛のジャコバンの共同

　LCS の運動は会員数に制限を設けない会則と1ペニーという安価な週会費ゆえ，広く労働者階層に門戸を開いたものとなった[7]。その一方で対仏戦争開始前後から保守派が勢力を伸ばし始めたため，改革を求める世論を喚起するには困難が伴った。1792年11月に「共和主義者と水平派から自由と所有を護るための協会」がロンドンに設立されたことを皮切りに，地方都市でも反ジャコバン運動が本格化した。恐喝・嫌がらせ・暴行などの抑圧は日常的なものとな

り，政府のスパイによる監視も始まった。「ジャコバンお断り」の看板を掲げた居酒屋や旅籠が増加したのもこの時期である。こうした状況ゆえ LCS も参加した 1793 年 5 月の請願運動は大きな支持を集められず，ホウィグ党の C. グレイが下院に提出した改革動議は穏健なものであったにもかかわらず 282 対 41 の大差で否決された。

　世論を変えるために踏み込んだ手段が必要であることは明らかだった。そこで LCS は，スコットランドとアイルランドで直前の時期に開催されていた国民代表大会(convention)に注目した[8]。スコットランドでこの大会は 1792 年 12 月と翌年 4 月に開かれ同地域の改革運動の結節点となり，アイルランドでは 1792 年 12 月に開催された「カトリック代表大会」が契機となり議会選挙権の付与など一連のカトリック救済法が成立した(1793 年 4 月)。LCS は請願運動の失敗直後から「スコットランド人民の友協会」の W. スカーヴィングを窓口に交渉を開始し，次回エディンバラで開催される大会に他のイングランドの結社と共に代表を派遣することを決定した。

　この取り決めは英・蘇の改革派にとって急を要するものだった。というのも，1793 年 8 月にアイルランドで国民代表大会が非合法化されており，ブリテン政府が早晩同様の法律を制定することが見込まれたからである。こうした急場の対応ゆえに連絡や準備が滞り多くの結社は代表を送れなかったが，LCS と少数の改革派結社の代表は 11 月 19 日に，すでに始まっていた下院への請願をめぐる審議に遅れて加わった[9]。これを受け 23 日には全会一致で「ブリテン国民代表大会」(British Convention)と改称することが決議された。代表総数は約 165 となり，2 日後にはユナイテッド・アイリッシュメンの合流も認められた。英・蘇・愛の急進主義運動が同時展開するのは史上初めてのことであった[10]。

　ブリテン国民代表大会はフランスの国民公会(National Convention)を多分に意識したものとなった。代表は互いに「市民」と呼び合い，討論は複数の「セクション」に区分けされ進められた。また議事録の書き出しにみられる「ブリテン国民代表大会第一年」の文言は，前年 9 月にフランスで定められた「フランス共和国第一年」という公文書の表記を連想させた。こうした革命との近接性ゆえに，ブリテン政府は国民代表大会を既存の議会に取って代わろうとする

集合体と判断し，12月にはこれを解散させると共に，LCS の代表 M. マーガロットと J. ジェラードを含む主要人物の逮捕に踏み切ることになる。

　しかし，大会のなかで用いられた言説に注目する限り，革命との連動性は希薄である。イングランド・ジャコバンはむしろイングランドの古い歴史のなかに改革の根拠を見出そうとしていた。例えばジェラードはアルフレッド王（在位 871〜99）治下のサクソン国制を復古すべき原初と捉え，この「黄金時代」には「全ての自由民による年次集会」が開催されていたと論じた。彼は「我々の唯一の目的は年次議会と普通選挙の復古である。それ以上踏み込むつもりはない」と宣言した[11]。この神話的な古来の国制論は多くの LCS 会員に共有されていた。彼らは結社発足当初から，ペインの『人間の権利』（1791・92 年）の影響で君主政廃止を求める声が結社内外で広がりをみせていることを危惧し，「失われた諸権利を取り戻す」ことに目標を限定していた[12]。フランスで国王が処刑され，それに恐怖政治が続いた事実がある以上，『人間の権利』の要求は危険過ぎる賭けであった。よってジェラードは「新奇さ」を避け，古来の国制論を重視するイングランド急進主義の伝統に依拠しながら，ペインの人権論に対する代替案を示そうとしたのである[13]。

　他方で，イングランド・ジャコバンは今や蘇・愛のジャコバンと協力体制を築くことを真剣に考え始める段階にあった。彼らはこの代表大会以降，よりはっきりと運動の目的をブリテン国民（British Nation）の自由と権利の回復に置くようになる。そうである以上イングランド固有の古来の国制論を強調することは，英・蘇・愛のジャコバンの連帯の足枷となる可能性があった。さらに，それぞれが異なる古来の国制論を展開していたことは問題をより複雑にした。例えば第 1 回スコットランド国民代表大会で法律家 T. ミュアは，「英・蘇はいずれもかつて自由な国制を持っていた」と述べると共に，「スコットランドではイングランドよりも自由民はずっと自由だった」とも論じスコットランド人としての矜持を示した[14]。これに対し，ユナイテッド・アイリッシュメンは復古すべき国制を 12 世紀後半のアンジュ帝国期に求めた[15]。おそらくジェラードはこうした状況を踏まえブリテン諸島のジャコバンの共同を理論的に根拠づけるために，先の文言に加え，理想的国制の原理は消滅することのない自然権からも引き出されるのであり，「我々の権利は理性と古さという二重の認可を

得ている」と論じたのである。また彼は，ステュアート朝の圧政に共に対抗するなかで英・蘇・愛の人民は自由を求める「幸福な合同」(happy union)を経験したとも述べ，同様の合同が現下の腐敗を叩くために再度求められていることを強調した[16]。

大衆集会の開催──「王のいる共和政」論の展開

　ブリテン国民代表大会を解散させた後，ピット政権は国内のジャコバン運動に対する弾圧を本格化させた。1794 年はハーディやセルウォールを含む LCS の重要人物が続々と逮捕され，白色テロと裁判が国民的関心事となった。逮捕されたジャコバンはほとんどが死刑・流刑を免れたが，この時期に多くが運動から離脱した。ハーディやマーガロットに代わり LCS の指導者となったのは，J. G. ジョーンズなど後に UE を結成する人々であった。会員数は一度大きく落ち込むが，弾圧に対する反発の度合いに比例するようにその後急速に新規会員を得て 1795 年後半に最盛期を迎えた。

　ただしこの弾圧期に混合政体論が放棄されたわけではないことに注意したい。LCS はむしろ王の声は民の声とでも言わんばかりに，国王に対し改革運動への協力を要請するようになる。その手段として採用されたのが数万人規模を動員する大衆集会であった。LCS はこれを通じて改革を求める世論の大きさを可視化しようと試みた。1795 年 6 月 29 日と 10 月 26 日に開催された大衆集会に着目してみよう。両集会とも政府・議会の自浄能力には期待できないとする立場を明確に示し，ブリテン国民と国王に対し改革へ働きかけるよう訴えた。

　6 月の集会で決議された国民への声明文(address)は，国民代表大会の理念を引き継ぎ，ブリテン人の生得的自由を強調した。他方古来の国制には一切言及せず，普通選挙と年次議会は国民の「自然で疑いなき諸権利」であるとした。LCS はこれらの権利を要求することでフランス革命の理念を継承しようともしていた。無罪判決後活動を再開したセルウォールは，普通選挙と年次議会に基づく政治的平等の体系はフランスが「徒党・疑念・野心的陰謀」ゆえに達成し損なったものであると論じ，それを得ることがブリテン国民の課題だとした[17]。

　国王への上奏文(address)は，国王と国民は一体であるという理念を明確に示

し，国王に対し貴族的諸集団を超越する立場から「一般的善(the general good)のために代表制を改革する権力を行使する」ことを求めた。国王の政治介入を要請するこうした主張は，ボーリンブルック子爵の『パトリオット王の理念』(1738年)，さらに遡って16世紀初頭のマキァヴェッリ『ディスコルシ』が論じた，堕落した政体を救済する唯一者の理念と重なる。前者では「パトリオット王はあらゆる改革者のなかで最も力を持っている」ことも強調された[18]。

　上奏文は3点の政策を要求した。すなわち，議会改革，現職大臣の解任，フランスとの和平である。要は第2点であったと考えられる。LCS は，名誉革命以降残った国王大権の一つである大臣任免権を行使し改革と和平に積極的な人物を政府要職に登用することを国王に求めたのである。明確には述べられていないが，現実的な選択肢を考慮すると，新たな内閣は自由主義的貴族たるホウィグ党(フォックス派)によって組閣される以外考えられなかったであろう。ホウィグ党は急進的改革案には反対したものの議会改革を支持する唯一の議員団であり，和平に積極的だった。実際 LCS は1794年初頭にロンドンで新たな国民代表大会の開催を計画した際にフォックス派の「人民の友協会」に協力を求めたし，この大衆集会では同派の R. B. シェリダンとスタナップ伯爵を「市民」と呼び顕彰した。セルウォールも C. スタートらホウィグ党議員を「ブリテン人の精神」を持ったパトリオットと呼んだ[19]。スタナップとスタートには，1797年8月に名誉会員の資格が与えられることになる[20]。

　LCS は労働者による労働者のための結社ではあったが，柔軟に議会政党と関係を結ぼうとしていた。これは，合法的・平和的手段を取る限り，最終的には議会制定法を通じてしか議会改革はなし得なかったためだと考えられる。しかし上奏文が聞き入れられる可能性はほとんどなかった。なぜなら時の国王ジョージ3世はピット政権の強力な支持者で改革と和平に反対していたし，即位以来ホウィグ党を嫌悪していたからである。

　10月の大衆集会は，この上奏文が無視されたことに対する怒りを表明するために開催された。議長は後に UE の指導者となる J. ビンズである。まず LCS は国民への声明文で，「正義とは国民が要求する権利を持つ，国王が果たすべき責務である」と論じ，前回の集会同様，国王に対し踏み込んだ権限の行使を求めた。またジョージ3世に「国王の徳」(Royal virtue)を示すよう嘆願し，

「国民を救済する手段はあなたの手中にあるのです」と述べることで，家父長制的世界観をも表現した。しかし着目すべきは，国王に対する上訴の文書形式が前回よりも切迫感を伝える諫奏文(remonstrance)となったことである。それは，名誉革命におけるジェイムズ2世の放逐(expulsion)と1714年のハノーヴァ朝の成立に言及しながら，ブリテンの王位は国民の選択に基づくとはっきりと述べた。国民への声明文には，「真の国制は国民の不屈の精神である」という一節も見られた。前回の集会では国王と国民の一体性が強調されたが，これら10月の集会の文言は国王の上位規範として国制を位置付け，それを民意が体現するという構図を示唆している。加えて声明文は，国王が国民の要求を無視し続けた場合，国民は「国の救済のために命を捧げることも厭わない」と述べ，抵抗権の行使(あるいは内乱)の可能性を暗に示した[21]。

　政情は緊迫化の一途をたどった。この大衆集会の3日後，議会開会に臨む国王の馬車が暴徒の襲撃を受け，ピット政権は改革運動を取り締まる態度を硬化させたのである。LCSは国王襲撃と無関係であることを強く主張したが，11月4日の国王布告では大衆集会で国王暗殺が計画されたと誇張して伝えられた。当然ながら諫奏文に対する国王からの返答はなかった。

　議会が集会と言論・出版を取り締まる二件の立法審議を開始すると，全国規模で抗議運動が展開した。LCSも，両法案が可決された場合，名誉革命で確認されたブリテン人の自由は踏み躙られることになると考え，11月12日と12月7日に再び大衆集会を開催した。

　これらの集会では，国王と人民の契約を再考する議題が中心となった。なかでも重要なのは，国王が人民の利害を顧みない場合その国王を廃位する可能性があると指摘されたことである。第二の名誉革命の模索と換言できるかもしれない。12月の集会で議長M. C. ブラウンは，名誉革命の際に民意によって王位継承権に変更が加えられたことに言及し，スチュアート期に見られた「暴政的・専制的政策」を行なういかなる王家も抵抗権という国制的手段によって放逐することができると論じた。11月の諫奏文は，両法案の可決はスチュアート期の専制の復活を意味すると警告し，国王にハノーヴァ家をブリテンの王位につかせた「一連の教訓的な出来事」を振り返るよう求めた。もちろんジョージ3世に代わりうる国王が誰なのかについては何も示されなかった。LCS指

導層において国王廃位がどこまで真剣に検討されたかは知る由がない。少なくとも確かなのは、国王交代の可能性を匂わせることで、法案を廃案に追い込むために何らかの働きかけをするようジョージ3世に暗に要請したということである[22]。

　大衆集会が決議した上下両院への請願と国王への諫奏はLCSにとっていわば最後通牒だった。しかし結果的に「治安二法」(煽動集会法と反逆行為法)は国王裁可を得る(18日)。これによりLCSの多くは国王に対する信頼を失い、国王と人民の契約は破られたと考えた。彼らは無力感と強まる弾圧ゆえに運動から離脱していった。そのため1796年以降LCSの会員数は大きく減少し、その後二度と回復することはなかった。LCSに残った活動的会員は過激な手段に望みを託しUEの地下活動に加わり始める。君主は公共善を達成するために特別な役割があるという理念が放棄されたとき、別種の革命、すなわち武装蜂起を伴う君主政の廃止が現実味のある選択肢だと考えられたのである[23]。

セルウォールの「王のいる共和政(民主政)」論

　セルウォールは大衆集会にまだ希望が残っていた1795年の夏、「王のいる共和政」論を練り直そうと試みた。ジャコバン随一の理論家で、1797年に政治活動から身を引くまでLCSを牽引し続けた彼は、民主政という言葉を使ってブリテン国制を捉え直し、国王と人民の関係性についても重要な議論を提示した。

　彼は自身の雑誌『護民官』(*The Tribune*)第25号(1795年9月)において、「ブリテン共和国」(British Commonwealth)の統治の基盤を「制限民主政」(limited or restrained democracy)に求め、(議会主権ではなく)人民主権を軸とする混合政体を構想した。この場合の「制限」は人民が国王・貴族と権力を分有しているというほどの意味で、制限君主政の概念が持つ「他の諸勢力からの掣肘」のニュアンスは感じられない。彼が「制限」という言葉に特別の重みを与えていないことは、これを「立憲民主政」や「代表民主政」と言い換えていることにも表れている。一方で彼は、ブリテン国制のあるべき姿としての民主政は腐敗した寡頭制ゆえに完全な状態にはないと考えた。そのため、普通選挙や年次議会など人民が本来持つはずの「自然で不可譲の権利」を取り戻す必要があると主張した

のである[24]。従来民主政は単独の政体として語られるとき否定的なニュアンスを帯びたが，1790 年代になると短期間ではあるが肯定的な意味で用いられた[25]。セルウォールはこうした時代の雰囲気を捉えて，混合政体と人民主権を掛け合わせた国制のあり方を民主政という言葉で呼んだのである。

　さらに彼は king と monarch を興味深い仕方で区別した。彼によれば，後者は一人支配を意味するのでそもそも共和政の理念にそぐわない。対して king は konning(konyng) という中英語に由来するのであり，これは近世以降の cunning に相当する。つまり king は本来「知恵のある者」を意味したのである。またサクソン国制において，king は国の長(first magistrate) として選挙で選ばれる「卓越した者」のことを指した。ここで彼はイングランドの古来の国制論に触れている。しかし 1796 年に，17・18 世紀コモンウェルスマンの一人 W. モイルの『ローマ政体論』(1699 年頃) を『民主政を擁護する』という表題で再版した際に，注釈のなかで彼は king の原点を古代ローマ王政に求め，同義語の rex には「選挙国家(elective republic) あるいは自由国家において選挙で選ばれた最高統治者」の意味があったと指摘した[26]。古代ローマの知的伝統のなかに king を再定位することで，英・蘇・愛のジャコバンが共に参照可能な思想的基盤を示そうとしたのかもしれない[27]。彼によればブリテン国王は名誉革命によって正式に世襲制となったが，人民から信託を受けた者としての立場は原理的には変わらなかった。ブリテン国制は主権者である人民の同意によって王位につく，公共善のために奉仕する君主が統治する混合政体であった。

イングランド・ジャコバン思想の周縁部

　最後にイングランド・ジャコバンの周縁部に目を向けたい。まずは LCS の「王のいない共和政」論である。最初に確認しておくべきは，この議論の一部は確かに後の UE に流れ込むことになるのだが，そのほとんどは暴力革命に対して消極的か曖昧な立場を取ったということである。それらはあくまでも理論的なレベルでの構想にとどまり，「王のいない共和政」を実現するための方法について論じることはなかった。

　W. ホジソンはその典型例である。彼は 1793 年 9 月に「フランス共和国に，そして彼の国があらゆる敵を滅ぼさんことを」と祝杯をあげたことが原因で逮

《コペンハーゲンハウス》(J. ギルレイ作，1795 年)
1795 年 11 月 12 日の大衆集会は，ロンドン中心部コペンハーゲン
ハウス近くの野外広場で行われた。画面右手で右拳を突き上げてい
るのがセルウォールである。背後で「ロンドン通信協会の決議文」
が示されている。ギルレイらしい風刺表現は控えめだが，画面左下
では「本当に民主的なジン」の樽の上で，中世ケントの「謀反者」
である「ジャック・ケイド」や「ワット・タイラ」に連ねて，煙突
掃除夫が「諫奏文」に署名している。当日は数万から 10 万の群衆
が集まったと推定されるが，風刺画はそのインパクトを十分には伝
えていないようにみえる。

捕され，裁判の結果 2 年間の禁固刑を受けた。その彼が獄中で執筆したのが
『理性の共和国』(1795 年)である。フランス革命の影響が色濃く，「共和国は理
性・自由・同胞愛・平等という広範かつ耐久性のある基盤の上に築かれる」と
された。世襲原理と体制宗教は一切認められなかった。著作後半では成文憲法
の試案が示され，平等な政治的権利に加えて，出版の自由，死刑廃止，7 年ご
との憲法の見直しなどが明記された[28]。

　この著作は人種を超えた平等を訴えた点でも興味深い。象徴的な扉絵には，
自由・平等・同胞愛のバナーの下で黒人と白人が向かい合いながら自由の帽子
を頂くポールを共に支える様子が描かれている。設立当初 LCS は人種・階
級・貧富の差にかかわらず政治的平等が達成されるべきだと考えたが，ハイチ
革命の不穏な様子が知らされるに及び人種間平等のみがアジェンダから落とさ

れた[29]。しかし「王のいない共和政」論者の一部はこの平等を支持し続けたのである。西インドのバーブーダ島で白人と黒人の間に生まれた H. R. ヨークは LCS のなかでも異色の存在であり，植民地出身者として，イングランド人の生得的自由を擁護する議論を批判しながら人種を超えた普遍的人権思想を展開した[30]。

　出版者兼編集者 D. I. イートンは，「国王弒逆者」J. クックが 1651 年に出版した『君主——神の創造物でない生き物』を 1794 年に再版した際に，編者追記欄にて共和国と君主国を明確に区別する見解を明らかにした。イートンは君主政を敵視し共和政を求めた代表的人物としてフランクリン，ルソー，ペインに言及する。興味深いのは彼が君主と貴族の存在しない政体を民主政と呼んだことである。具体的には米仏を念頭に置きながら，「より啓蒙され腐敗が少ない諸国家では，民主政あるいは共和主義が支配的である」と述べた[31]。イートンとセルウォールは共に民主政と共和政を等価に扱ったが，意味するものは対照的だった。イングランド・ジャコバンの政治的世界観においては，「王のいる（いない）共和政」は「王のいる（いない）民主政」と重なっていたのである。

　千年王国論も「王のいない共和政」論の一部をなした。R. リーは「王のいない『神の』共和国」を論じ，人間が仕えるべき主君は神のみでありその地上の僭称者は放逐されねばならないとした。また自身の出版社「自由の木」から『王殺し』(*King Killing*)や『最後のジョージの幸せな統治』(*The Happy Reign of George the Last*)など煽動的文書を出版し，大衆集会で売り歩いた。リベラル派雑誌『月刊評論』はジャコバンの千年王国論を神授王権(divine right of kings)になぞらえ，「共和国の神授権」(divine right of republics)という言葉で巧みに表現した[32]。

　LCS は多様な論者がそれぞれの立場から意見を表明することで，改革を志向する世論が活性化すると信じた。そのため，ペイン流の人権論を支持する会員であっても排除されることはなかった。しかし指導層は千年王国論とは距離を取ろうとした。結社設立当初からハーディは世俗的な運動を望んだ。スコットランド出身でおそらく「プロテスタント協会」の会員であった彼は，1780年のゴードン暴動の経験から，宗教的熱狂が政治運動を誤った方向に導いてしまう可能性を危惧していた[33]。セルウォールも，理性の光ではなく「内なる光」に取り憑かれたがゆえに 1649 年のイングランド革命は破局的なものにな

ったと考えた[34]。そのため LCS のほとんどは信仰を私的領域の問題として扱ったのである。

　ジャコバン思想の周縁部には女性参政権を支持する態度も見つけられる。これは 1790 年代以前の急進派はおろかペインにもない特徴だった。しかも 18 世紀末に活躍した女性著述家のうち M. ウルストンクラフトでさえ控えめにしか女性参政権について肯定的に語らなかったのに対し、男性であるジャコバンは一部がそれをより明確に支持したのである。彼らの多くは自然権思想に依拠した。ホジソンは結局未刊となったが、1796 年に『女性市民』という題の論考を書く計画があり、そこで理性と自然権の観点から女性の「公正で奪われることのない諸権利」を論じようとしていた。T. スペンスは LCS のなかでも最左派に位置する。彼は後年になるが 1803 年に架空のスペンソニア共和国の憲法を構想し、女性が男性と同等の選挙権を持つことを明記した[35]。古来の国制論も女性参政権を支持する議論に利用された。T. S. ノーゲートは 1795 年にノリッジの急進派雑誌『内閣』(*The Cabinet*)にて、サクソン期の一般評議会に女子修道院長が出席していた事例に言及し女性参政権を正当化する根拠としようとした。古典的共和主義は「武器を取り自立した有徳の男性」を有権者の前提とする傾向にあったが、ジャコバンの一部は戦争参加と参政権を結びつける必要はないと考えたのである[36]。LCS など急進派結社に女性が会員として名を連ねることはなかった。しかし、ジャコバン思想の周縁部では、女性を政治主体として包摂する国制のあり方が萌芽的ながら構想され始めていたのである。

結びに代えて ── イングランド・ジャコバン思想の射程

　LCS の主流派であった「王のいる共和政」論者は混合政体という伝統的国制を維持しながらも、議会改革によって貴族の腐敗を取り除くと共にその政治的支配力を実質的に奪うことで、民主的な代表制を得ようとした。彼らはそのために議会に対する請願運動を展開したが、貴族的寡頭制の壁の高さを認識すると国王に超越的立場からの政治介入を要請した。しかし国王にその意志がないと分かったとき、彼らは国王の廃位(第二の名誉革命)をほのめかすことになる。この一連の事実が明らかにするのは、「王のいる共和政」論の立場から現実主義的に問題に対処したとしても、取りうる行動は一様ではなかったし、ま

た革命的行為が選択肢にあがることもあり得たということである。彼らにとって 1688 年の政変は混合政体(君主政)の維持と結びついた，国制的原理と民意に基づく革命であり，君主政を廃したイングランド革命(1649 年)，アメリカ革命，フランス革命とは本質的に異なるものであった。

また主流派は英・蘇・愛のジャコバンの共同を重視し，改革を正当化する理論を古来の国制論から自然権思想に変えた。彼らはそうすることでブリテン国民の自由と権利を獲得するための政治闘争という舞台を作り上げたのである。彼らがブリテン国民を結びつける原理として重視したのは，L. コリが指摘したようなプロテスタンティズムではなく[37]，むしろ世俗的権利概念と，共同で圧政に対抗する経験であった。一方セルウォールは，(議会主権ではなく)人民主権を柱とする混合政体を民主政という新しい言葉で呼び替え，また古来の国制に言及する場合には中世イングランドよりもむしろ古代ローマを参照することで，伝統的な「王のいる共和政」論を更新した。LCS は，フランス革命以前の急進主義の伝統から踏み出す要素を明らかに持ち合わせていた。

LCS の主流派が展開した国制論が現実政治に即したものであったのに対し，その周縁部で展開した議論は思考実験的な要素が多分に含まれた。LCS の「王のいない共和政」論は，あくまでも理論レベルで世襲的特権身分の存在しない国家のあり方について構想するものであったのであり，暴力革命によって現実的に「王のいない共和政」の樹立をはかる UE に典型的に現れた態度とは区別しておく必要がある。実際に，ホジソンは社会を少しでもよりよいものにするための問題提起として『理性の共和国』を執筆していた[38]。性別や人種にかかわらない人権思想の模索も同様である。

F. プロハスカは『ブリテンの共和政』のなかで 19 世紀から 20 世紀にかけてブリテンで展開する共和主義を三つに区分したが，それは本章が指摘したイングランド・ジャコバンの三種の国制論にほぼ重なる。すなわち，LCS 主流派が現実政治のなかで追求した「王のいる共和政」論，LCS の周縁部で構想された実験的な「王のいない共和政」論，そして UE が目指した実力行使による世襲的特権身分の廃止である[39]。これを踏まえるならば，ジャコバン思想は 1790 年代においては何ら体制変革をもたらさなかったが，後の急進派の思想的枠組みの前提を提供したという点で重要な役割があったことになる。ジャ

107

コバンという視角はまさしく近世から近代を見通す一つの準拠枠をなすのだといえよう。

註

1) Richard Dinmore, *An Exposition of the Principles of the English Jacobins*(Norwich, 1796), pp. 5-6.

2) John Thelwall, *Political Lectures*(*no. 1*): *On the moral tendency of a system of spies and informers*(London, 1794), p. 34.

3) エドワード・P. トムスン(市橋秀夫・芳賀健一訳)『イングランド労働者階級の形成』(青弓社, 2003); James Epstein & David Karr, *British Jacobin Politics, Desires, and Aftermaths: Seditious hearts*(Abingdon, 2021).

4) Dinmore, *Exposition*, p. 6; Gregory Claeys(ed), *The Politics of English Jacobinism: Writings of John Thelwall*(University Park, Pa., 1995), p. 454. 〔傍点部は原文イタリック〕

5) Amanda Goodrich, *Debating England's Aristocracy in the 1790s: Pamphlets, polemics and political ideas*(Woodbridge, 2005).

6) Benjamin Weinstein, 'Popular constitutionalism and the London Corresponding Society', *Albion* 34-1(2002), pp. 37-57; James Epstein, *Radical Expression: Political language, ritual, and symbol in England, 1790-1850*(Oxford, 1994), pp. 3-28; H. T. ディキンスン(田中秀夫監訳)『自由と所有——英国の自由な国制はいかにして創出されたか』(ナカニシヤ出版, 2006), 237-276 頁; 松浦高嶺『イギリス近代史論集』(山川出版社, 2005), 184-233 頁; Mark Philp, *Reforming Ideas in Britain: Politics and language in the shadow of the French revolution, 1789-1815*(Cambridge, 2014), pp. 11-39; J. R. Dinwiddy, *Radicalism and Reform in Britain, 1780-1850*(London, 1992), pp. 169-94.

7) LCS の会員数の推移を把握するのは難しいが, 1795 年に最大となり 3,000～5,000 名の会員がいたと推察される。M. T. Davis, 'London Corresponding Society', *Oxford Dictionary of National Biography*; Mary Thale(ed), *Selections from the Papers of the London Corresponding Society 1792-1799*(Cambridge, 1983), p. xxiv.

8) 1707 年にイングランド(英)とスコットランド(蘇)の二王国は合同し, グレートブリテン国家が誕生した。このときスコットランド議会は, ウェストミンスタのイングランド議会に併合された。18 世紀を通じアイルランド(愛)は独立した王国であり独自の議会を持ったが, グレートブリテン王国と同君連合を形成した。その後 1800 年の合同法によってアイルランド議会はグレートブリテン議会に併合されることになる。合同に至るまでのアイルランドの動向については以下を参照。勝田俊輔「名誉革命体制とアイルランド」, 近藤和彦編『長い 18 世紀のイギリス——その政治社会』(山川出版社, 2002), 150-174 頁。

9) John Barrell, *Imagining the King's Death: Figurative treason, fantasies of regicide 1793-*

　　　1796(Oxford, 2000), pp. 146-50.

10)　*An Account of the Proceedings of the British Convention*(London, [1794]), pp. 22, 24 ; Gordon Pentland, 'Patriotism, universalism and the Scottish conventions, 1792-1794', *History* 89(2004), pp. 340-1. ブリテン国民代表大会に関する邦語文献としては以下を参照。松塚俊三「1790 年代イギリスの民衆運動——1793, 94 年のコンヴェンション (Convention)」『歴史学研究』461 号(1978), 18-27, 37 頁。

11)　*The Address of the British Convention*(London, [1793]), pp. 5, 14.

12)　M. T. Davis(ed), *The London Corresponding Society, 1792-1799*(6 vols., London, 2002), vol. I, p. 17.

13)　なお, ペインは渡仏 3 か月後の 1792 年 12 月に特別陪審(欠席裁判)で有罪判決が下り, イングランドにおいて法的保護を奪われた身となった。LCS 指導層がペインとの関わりに慎重であった背景にはこうした彼の立場もあったのである。ペインが LCS の会員ではなかったことも付言しておく。

14)　他方, 英・蘇の人民を「一つの国民」と捉え, スコットランドにおけるアングロ・ブリティシュな価値観を重視する A. エイチソンのような代表もいた。Gordon Pentland, 'Thomas Muir and the constitution', in G. Carruthers & D. Martin(eds), *Thomas Muir of Huntershill: Essays for the twenty first century*(Edinburgh, 2016), pp. 188-96 ; Pentland, 'Patriotism, universalism', pp. 344-53.

15)　後藤浩子「18 世紀アイルランドにおける古来の国制論と共和主義」, 田中秀夫・山脇直司編『共和主義の思想空間——シヴィック・ヒューマニズムの可能性』(名古屋大学出版会, 2006), 316-317 頁。

16)　*Address of the British Convention*, pp. 4-16.

17)　Davis(ed), *London Corresponding Society*, vol. II, pp. 72, 99.

18)　David Armitage, 'A patriot for whom?: The afterlives of Bolingbroke's patriot king', *Journal of British Studies* 36(1997), pp. 397-418 ; 高濱俊幸「18 世紀前半イングランドにおける共和主義の二つの型——『カトーの手紙』と『愛国王の理念』をめぐって」, 田中・山脇編『共和主義の思想空間』, 63-68 頁。

19)　John Thelwall, *The Speeches of John Thelwall, at the General Meetings of the London Corresponding Society*(London, 1795), pp. 2, 14.

20)　Thale(ed), *Selections*, p. 404.

21)　Davis(ed), *London Corresponding Society*, vol. II, pp. 83-104.

22)　*Ibid.*, pp. 29-46, 51-63.

23)　LCS は, 1798 年 4 月に指導層が一斉検挙されてから目立った公的活動をほとんど行わなくなり, その後 1799 年 7 月の弾圧法で解散に至った。

24)　Claeys(ed), *Writings of John Thelwall*, pp. 209-32.

25)　Mark Philp, 'Talking about democracy: Britain in the 1790s', in J. Innes & M. Philp (eds), *Re-Imagining Democracy in the Age of Revolutions : America, France, Britain, Ireland 1750-1850*(Oxford, 2013), pp. 101-13.

26)　*Democracy Vindicated : An essay on the constitution & government of the Roman state ;*

from the posthumous works of Walter Moyle (Norwich, 1796), p. 3.

27) セルウォールは『護民官』第 28 号(1795 年 9 月)で英・蘇・愛は「単一にして不可分」であり、「分離できない利害の鎖によって合体し結ばれている」と論じた。彼はこの時すでにアイルランドで秘密武装組織「ディフェンダーズ」がユナイテッド・アイリッシュメンに編入し、王のいない独立共和国が目指されていたことをおそらくよく理解していた。ジェラードが構想した英・蘇・愛のジャコバンの共同は今や困難な状況にあった。しかしセルウォールはユナイテッド・アイリッシュメンやその指導者 A. オコーナに同情的だった。問題は融和策に踏み切らない当地の貴族地主層やブリテン政府にあると考えたのである。彼はアイルランド合同については何も触れていない。しかしアイルランドを英・蘇と共通の権利を持つ対等なパートナーとして扱うことで，当地の過激な急進主義運動を鎮められると信じた。Claeys (ed), *Writings of John Thelwall*, pp. 232-45.

28) Epstein & Karr, *British Jacobin Politics*, pp. 35, 123-4; William Hodgson, *The Commonwealth of Reason* (London, 1795).

29) P. Linebaugh & M. Rediker, *The Many-Headed Hydra: Sailors, slaves, commoners, and the hidden history of the revolutionary Atlantic* (Boston, 2003), p. 274.

30) Amanda Goodrich, *Henry Redhead Yorke, Colonial Radical: Politics and identity in the Atlantic world, 1772-1813* (Abingdon, 2019).

31) John Cook[e], *Monarchy No Creature of God's Making* (London, 1794), pp. 1-4.

32) Jon Mee, 'The strange career of Richard "Citizen" Lee: Poetry, popular radicalism and enthusiasm in the 1790s', in T. Morton & N. Smith (eds), *Radicalism in British Literary Culture, 1650-1830: From revolution to revolution* (Cambridge, 2002), pp. 151-66; *Monthly Review* 16 (1795), p. 208.

33) Jon Mee, *Print, Publicity, and Popular Radicalism in the 1790s* (Cambridge, 2016), pp. 61-73.

34) Claeys (ed), *Writings of John Thelwall*, pp. 298-306.

35) William Hodgson, *Proposals, for Publishing by Subscription, a Treatise called the Female Citizen* ([London], [1796]); G. I. Gallop (ed), *Pigs' Meat: Selected writings of Thomas Spence, radical and pioneer land reformer* (Nottingham, 1982), pp. 170-1.

36) Arianne Chernock, *Men and the Making of Modern British Feminism* (Stanford, 2010), pp. 115-9.

37) L. コリー(川北稔監訳)『イギリス国民の誕生』(名古屋大学出版会, 2000)。

38) Hodgson, *Commonwealth*, pp. vi-vii.

39) Frank Prochaska, *The Republic of Britain 1760-2000* (London, 2000). この三点の整理についてはハマースリの以下の文献を参考にした。Rachel Hammersley, *Republicanism: An introduction* (Cambridge, 2020), pp. 190-5.

19/20世紀の転回

第 6 章
混合政体の更新と「ジャコバン」の王国
── スウェーデンにおける「革命」の経験

古谷大輔

はじめに ── スウェーデンから見る「革命」の再考

　スウェーデンの「王国」としての歴史は，史料上で確認されている 11 世紀以来，途切れることなく今日に至っている。しかしスウェーデンとフィンランドから成るスウェーデン語圏の歴史叙述では，二つの変革がスウェーデンの経験した「革命」として扱われてきた。

　一つ目の「革命」は，1789 年 2 月から 4 月にかけて開催された王国議会の承認を得て進められた変革である[1]。この 1789 年の議会は，1788 年に始まった対ロシア戦争に際して，1772 年以来の国王グスタヴ 3 世(Gustav III, 在位 1771-92)支配を「専制」として糾弾する貴族たちが反旗を翻したことに対し，グスタヴ 3 世が 1772 年の政体法(1772 års regeringsform)で認められた議会招集権を発動することで招集された。1789 年議会では，とりわけ 2 月 21 日に決議された「合同と安全の法」(Förenings- och säkerhetsakt)により，貴族支配を実現する中核的組織として位置づけられてきた王国参事会が廃され，特定身分への権力集中を掣肘する目的で最高裁判所が設置されるとともに，農民身分を含む諸身分への公職解放と不動産所有を含む財産処分権が認められた。

　二つ目の「革命」は，1809 年 3 月から 1810 年 5 月にかけて開催された王国議会での決議を経て進められた変革である[2]。この 1809 年の議会は，1792 年 3 月のグスタヴ 3 世の暗殺後に「専制」を引き継いだ国王グスタヴ 4 世アドルフ(Gustav IV Adolf, 在位 1792-1809)が，対ロシア戦争でフィンランドを喪失したことに端を発する 1809 年 3 月のクーデタで逮捕された直後に招集され，国王の退位と後継を決定した後に新たな立憲体制のあり方が議論された。とりわけ 6 月 6 日に決議された政体法(1809 års regeringsform)では，国王と議会が共同で立法権を有する点が確認される一方，軍事費を含む予算の審議と決定権を議会にのみ認め，行政府の各長官は国王ではなく法に対して責任を負い，その

《1809年3月13日の革命(Revolutionen 1809 13/3)》L. A. F. ア
ルムフェルト(Lorentz Axel Fredrik Almfelt, 1781-1844)作，ウップ
サーラ大学図書館(カロリーナ・レディヴィヴァ)所蔵。中央左に
「頭にオウムを乗せて折れたサーベルを掲げる人物」として国王グ
スタヴ4世アドルフが描かれ，彼だけが「フランス兵とロシア兵
を吐き出す竜」に立ち向かおうとしている。「彼が引く車」はスウ
ェーデンの王国議会であり，そこに乗る貴族，聖職者，市民，農民
が誰一人として国王に従おうとしない1809年3月の「革命」勃発
時の様子が描かれている。

職務を裁判所が監督することで，立法権・行政権・司法権の分立が確定された。
　1789年議会は反グスタヴ派の貴族勢力に対抗する国王権力の確立を名目に
開催されたが，貴族身分に対抗する農民身分などの支持を得るべく国王によっ
て認可された上記の変革は身分制の解体を進行させる契機となったため，スウ
ェーデン語圏の歴史叙述では，この議会を通じて実現された変革は君主が主導
した「革命」であると扱われてきた。1809年議会はグスタヴ3世，グスタヴ
4世アドルフ体制で実現されていた絶対的な君主主権を制限するとともに，三
権分立を制度的に確定させたうえで議会主権の方向性を明白に打ち出す契機と
なったことから，今日に至るスウェーデン国制の基礎を築いたと理解されてい
るため，この議会を通じた変革も「革命」として描かれてきた。
　しかしながら，スウェーデン語圏におけるこうした「革命」理解は，日本の
歴史学界での一般的な「革命」理解と比較した際に違和感が残る。「革命」が
国家の組織や形態，権力のあり方などを急激に変革する事象である点では両者

の理解に隔たりは少ないが，日本での「革命」理解には「被支配階級が支配階級を暴力的に打倒することを通じて政治権力を奪取し社会を変革する」といった意味が含まれることが多い[3]。確かに1809年の変革はグスタヴ4世アドルフ体制へのクーデタという非合法的手段に端を発しているが，その後の変革は王国議会での審議を経た合法的なプロセスの結果だった。加えて1789年の変革は，1772年に改正された政体法で君主に認められた権限に基づき招集された議会で承認されたものである。スウェーデン語圏では，こうした君主主導の変革を「革命」と見なしながらも，「王国」としてのスウェーデン国制の歴史に断絶を見ることはない。

　そこで，本章では，日本における所与の「革命」理解を離れ，18世紀末から19世紀初頭の文脈に即した「革命」理解に迫る目的から，これらスウェーデンの「革命」に携わった者たちの経験をたどることとする。その際，本章は，スウェーデン語圏の歴史叙述で「1809年の男たち」(1809 års män)と言及されてきた者たちを主たる分析の対象とする[4]。彼らは，1809年の変革を主導した者たちである。その多くは1790年代の若き日にウップサーラ大学で結成された「ユンタン」(Juntan)と称された学生団体での言論活動を共にしてきた者たちであり，1800年3月から6月にかけて王国議会が開催された期間を中心にグスタヴ4世アドルフ体制を支持する者たちから「ジャコバン」とのレッテルを貼られて批判された者たちでもあった[5]。本章は，そうした「ジャコバン」と批判されながらも，「1809年の男たち」と称揚されていった者たちのスウェーデン史上における立ち位置を確認しながら，スウェーデンから見た「革命」の意味を検討するものである。

混合政体をめぐる議論の系譜

　「1809年の男たち」が登場した背景として，1790年代に引き継がれた啓蒙期スウェーデンの政治的言説の特徴を整理しよう。スウェーデン史の時代区分では，1719年から翌20年にかけて開催された王国議会で制定された政体法を国制の根幹に据えた1719〜72年の時期を「自由の時代」(Frihetstiden)と呼ぶ。この体制は政体法と王国議会令による議会統治の時代として定義され，農民身分を含む四つの身分部会から成る王国議会と，アリストクラシの牙城となった

王国参事会の権限強化を通じて君主主権が制限されたという点から「混合政体」が具現化された時代だったと理解されている[6]。近年のスウェーデン語圏の歴史学研究では，一方でアリストクラシの目標を貴族共和政の実現と見なし，他方で王国議会に集った諸身分がアリストクラシの突出を掣肘する姿を検討することからスウェーデンにおける「混合政体」の具体像を明らかにしようとする研究が相次いでいる[7]。

　とりわけ，グスタヴ 3 世が国王に登位する直前の 1750 年代から 60 年代にかけて開催された王国議会における議論に注目すれば，この時期は有力貴族が集う王国参事会と貴族部会に権力が集中したため，アリストクラシの増長が問題視されていった時代だったとされる。フィンランドの政治思想史研究者 C. ヴォルフによって思想的な観点からフランス啓蒙と「自由の時代」を架橋した人物として紹介されている C. F. シェッフェル (Carl Fredrik Scheffer, 1715-86) は，1764 年と 1772 年に新たな政体法の起草に関わるなかで，「スウェーデンは君主政の形をとっているが，実際にはアリストクラシの共和政となっており，混合政体の維持が困難となっている」と述べている[8]。ヴォルフは，彼に代表されるこの時期のアリストクラシへの批判者たちがモンテスキューの影響下に中間権力の共存を基礎とした政体への理解をもっていたと指摘している[9]。

　スウェーデンの混合政体において王国参事会を拠点とするアリストクラシと王国議会を拠点とするデモクラシの対立の事例は，王国議会での「自由」をめぐる論争からも明らかとなっている。今日のスウェーデン語では「フリヘート」(frihet) と一括して呼称される「自由」は，18 世紀後半の王国議会ではラテン語の「リベルタス」(libertas) と「リチェンティア」(licentia) という二つの言葉を区別しながら頻繁に語られている。ウップサーラ大学で 18 世紀政治文化論を研究している M. C. スカンケらの研究では，リベルタスは「有徳」の自由を主張する際に，リチェンティアは特定の特権受益者が「利己的」に権利を主張する際に用いられていたと議論されている[10]。1755-56 年王国議会における国王アドルフ・フレドリク (Adolf Fredrik, 在位 1751-71) への貴族部会議長 F. A. v. フェルセン (Fredrik Axel von Fersen, 1719-94) の告発や 1772 年 8 月のクーデタでのグスタヴ 3 世の発言などに，「すべての統治の目的は人民の一般的な福祉の実現にあり，特定の人々の利益を実現することではない」といった文言

が繰り返し述べられているように，「自由の時代」では，貴族共和主義を標榜するアリストクラシの存在を，「利己的」な自由を主張する者たちによる寡頭支配として混合政体を阻害するものと見なす傾向が強かった[11]。

　グスタヴ3世が主導したクーデタによって1772年に王国議会が停止され，1772年の政体法に基づく「専制」体制が開始されたことで，スウェーデンの混合政体は新たな局面を迎える。上述したシェッフェルやグスタヴ3世の言葉には，公共善(allmäna bästa)を実現する基盤として，特定の利害に囚われない身分横断的な「人民」を創造しようとする目標の萌芽もみられる。1772年のグスタヴ3世による議会停止とシェッフェルらが起草に携わった1772年の政体法をあらためて確認すると，グスタヴ3世の議会停止の意図は「利己的」な自由を主張する者の支配(herrevälde)を抑制することに置かれ，自由への脅威に対抗する法の支配(lagens envälde)の実現と人民への「自由」の保証という論法が用いられている。この論法は1750年代から60年代に開催された王国議会で貴族身分自身が用いたものでもあるが，グスタヴ3世は1772年のクーデタに際してこの論法を横領し，「朕の唯一の目的は世界の抑圧と貴族の専横を廃して，古来，法に守られて維持されてきたスウェーデンの自由を守ることにある」と述べている[12]。1772年以降のグスタヴ3世の体制は，キケロ由来の「人民の安寧が至高の法であるべし」(Salus publica suprema lex esto)の格言に従って，公共善の実現という至高の法に従うことを主張しながら「専制」への批判を回避することに努めた。

　1772年以降のグスタヴ3世の体制を「君主による主権の専横」(envälde)と批判する一部の貴族らが，1788年の対ロシア戦争の開戦時にロシア皇帝エカチェリーナ2世へ体制打倒への協力を求める嘆願を発したアニャーラ盟約(Anjalaförbundet)事件から，1789年の「革命」は始まった。冒頭で記したように，こうした貴族たちの批判と対峙したグスタヴ3世は1789年2月に王国議会を招集し，合同と安全の法を踏み台としながら，身分横断的な支持に基づく公共善の実現を建前とした君主独裁の「革命」体制を築いたことになる。合同と安全の法により，特定身分への権力集中を回避する目的で王国参事会の解散や最高裁判所の設置が定められたが，それはモンテスキューが唱えた「恣意的な権力濫用を防ぐための良心に基づく司法と愛国心の適用」を制度化するもの

でもあった[13]。

　しかし 1792 年 3 月にグスタヴ 3 世が貴族共和政を主張する貴族らによって暗殺された仮面舞踏会事件に見られるように，一部の貴族らの間には，1789 年に実現された君主独裁による「革命」体制は君主による主権の濫用を通じた混合政体の逸脱であると見なす論調も残っていた。また，1790 年代以降は財産所有権を平等に得た後の諸身分間における課税条件の不平等の問題や，1766 年に制定された出版自由法(Tryckfrihetsförordningen)に対して検閲の強化を定めた改正問題など，「有徳」の自由の行使をめぐる諸条件への関心も高まり，公共善の実現によって結びつく人民の創出にはしばらくの時間を要することとなった。

フランス革命とスウェーデンの距離感

　本章の分析対象にあたる，「ジャコバン」と批判され，「1809 年の男たち」と称揚された者たちは，若き 1790 年代の日々にフランス革命の動向を睨みながら，「有徳」の自由の行使に関する最適な条件を求め，スウェーデンの国制に即した混合政体の実現を志向する者たちだった[14]。

　フランス革命とスウェーデンの間には，「スウェーデン国民主義史学の父」と称される E. G. イェイイェル(Erik Gustaf Geijer, 1783-1847)が，若き日の想い出を「フランス国民公会の演説を故郷の森で読んだ時には喜びを覚えたが，その言葉に似つかわしくない血の溢れる情景を想像できなかった。啓蒙主義の輝きの中で成長し成熟した木は，血の冠を戴きながら味気ない果実をつけるに終わった」と回顧していることが物語るように，フランス革命への批判的な眼を湛えながら，一定の距離感を保った[15]。

　フランスは，17 世紀の反ハプスブルク抗争以来，スウェーデンにとって最も重要な同盟関係にある君主国である。18 世紀に貴族共和主義を唱えたスウェーデン貴族の多くの者は，若き日にフランスの宮廷やフランス王国陸軍に設置されていたスウェーデン連隊(Régiment Royal-Suédois)で研鑽を積んだ[16]。上述したシェッフェルやフェルセンなどはその代表として知られる人物であり，啓蒙期スウェーデンにおける政治的言説にはフランス啓蒙の影響が色濃く反映されていた。フランス革命の勃発後，グスタヴ 3 世は 1791 年 6 月に「反革命

十字軍」の派遣を提唱し，仮面舞踏会事件の直前に招集された 1792 年の王国議会では「自由の時代」以来盛んに唱えられてきた「自由」への発言も抑制された。そして，グスタヴ 3 世暗殺後の 1792 年 12 月に出版自由法が改正され，君主政批判に結びつく過激な思想などへの検閲とフランスからの情報統制が強化されたことは，フランス革命とスウェーデンの距離感を決定的なものとした。グスタヴ 3 世を引き継いだグスタヴ 4 世アドルフ体制でも，1792 年 6 月に H. A. v. フェルセン (Hans Axel von Fersen, 1755-1810) を介してヴァレンヌ事件の教唆が行われるなど，反フランス革命路線は一貫していた[17]。

　それでも，1792 年のフランス革命戦争の勃発以降にドイツに向けて発せられたプロパガンダや，A. ヤング (Arthur Young, 1741-1820) や T. ペイン (Thomas Paine, 1737-1809) といったフランス国外で革命に共感した者たちの著作物がスウェーデンにこの革命の動向を伝える素材となっていた。当時のスウェーデンの大学生たちの主な留学先となっていたゲッティンゲン，スウェーデンと大陸との経済関係を媒介したハンブルクなどからスウェーデンに帰還した者たちも，逐一革命の動向を伝えた。

　このような経路でスウェーデンへ伝えられた情報のなかでも，『メルキュール・ド・フランス』(*Mercure de France*)誌の論説委員として健筆を振るった J. マレ・デュ・パン (Jacques Mallet du Pan, 1749-1800) や G. セナック・ドゥ・メイヤン (Gabriel Sénac de Meilhan, 1736-1803) らの記事が多く読まれていた事実は，スウェーデンにおけるフランス革命受容の態度を測るうえで興味深い[18]。彼らの論調は，穏健な啓蒙主義の観点からデモクラシにのみ基盤を置く革命の過激化は「自由」を破壊するものとして批判し，立憲主義に基づく王国の存続を主張していた。またフランス本国においてジャコバン独裁が進展するなか，このような経路で伝達されたフランス国外の情報のうち，とりわけイギリス思想界との関係が深かったゲッティンゲン経由の情報としてバークの影響力は大きかった。E. バーク (Edmund Burke, 1729-97) のフランス革命観に刺激されたゲッティンゲン在住の知識人たちの記事をスウェーデン語に翻訳し，間接的ながらバークの思想をスウェーデンに紹介することに貢献した人物が，後に「1809 年の男たち」と呼ばれる者たちが所属した学生団体であるユンタンを指導した B. フイエル (Benjamin Höijer, 1767-1812) である[19]。スウェーデンの思想史研究

において「カント実践哲学の紹介者」としても知られるフイエルは 1792-93
年当時にはウップサーラ大学の哲学講師の職責にあり，後に「ジャコバン」と
批判され「1809 年の男たち」と称揚されるに至った若者たちからの支持が厚
かった[20]。

　1790 年代のスウェーデンでは，限定された情報に基づきながらフランス革
命の進展を睨みつつ，1792 年 12 月の出版自由法の改正に抗議することを直接
的な契機として，大学生たちを中心にユンタンと称される団体が結成され，政
治的な議論が展開されていくことになる[21]。ユンタンに集った若者たちに流
れ着いた思想の系譜は，一方でスウェーデンにおける「フランス啓蒙思想の代
弁者」と謳われた N. v. ロセンステイン (Nils von Rosenstein, 1752-1824)，公共善
を実現する基盤として一般意思で括られた「ひとつのスウェーデン人」論を
提唱した T. トーリルド (Thomas Thorild, 1759-1808)，1790 年代に『ストックホ
ルム・ポステン』誌を創刊して直接フランス革命の情報を提供しようとした
L. M. フィリップソン (Lorens Munter Philipson, 1765-1851) らにより媒介されたフ
ランス啓蒙思想と，他方でフイエルによって媒介されたカント実践哲学だった。
ユンタンに集った若者たちは，同時代の大陸由来の思想を結ぶ「横軸」の関係
性においては，トーリルドらに代表されるフランス啓蒙思想とフイエルに紹介
されたカント実践哲学の影響下にあり，スウェーデンという磁場における政治
的な言説の系譜にたった「縦軸」の関係性としては，混合政体を実現させるた
めの「有徳」の自由への関心をもって，グスタヴ 4 世アドルフの体制への批
判を展開することとなる。

「ジャコバン」と批判され「1809 年の男たち」と称揚された者たち

　スウェーデン語圏の歴史学界におけるユンタン研究によれば，ユンタンに属
した者たちの言説はフランス革命の動向に直接的に刺激されたものと見なされ
ていない[22]。それでも彼らの主張に耳を傾ければ，1809 年の体制で首相とな
る G. A. シルヴェルストルプ (Gustav Abraham Silverstolpe, 1772-1824) のように，
フランスにおける 1789 年から 92 年の体制 (とりわけ 1791 年憲法) と 1795 年か
ら 99 年の体制 (1795 年憲法) を，国内の政治諸勢力間で勢力均衡の維持された
体制を築いたとして支持する声も聞こえてくる[23]。とはいえ，ユンタンに属

する者たちの関心の焦点は，ドイツを経由して届けられる 1793 年以降のフランス革命の過激化の動向を批判的な目で睨みながら，スウェーデンにおける混合政体の実現にむけた「有徳」の自由の条件闘争に絞り込まれていくことになる。

　そうした彼らに対しては，グスタヴ 4 世アドルフの「専制」体制を支持する者たちから，過度に政情不安を煽る者として「ジャコバン」のレッテルが貼られていく。とりわけグスタヴ 4 世アドルフの戴冠式を兼ねて招集された 1800 年の王国議会ではユンタンの活動が「ジャコバン的である」との批判は大きく，「1809 年の男たち」となる H. イャルタ (Hans Järta, 1774-1847) は自らに向けられる批判に抗議して，貴族位を放棄した。また，ウップサーラで彼らを指導したフイエルのウップサーラ大学教職位剝奪が決定されるとともに，「1809 年の男たち」の中核となっていくシルヴェルストルプら，ユンタンの中心メンバたちは，グスタヴ 4 世アドルフの戴冠を記念したウップサーラ大学礼拝堂での祝祭式典での演奏楽曲を祝典曲から軍楽曲へと変更させたことを理由にウップサーラから放逐されることになった。

　ユンタンに関わった者たちに「ジャコバン」とのレッテルが貼られ，批判が向かった時期に，1809 年の「革命」で国王の逮捕を主導した G. アドレルスパッレ (Georg Adlersparre, 1760-1835) や憲法起草委員会の責任者となるイャルタらが，「真のジャコバンとは何か」を主題とする文章を執筆し，後年「自らはジャコバンではなかった」と回顧している点は興味深い[24]。ここでは，スウェーデンにおけるユンタンとフランスのジャコバンとの距離感を測る目的で，彼らの「ジャコバン」論について確認してみよう。

　アドレルスパッレは，1797 年に雑誌『多事争論』(*Läsning i blandade ämnen*) に「ジャコバン主義とは何か」(Hvad är Jacobinisme?) を論題とする文章を寄せている[25]。そのなかで彼は，フランスにおけるジャコバン独裁の悲劇的な結果を踏まえながら「自由，平等，人権に関する誤った考えにより，無法と暴力，流血によって誤解が広められた」とし，「同胞の福祉と生活の安寧，自由の権利を尊重する感情と自由の権利を追求する意思によって共同体のより完全な姿が求められるべきところ，ジャコバンは目に見えないところで共同体の監督を受けていたのか」と疑問を呈しながら，「ジャコバンとは何か。共同体から最高

度に合意された行政府の最大の姿か，あるいは専制か。前者ならば偉大な権力
行使の姿だが，後者ならば懲罰の対象であろう。それゆえ無知な民衆に上から
の教義を押しつけようとしたジャコバンは，コンスタンティノープルの大宰相
や（イスラームの救世主である）マフディーと同列である」と批判している。彼は
共同体からの監督を受けずに暴走するジャコバンの姿を「専制」と同列に置い
て批判したが，「行政府は市民の所有権を掌握することを通じて，市民の自由
への強力な決定権をもち（中略）国制とは法，税，思想の自由，個人の安寧をと
もに保護するものである。グスタヴ 3 世は出版の自由を守り，フランクリン
とワシントンは人民に法と自由を与え，ベアンストーフ[26]はデンマーク市民
の権利を守るために努めた」と論じているように，共同体の合意を条件とした
強力な執行権を有する行政府の存在については否定的ではない。

　イャルタは貴族位を放棄した 1800 年に「真のジャコバンとは何か」(Hvilke
äro de sannskyldige Jacobinerne?)を主題とする論説を，上述した雑誌とは異なる
『諸事争論』(*Läsning i ett och annat*)誌に寄せている[27]。彼によれば，「フランスの
ジャコバンたちを見るならば，ジャコバンとは，国家の形態がいかなるものか
にかかわらず人民の間に存在するあらゆる社会の形態を破壊する者たちである。
スウェーデンにこのようなジャコバンがいたとすれば，権力の濫用を通じて社
会の不満を増加させようと意図する者たちとなろう」と論じ，自らの言論活動
とフランス・ジャコバンとの間に一線を引いている。加えて，「愛国者にあら
ゆる統治の権力を与えることは必要ではあるが，その場合，自らの無知と大義
を知りながら自らに向けられる憎悪をあえて引き受けられる者こそが真のジャ
コバンである」と主張するとともに，「合法的な方法であっても共同体の一部
を破壊し，必要とされている人民の安寧を崩そうとした者はジャコバンと見な
されるべきではない」として，「フランスには自由に基づく国制を統御できる
有徳の市民がいたのか」と痛烈な批判を与えている。

　ここで紹介したアドレルスパッレとイャルタの主張は「ジャコバン」との批
判に対する自己弁明として書かれたものであるが，共同体の監督を受けない特
定の集団による権力の濫用は共同体の破壊を生むものとして根本的な批判を提
示している。「ジャコバン」という言葉を鏡としながら映し出されるこのよう
な彼らの認識は，「自由の時代」由来の権力の専横に対する批判的な論調の反

映でもある。イャルタは1800年の議会に貴族部会の議員として参加し，「利己的」な自由ではなく「有徳」の自由を実現させる基盤的条件として諸身分の課税条件の改革を提言していたが，こうした「ジャコバン」論は，1789年の「革命」体制で先鞭をつけられたものの，グスタヴ3世の暗殺によって「有徳」の自由実現への議論を後退させてしまったグスタヴ4世アドルフの「専制」体制に対する批判を湛えるものでもあった。

おわりに ── 混合政体の更新と「ジャコバン」の王国

　「ジャコバン」と批判されながらも，フランス・ジャコバンと一線を画する自己弁明を主張した者たちが，1809年以降に目指したスウェーデン国制の変革の指針は，例えば，グスタヴ4世アドルフの逮捕に成功した直後の1809年8月にアドレルスパッレが記した新体制構想のなかに確認することができる[28]。全24項から成る彼の構想のうち，第1項の「法はすべての市民を平等に保護するものとし，恣意的な扱いは設けない」，第2項の「法は国家のすべての組織における市民への平等な権利を保障する」，第9項の「市民の財産は国家の資源であり，市民は国家の必要に応じた税の公平な管理を必要とする」など，その基本は，特定の利権を墨守する「利己的」な自由を主張して権力を濫用しようとする者の支配から人民の「自由」を擁護することと関連している。
　これは「自由の時代」におけるアリストクラシの突出やグスタヴ4世アドルフ体制における君主権力の突出によって引き起こされていた混合政体の機能不全という経験に基づき，それらを批判することから構想された内容と解釈できる。新たな論点としては，第22項に「公の教育は人民が良き市民となり高貴な人間となるべく，人民から国民を作り出すことを義務づける」とあるように，国家によって擁護されるべき人民の自由が「平等」とされている点である。フィンランドの政治思想史研究者であるP.イハライネンらは，教育を通じた国民の創造など，1809年の変革の指針は，トーリルドによる「ひとつのスウェーデン人」形成論をはじめとする1790年代のユンタンたちに影響を与えた議論を継承するものだったと指摘している[29]。
　1809年以降，かつてのユンタンの頭目の一人だったイャルタを委員長とする憲法起草委員会の議論では，有徳な「自由」の行使を人民に保証することを

通じた公共善の実現が明白に謳われている。この点から見れば 1809 年の「革命」体制は，公共善の実現を至高の法としながら進められた 1789 年の「革命」体制を継承したものだったと言えよう。しかしながら，1809 年の憲法起草委員会は，公共善の実現を建前に突出した執行権を有したグスタヴ 4 世アドルフの体制を「専制」として反省し，強力な執行権を一部に集中させるのではなく分散させる点に注意を払った。具体的には，王国議会の定期開催を通じた立法府の強化と君主・政府・議会から切り離された司法府の強化を通じた執行権の監督制度の整備である。確かに，この点を今日的な感覚をもって振り返れば，1809 年の変革は三権分立の確立という近代的な政体を作り上げた「革命」的な性格をもつ経験だったと解釈されよう。しかし，本章が論じたような「自由の時代」以来議論され続けた混合政体をめぐるアリストクラシとデモクラシの対立や，混合政体の均衡を破るグスタヴ 4 世アドルフ体制での君主主権の突出などの問題に鑑みれば，1809 年の変革は，特定の人物や集団による利己的「自由」の主張や執行権の濫用を防止し，混合政体の適正な状態を実現させることを目指したスウェーデン国制をめぐる議論の延長線上に導き出された経験だったと見なすべきだろう。そうした意味で，1809 年体制で確定された三権分立は混合政体の更新に求められた改革であり，「自由の時代」の論客たちに影響を与えてきたモンテスキューの『法の精神』の意図に従う結果ともなった。

　1809 年の憲法起草委員会は，1790 年代の「ひとつのスウェーデン人」論を踏まえたアドレルスパッレの指針に従いつつ，公共善の実現を担う有徳な「市民」の創出にも踏み込んだ。例えば，1809 年議会では「共通の法に基づく市民の一般的な意思を示す場」として，四つの身分部会から構成されていた王国議会を二院制へ改革する議論もなされた。しかし王国議会に集う各身分代表にとって自らの「自由」は身分的権利であるとの認識は強く残り，議会制度という観点から見れば「ひとつのスウェーデン人」論の実現は 1866 年の二院制改革まで遅れることになった。若き日のイャルタが 1800 年の議会で「有徳」の自由を実現させる前提として提案した諸身分間の課税条件の撤廃の実現も 19 世紀後半を待たねばならなかった。民主革命の大西洋的系譜を論じた R. R. パーマーから研究指導を受けたアメリカの北欧史研究者 H. A. バートンは，若き

日に「ジャコバン」と批判され，後年「1809 年の男たち」と称揚された者たちについて，財産所有の保障や課税条件の平等などの改革を志向していた点から，フランス革命における山岳派的なイメージよりはジロンド的な性格が強いと述べている[30]。1809 年の「革命」はひとつの「人民」を急激に陶冶する方向には向かわず，若き日に「ジャコバン」と批判された者たちが目指した王国の革新は混合政体の更新にとどまった。

　本章では，ユンタンとしての経験を共有した「1809 年の男たち」による「革命」体制が，「自由の時代」以来の自由と混合政体をめぐる議論を縦糸としながら紡ぎ出されていたことを確認した。横糸としてフランス啓蒙の言説が共有されていたとは言えるが，18 世紀以来の「自由」をめぐるスウェーデンの政治的言説とフランス啓蒙の言説によって織り込まれた「革命」の文様は，フランス革命を念頭に日本で紡がれてきた「革命」の文様とは異なる。

　「自由の時代」にアリストクラシの突出を抑制しようとする混合政体の議論から導き出された 1789 年の「革命」体制は，カントの『永遠平和のために』における言葉を借りれば「君主支配の共和的統治」の典型例と言える。フランス啓蒙とカント実践哲学のハイブリッドとして各々の思想を継承したユンタンは，「ジャコバン」批判への自己弁明を通じて，突出したグスタヴ 4 世アドルフのモナーキーを掣肘して混合政体の回復を目指すことを「真のジャコバン」の目標として意識した。その結果，彼らが中心となった 1809 年の「革命」で導き出された「ジャコバン」の王国は，「自由の時代」以来の混合政体を制度的な観点から更新したものだったと言えるだろう。スウェーデンにおける「革命」とは，「ジャコバン」と批判された者たちを媒介者としながら，18 世紀以来の混合政体の姿を 19 世紀以降の王国へ引き継ぐ経験だったのである。

　註
　1)　グスタヴ 3 世の体制を「革命」として捉える場合，1772 年に彼が主導したクーデタによって王国議会が停止され，新たな政体法によって君主主権が確立された事件を「革命」と見なす場合と，1789 年の王国議会で決定された「合同と安全の法」を根拠に進められた一連の変革をそれと見なす場合がある。例えば，前者の例としては Michael Roberts, "Great Britain and the Swedish Revolution, 1772-73", *The Historical Journal*, vol. 7, no. 1, 1964. 後者の例としては Sten Carlsson, "Sverige och

franska revolutionen", *Svensk tidskrift*, Årg. 76, nr. 2, 1989. 本章では，後者の議論に従い，王国議会と国王との権力闘争の文脈を超えて，身分制社会の構造的変化を促す契機となった 1789 年の一連の変革をグスタヴ 3 世に主導された「革命」と記す。

2)　1809 年にみられた一連の変革から 200 年を経た 2009 年には，1809 年の変革を「革命」と見なす論考が相次いで出版された。Börje Isakson, *Två dygn som förändrade Sverige: 1809 års revolution*(Stockholm, 2009)；Anders Isaksson, *Kärlek och krig: Revolutionen 1809*(Stockholm, 2009)；Christopher O'Regan, *I stormens öga: Gustaf IV Adolfs regeringstid och revolten 1809*(Stockholm, 2009)など。

3)　「革命」は，『日本国語大辞典』(小学館，2007 年)によれば，日本語では「被支配階級が支配階級を暴力的に打倒し，政治権力を握り，社会を変革すること。国や社会の組織，形態，権力などを，急激にまたは暴力的に変えること」との意味で用いられるが，『スウェーデン・アカデミー辞典』によれば，スウェーデン語では「既存の社会・文化的状況の暴力的な変革」(1680 年初出)と「不法な手段の活用による統治形態の転換」(1715 年初出)といった意味で用いられ，革命に関わる被支配階級・支配階級の関係性は説明されていない。cf.『オクスフォード英語辞典』によれば，英語では「服従者による既存の政府または社会秩序の転換」(1521 年初出)とマルクス主義における「支配階級の暴力的な打倒と否定されてきた階級による生産手段の支配を通じた権力奪取」(1850 年初出)といった意味が紹介されている。

4)　例えば，1809 年体制での職責とともに「1809 年の男たち」に含まれる人物を列記するならば，スカラボリ州知事 G. アドレルスパッレ(Georg Adlersparre, 1760–1835)，コッパーバリ州知事 H. イャルタ(Hans Järta, 1774–1847)，首相 G. A. シルヴェルストルプ(Gustav Abraham Silverstolpe, 1772–1824)，ウップサーラ大司教 C. v. ロセンステイン(Carl von Rosenstein, 1766–1836)，外務大臣 G. a. ヴェッテルステート(Gustav af Wetterstedt, 1776–1837)など。「1809 年の男たち」という呼称は，歴史学者として知られた G. アドレススパッレの長子 C. A. アドレルスパッレ(Carl August Adlersparre, 1810–62)によって編纂された *1809 års revolution och dess män*, del. 1&2(Stockholm, 1849)に初出し，19 世紀半ばには用いられていた。

5)　スウェーデン語の「ユンタン」とはラテン語の "jungo(繋ぐ)" に由来する語で，「結社」あるいは「徒党」を意味する。

6)　「自由の時代」について，古典的な紹介としては Michael Roberts, *The Age of Liberty: Sweden 1719–1772*(Cambridge, 2010)，近年のスウェーデン語圏における歴史学研究を踏まえた紹介としては Jonas Nordin, "The Monarchy in the Swedish Age of Liberty(1719–1772)", Michael Bregnsbo, Pasi Ihalainen, Karin Sennefelt, Patrik Winton(eds.), *Scandinavia in the Age of Revolution: Nordic Political Cultures, 1740–1820* (London, 2011), pp. 29–40 など。

7)　Charlotta Wolff, "Aristocratic Republicanism and the Hate of Sovereignty in 18th century Sweden", *Scandinavian Journal of History*, vol. 32, no. 4, 2007；Pasi Ihalainen, *Agents of the People: Democracy and Popular Sovereignty in British and Swedish Parliamentary and Public Debates, 1734–1800*(Leiden, 2010)；Bregnsbo, Ihalainen, Sennefelt,

Winton (eds.), *op. cit.* など。

8)　Wolff, *op. cit.*, p. 359.

9)　スウェーデンにおけるモンテスキューの影響については，Sten Lindroth, *Svensk lärdomshistoria: Frihetstiden* (Stockholm, 1997), s. 531, s. 538, s. 657.

10)　Marie-Christine Skuncke, "Freedom of the Press and Social Equality in Sweden, 1766-1772", Bregnsbo, Ihalainen, Sennefelt, Winton (eds.), *op. cit.*, pp. 133-144.

11)　Wolff, *op. cit.*, p. 364.

12)　Gustavus III, *Kongl. Maj:ts Nådiga Försäkran, Til Thes Lif-Garde, Artillerie och samteliga trogne undersåtare här i Residence-Staden Stockholm* (Stockholm, 1772).

13)　Wolff, *op. cit.*, pp. 365-367.

14)　Olof Hägerstrand, *"Juntan" som realitet och hörsägen: Makt och opinioner kring Uppsala universitet under 1790-talet* (Stockholm, 1995).

15)　Erik Gustaf Geijer, *Minnen: utdrag ur bref och dagböcker* (Uppsala, 1834), s. 5-6.

16)　「自由の時代」におけるフランスとスウェーデンの交流については，Charlotta Wolff, *Vänskap och makt: Den svenska politiska eliten och upplysningstidens Frankrike* (Helsinki, 2005)。とりわけスウェーデン連隊については，Margareta Beckman, *Royal-Suédois: Svenskt regemente i fransk tjänst 1690-1791* (Stockholm, 1992)。日本では『ベルサイユのばら』で知られる H. A. v. フェルセン (Hans Axel von Fersen, 1755-1810) は，「自由の時代」におけるアリストクラシの中心的人物だった F. A. v. フェルセン (Fredrik Axel von Fersen, 1719-94) の息子であるが，父子ともに若き日にはフランス陸軍のスウェーデン連隊で研鑽を積み，とりわけ息子は連隊長位を購入してアメリカ独立戦争に参戦した。

17)　グスタヴ3世，グスタヴ4世アドルフの治世におけるスウェーデンとフランス革命の関係については，Alma Söderhjelm, *Sverige och den franska revolutionen: bidrag till kännedom om Sveriges och Frankrikes inbördes förhållande i slutet av 1700-talet*, del. 1-2 (Stockholm, 1920-24) が詳しい。

18)　Gunnar Kjellin, "Hvilke äro de sannskyldige Jacobinerne? Sengustavianska opinioner och stämningar", *Historisk tidskrift*, vol. 83 nr. 2, 1963, s. 194-195.

19)　Karl Ragnar Gierow, *Benjamin Höijer* (Stockholm, 1971); Anders Burman & Sven-Olov Wallenstein (red.), *Benjamin Höijer: metafysik, estetik, historia* (Stockholm, 2021).

20)　「1809年の男たち」の若き日の交流については，Olof Dixelius, *Den unge Järta: En studie över en litterär politiker* (Uppsala, 1953) や Gunnar Petri, *Hans Järta: En biografi* (Lund, 2017) が詳しい。

21)　ユンタンに属した者たちに影響を与えた思想家たちについては，Bo Hammarlund, "I revolutionens skugga: Radikala samhällstänkare och jakobiner i 1790-talets Sverige", *Personhistorisk tidskrift*, vol. 108, nr. 2, 2012, s. 145-171 が詳しい。

22)　例えば，ユンタンに関する代表的な研究として挙げられる Hägerstrand, *op. cit.* など。

23)　Kjellin, *op. cit.*, s. 192-193.

24)　*Ibid.*, s. 188-196.

25)　Georg Adlersparre, "Hvad är Jacobinisme?", *Läsning i blandade ämnen*, nr. 7-8, 1798, s. 65-69.

26)　ベアンストーフ（Andreas Peter Bernstorff, 1735-1797）は，ハノーファー出身の デンマークの政治家。外務長官として武装中立を推進し，アメリカ革命やフランス 革命の影響を防いでデンマークの政治的，経済的な安定に努めた。

27)　Hans Järta, "Hvilke äro de sannskyldige Jacobinerne?", *Läsning i ett och annat*, nr. 3, 1800, s. 3-9.

28)　Carl August Adlersparre, *1809 års revolution och dess män*, d. 1（Stockholm, 1849）, s. 121-122.

29)　Pasi Ihalainen och Anders Sundin, "Continuity and Change in the Language of Politics at the Swedish Diet, 1769-1810", Bregnsbo, Ihalainen, Sennefelt, Winton（eds.）, *op. cit.*, pp. 169-192.

30)　Hans Arnold Barton, "Late Gustavian Autocracy in Sweden: Gustaf IV Adolf and his Opponents, 1792-1809", Hans Arnold Barton, *Essays on Scandinavian History*（Carbondale, 2008）, pp. 118-119.

第7章

ジャコバンとボリシェヴィキのはざまの君主政
——19世紀ドイツの「王のいる共和政」論

小原　淳

はじめに ——ジャコバンとボリシェヴィキのはざまのドイツ

　19世紀ドイツは時間的，空間的にフランス革命とロシア革命のはざまにあり，1848/49年の革命がその中間点に位置している。この時代のドイツにおける共和政思想の系譜はしばしば，ドイツ・ジャコバン派に端を発し，世紀前半の自由主義，三月革命，世紀後半の社会主義を経由し，ドイツ十一月革命へと至る流れとして説明される。そこに透けて見えるのは，18世紀末と20世紀初頭の2つの大革命を繋げることで引かれる不可逆的な単線上でドイツを語ろうとする史観である。しかし，一度とて君主政を打破したことのない当時のドイツを，「王のいない共和政」を実現した革命を両端とする直線に載せ，その進歩の，より正確には退嬰の度合いを測ろうとする方法に新味は残っているか。むしろ，中・東欧に確認される「王のいる共和政」の思想の流域に据え直されることで，19世紀ドイツ史は古いマスターナラティブから自由になるのではないか。

　本章は，18世紀末以降の共和政論の変遷を俯瞰したうえで，革命家アルノルト・ルーゲの思想的軌跡を追う。青年ヘーゲル派の中心にいたルーゲは，フォイエルバッハやバウアー，シュトラウスらの思惟を政治運動の言語へと変換し，革命期の急進勢力の指導者となり，さらにヨーロッパ各地の革命家とも交流した人物である。結論の一部を先取りすれば，1848年前後のドイツで最左翼に陣取り，革命に積極的に関与した唯一の哲学者（シュターデルマン）と評されるルーゲにさえも，「王のいる共和政」の理念は共有されていた。

カントの共和政論

　ドイツにおける，そして中・東欧における共和政思想の水脈を遡った時に辿り着く淵源の1つが，カントである。周知のとおり，ジャコバン独裁終了の

　翌年，1795 年に書かれた『永遠平和のために』において，カントは国家(civitas)の在り方を，「支配の形態」(forma imperii) と「統治の形態」(forma regiminis) という 2 つの観点から説明している[1]。「支配の形態」は，誰が権力を保持しているのかという問題であり，「君主制」(Autokratie, Fürstengewalt)，「貴族制」(Aristokratie, Adelsgewalt)，「民衆制」(Demokratie, Volksgewalt) の 3 つに区分される。他方，「統治の形態」はどのような統治の方式が選ばれているのかという問題で，執行権(統治権)と立法権が分離した「共和的」(republikanisch) と，それらが未分化な「専制的」(despotisch) に二分される。したがって理屈のうえでは，国家はこれらを組み合わせた 6 つの形態をとり得る。しかしカントによれば，民衆制は，全員の決議から生じる一般意志によって個人を無視し，さらには個人と対立するために，必然的に専制に陥る。むしろ彼は，フリードリヒ 2 世の名を挙げつつ，国家権力の保持者が少ないほど，共和政は実現しやすいと説く[2]。

　カントの思想の深淵へと手を伸ばす用意はない。ここではただ，本章にとっての要点を示しておく。第一に，『永遠平和』での議論において，君主政と共和政は二項対立の関係にはない。第二に，権力の独占を抑制し，共和政を実現するのにより適しているのは，君主政である。第三に，この「王のいる共和政」論はカントの独創ではなく，プラトンやアリストテレス以来の政治論に連なるものだが，しかしカントが理想的な共和政の体現者と見なしたのは，「国家の下僕」を自称したプロイセン国王フリードリヒ 2 世であり，カントにとって，あるべき共和政のモデルはロベスピエールよりもフリードリヒのなかに，フランスよりもプロイセンの歴史のなかに示されている。

　近年の精緻な分析は，『永遠平和』の 2 年後に刊行された『人倫の形而上学・第一部・法論の形而上学的定礎』において，カントが，「普遍的人民意志が自己支配」する「純粋共和制」という「理念の国家」に向けて，有徳な統治者による「共和制的統治」から，統治者が人民を招集してともに体制変革を決議する「設立された共和制」の段階を経て，人民による立法とその代理による執行が制度的に保障された「真の共和制」へと「現象の国家」が前進していくプロセスを構想しており，この過程で君主は役割を終え，その権力は消滅すると考えていたと論じている[3]。しかしそこではまた，当時のプロイセンの現実を踏まえれば，暫定的にせよ，「まずもって実現可能であるのは君主による共

和主義的統治」であったことも指摘されている⁴⁾。カントの同時代人たち，そしてカントの理念を継承した次世代の人びとの多くは，20世紀の研究者がなおそうであったように，彼の思想を「王のいない共和政」の理論としてよりも，君主と国民の調和の理論として解釈し，この調和の実現こそを当面の課題としたと捉える方が，その後のドイツとプロイセンの実際の歴史的展開はスムーズに理解できる⁵⁾。

プロイセン改革の時代

対ナポレオン戦争に敗北したプロイセンでは1807年から大規模な改革が始まったが，改革の担い手となった官僚や軍人たちは，例えばシュタインやフンボルトがカントを称賛し，シュレッターとフライが彼と交友し，シェーンはケーニヒスベルク大学でともに学び，ボイエンは講義を受け，シャルンホルストは士官学校でクラウゼヴィッツらにその思想を講じ，グナイゼナウも書簡で引用するなど，1804年に没した哲学者の影響をそれぞれに受けていた⁶⁾。

こうした直接，間接の関係が背景となって，改革の基調にはフランス革命思想やアダム・スミスの自由主義，メーザーの保守的改革主義とともに，君主と貴族と市民の協調，極端な独裁の回避，国政に関与しうるだけの知性と徳をそなえた国民の育成といった，カント思想と相通じる精神が看取できる。そのことは，改革の主柱である国制構想 —— 旧来の身分制議会と代表制を組み合わせた国民代表機関の設置，国王親政を支える内局の廃止と内閣への変更，枢密院の設置など —— を確認するだけでも，明らかである。ハルデンベルクのリガ覚書(1807)を引用すれば，「内外の暴力的な衝動によってではなく，政府の叡智による，人類の高貴化という偉大な目標に直結する，良い意味での革命」が改革の目標であり，「君主政的統治のなかの民主政的原則 —— それこそが我々の時代の精神に適合したものに思われる」のであった⁷⁾。

ここでさらに確認しておきたいのは，君主政の共和政的改変という構想が，改革者たちを「ジャコバン」と批判した保守勢力や⁸⁾，あるいは在野の体制変革運動にまで共鳴者を得ていたという事実である。例えば，ハルデンベルクの政敵で，宮廷派^{（カマリラ）}の筆頭格だったアンツィロンは，1813年の解放戦争後に「真の君主政的形式のもとでの共和政的精神」の発現を歓迎している⁹⁾。また，ブ

ルシェンシャフト運動を指導した思想家ヤーンは主著『ドイツ民族性』(1810)において，来るべき統一ドイツ国家は市民的権利と伝統的身分制度の両立，フォルクの代表機関と政府の協調に基づくべきだと唱え，この主張は学生や体操家（トゥルナー）といった支持者たちによって，プロイセン以外の諸邦にも拡大していった[10]。

　19世紀初頭，王のいる共和政論は党派や立場を越えて浸透していた。しかし改革者たちの辞職やハルデンベルクの死(1822)によるプロイセン改革の中断，そしてカールスバート決議(1819)による体制変革運動の沈静化で，プロイセンとドイツは「静穏の20年代」に入り，共和政論も一時的に滞留する。

三月前期の諸潮流

　ドイツの政治情勢が再び流動するのは，1830年以降である。この年，フランス七月革命の影響はドイツ諸邦に広がり，ザクセン，ハノーファー，ブラウンシュヴァイク，ヘッセン＝カッセルで立憲君主制が成立し，またベルリンの仕立屋革命やミュンヘンのクリスマス騒擾，オーバーヘッセンの税関襲撃事件など，各地で騒動が起こった。公権力に対する異議申し立てはさらに数年にわたり，ハンバッハ祭(1832)，フランクフルト警察署襲撃事件(1833)，ゲッティンゲン七教授事件(1837)などの事件が相次ぐ。

　1848年3月の革命へとむかう，この「三月前期」の市民や民衆の運動を牽引した自由主義は，地域別に3つ——第一にロテックやヴェルカーが先導する西南ドイツの立憲的自由主義，第二にダールマンに代表される北ドイツの身分制的自由主義，そして第三に1840年代に台頭したライン地域の経済自由主義——に大別される。しかし，これらは西南ドイツ型が相対的に進歩的で，北ドイツ型やライン型は貴族層を擁護するなど保守的だったものの，いずれも憲法と議会制度の確立を優先課題とし，君主と議会の「協定」を理想視して人民主権を忌避した点で共通している。

　『歴史基礎概念辞典』において「レプブリーク」の項目を担当したマーガーは，三月前期の共和政概念を，君主政の対義語としての用法，支配の形態を問わず専制やアナーキーの対義語と規定するカント以来の用法，そして貴族政と君主政の対義語であり民主政の同義語としての用法という3つに分類してい

る[11]。マーガーによれば，このうちの一番目，君主政の対義語であり貴族政と民主政を包括する共和政概念は，フランス革命以降に貴族層が時代遅れの存在となっていったことで次第に用いられなくなる。マーガーはロテックの『国家事典』などを参照しつつ，自由主義者たちが掲げたのは二番目の共和政概念であったこと，そしてアレティンやツァハリエといった法学者，あるいは『ブロックハウス』などの主要な百科事典にも同様の理解が浸透していたことを明らかにしている。

対して三番目の，民主政と同義語としての共和政という理解は，ハンバッハ祭を主導したジーベンプファイファーや，過激な政治パンフレット『ヘッセン急使』(1834)を発表したビューヒナーとヴァイディヒといった中部・南部ドイツの急進主義者のものだが[12]，投獄，亡命，処刑の措置を受けた彼らの政治生命は短く，一定の規模をもつ持続的な思想・運動には結実しなかった。

しかし同じ頃，既存の自由主義に飽き足らず，新たな時代の思想を模索する動きは，北のプロイセンからも登場する。それは，ヘーゲルを批判的に乗り越えようとする青年ヘーゲル派の思想家たちである。ここからはルーゲを対象に，19世紀ドイツの共和政論の流路を追跡する。

ルーゲの「共和政的君主政」論

ルーゲは1802年，スウェーデン領リューゲン島で小作人の子として生まれた[13]。幼少期にフランス統治を経験した後，ポンメルンのランゲンハンスハーゲンのギムナジウムを卒業し，1821年からハレ，イェーナ，ハイデルベルクの各大学で学ぶ。1824年，ブルシェンシャフトでの活動を理由に逮捕され，1830年まで獄中生活を送った。刑期を終えた彼はハレでギムナジウム教師になるが，間もなく辞職してハレ大学に再入学し，1833年から同大学の私講師を務めた(1833-36)。

このハレ時代にヘーゲルの著作にふれたルーゲは，1836年に大学を去り，執筆活動に専念するようになる。1838年から編集を担当した『ドイツの学問と芸術のためのハレ年誌』にはフォイエルバッハやシュトラウスが寄稿し，青年ヘーゲル派の機関誌としての役割を担った。

しかし，1840年6月7日にフリードリヒ・ヴィルヘルム4世がプロイセン

国王に即位すると，官吏の政治的意見の公表が禁止されたり，検閲局が新設されるなど，言論への締め付けが強まり，『ハレ年誌』も 1841 年に出版停止となる。ドレスデンに移ったルーゲは誌名を『学問と芸術のためのドイツ年誌』に改称して出版を続けたが，再び発禁の処分を受け，1843 年 1 月に廃刊となった。この一連の経緯を経て，ルーゲの筆は反体制の色彩を強める。

　既に 1841 年の『ハレ年誌』新年号で，プロイセン国家を「レス・ププリカ」(res publica) とは対極の「レス・プリワタ」(res privata) と批判したルーゲは[14]，同年 7 月に「プロイセン絶対主義とその発展」と題する論文を発表した[15]。同論文は，ルーゲと青年ヘーゲル派の思索から実践への，そして国家との対立への前進をものがたるテクストであり，また革命へと向かうドイツ急進主義の跳躍を示す史料の一つでもある。

　「プロイセン絶対主義とその発展」は，題名から窺えるようにプロイセン国家の来し方と行く末を論じているが，ルーゲはプロイセン史を 3 つの段階に分けて説明する。

　第一段階は「プロテスタント国家の成立期」であり，15 世紀初頭から 18 世紀前半までに相当する。ルーゲは，1415 年にブランデンブルク選帝侯位を獲得したニュルンベルク城伯フリードリヒ以降のホーエンツォレルン家の歴代君主の統治を概観する。彼によれば，この時代の君主政はエゴイスティックな貴族・騎士層やカトリック教会との闘争に明け暮れ，そして自らもエゴイズムに染まっていた。しかし，三十年戦争期のスウェーデン王グスタヴ・アドルフが一つの模範となって，公共善を追求する絶対王政による諸勢力のエゴイズムの克服がプロイセン国家の歴史的課題として浮上してきた。その達成に邁進したのが大選帝侯フリードリヒ・ヴィルヘルムであり，後を継いだフリードリヒ 2 世である。

　第二段階は，フリードリヒの統治が始まった 1740 年から始まる。ルーゲは言う，「フリードリヒ 2 世はプロテスタント国家の絶対君主を完璧に体現した」存在であり，公益に身を捧げ，君主政を旧来のエゴイズムから脱却させた[16]。しかし次の王は無能で，プロイセンはフランスとの戦争に敗北する。

　第三段階は「革命の時代」である。1806 年の敗北は，プロイセンを「新時代における意味での公共性，すなわちレス・ププリカとしての国家に作り替え

る」好機であった[17]。ルーゲはこの国家改造，すなわちプロイセン改革を称賛し，国王を頂点とする政府は「俗物市民」(Spießbürger)を「国家市民」(Staatsbürger)に変貌させ，旧来の軍隊の代わりに人民武装を，「死せる集団」による行政の代わりに人民（フォルク）の代表制を，ツンフト強制の代わりに営業の自由を，特権の代わりに法的同権を，根深い臣民根性の代わりに自由な労働をもたらしたとする。ルーゲによれば，1806年以降の君主政が発展すれば，「それを共和的と名づけるのは正当である」[18]。

　しかし現在のプロイセンでは，市民は私的な秩序と快適さに安住する代わりに，公的生活から排除され，エゴイズムに陥っている。プロイセンが主導するドイツは俗物市民の国と化してしまっている。そして君主政は退化し，「共和政的要素」を貫徹しえていない。君主は「共和主義者と自由な人間」の王ではなく，俗物とエゴイストの王に堕している[19]。未来の国王は，かつてフリードリヒ2世が取り組んだ課題の完遂を目指し，「王家の一切の私利から離脱し，万人の自由の実現という目標へと国家を向かわせる」べきである[20]。そのような統治が実現した時，「共和政的君主政」(republicanische Monarchie)が到来する[21]。

　以上のような歴史理解の，ヘーゲル的な歴史観との同異は今は問わない。むしろあらためて強調したいのは，実践主義と急進主義へと歩み始めた時期のルーゲがなお，共和政と君主政は両立しうると考えていること，そして君主と国民の協調というモチーフ，国民の陶冶の重視，フリードリヒ賛美といった点で，半世紀にわたるカント以来の伝統の延長線上にいることである。

　さらに，ルーゲの表現を字義どおりに理解するならば，理想的な政治形態である「共和政的君主政」はあくまでも君主政の一バリエーションであることを見過ごしてはならない。つまり，この三月前期の最左派の思想家にとって，国制の基調は君主政，変革の主導者は君主なのであり，国権と民権のバランスをいかに調整するかという点で相違があったとしても，ルーゲの議論は本質的に自由主義者たちの立憲君主制肯定論から遠く離れたところにはないのだ。ルーゲはほぼ同時期に書いた手紙のなかで，自分たち青年ヘーゲル派はドイツに「山岳派」の旗を打ち立てたと書いている[22]。しかし，「共和政的君主政」の思想は，本家の山岳派からは相当に隔たっている。

　2 年後の 1843 年，ルーゲは「自由主義の自己批判」と題する一文を書いて，それまでの政治的立場からの訣別を宣言し[23]，『ドイツ年誌』の発禁後にスイスを経てパリへ移住した。1848 年へと向けて，彼の思想はどのように変化していくのか。

「王のいる共和政」の消滅？

　パリに移ったルーゲは，——最も重要な青年ヘーゲル派であり，最も重要な青年ヘーゲル派批判者となる——マルクスと同居生活を送り，1844 年 2 月から共同で『独仏年誌』を刊行する。しかし，シュレージエンの織工一揆の評価をめぐって仲違いし，さらにはプロイセンの要請を受けたフランス政府から退去命令を受け，1846 年にスイスを経由してドイツに復帰した。

　帰国後のルーゲはライプツィヒで出版業を営み，ユリウス・フレーベルやヘルヴェーク，ハルトマン，ヘッベル，フライタークといった政治家・文筆家の著作を出版，さらに雑誌『改革』を発行して，急進主義者たちの主張を代弁するようになった。1848 年，革命が勃発するとブレスラウ選出のフランクフルト国民議会議員となり，最左翼のドンナースベルク派に所属する。国民議会では，ポーランド独立や，ヨーロッパ諸国民会議の設置を訴える演説を行ったことがよく知られる[24]。

　しかしルーゲは議場での論戦に飽き足らず，次第に議会外へと活動の軸足をずらしていく。10 月，ルーゲはベルリンに移り，民主協会や労働者協会を糾合した第 2 回民主主義者会議を組織し，「一種のジャコバン的な一時的独裁政のための前提条件」(ニッパーダイ)を創り出そうとした[25]。しかし反革命勢力が復権し，翌月上旬に正規軍がベルリンに無血で入城すると，民主主義者会議は十分な成果をあげられぬままに解散し，ルーゲも 1849 年 1 月にベルリンを去った。

　この革命末期のルーゲ思想を示すテクストが，「ドイツにおける民主政の形成」である[26]。1848 年秋にベルリンで執筆され，翌年にライプツィヒから出版された同論文は，眼前に迫る敗北を否認するかのような叫びから始まる。

　　我らは今こそ自由を望む，もはや主人も従僕も存在しない！　独裁においては，人民(フォルク)は政府の意志に従って活動する。かくのごとき人民は意志をも

たない従僕，臣民である。民主政においては，人民は人民の意志に従って活動する。彼らは誰にも従属しない。人民が立法権も執行権も放棄せず，自分たちに関わる事柄の処理を委ねた者たちが自分たちの主人になることを決して許さず，彼らが管理者として行動することだけを許し，自分たちの都合に合わせて，法に則り必要に応じて彼らに職務を任せたり呼び寄せたりするのであれば，人民の意志が法となる[27]。

「人民国家 —— 回顧」と題した前半部で，革命と反革命への回顧を踏まえつつ，ルーゲは立憲君主制を否定し，人民が主権を掌握する「人民国家」（Volksstaat）の理想を訴える。「組織化された専制主義を打倒し，人民を組織化すること」，「主人も従僕もなく，自治のほかに統治なく，武装した人民以外に軍隊のない」国家を実現することが革命の本来の目的であり[28]，中途半端で頓挫した革命，憲法制定や議会設置をちらつかせる反革命はルーゲの求めるものではない。むしろ，「第二の革命」を起こして目下の反革命を打破し，人民の統一と民主政を達成しなければならない。「ともあれカルタゴは滅ぶべき」なのだ[29]。

さらにルーゲは「未来への展望」を語った後半部で，「社会・民主的自由国家」（social-demokratische Freistaat）の実現という目標を掲げ，家族や諸産業，ゲマインデの社会・経済的変革を論じる。彼の言う「社会・民主的自由国家」とは，「民主主義の原則を経済，政治，そして自由なゲマインデにおいて，あるいは社会や政治や思想の領域において貫徹する」国家のことである。ルーゲによれば，「民主主義の原則が所有，労働，交通へと適用されれば，社会問題は解決される」[30]。

君主政を否定し，人民主権の確立に向けた国家と社会の全面的な変革を要求するルーゲは，かつての彼とは大きく異なる。亡命と革命の経験がルーゲの思想の水位を上昇させて急流に変えたことは間違いない。しかしそれでもなお，革命前に説かれた共和政と君主政の紐帯が跡形もなく洗い流されてしまったとは，即断できない。

まず，この文章を注意深く読み直すと，ルーゲが君主政の存続の可能性を完全に絶ってはいないことに気づく。

人民がその意志を表明した時，王はなお存続しうるのか。それは，王たち

次第である。もし我儘や恣意 ── これこそが王政なのだが ── を放棄して
人民の意志に従おうとする ── これこそがまさに民主主義者である ── な
らば，彼らは間違いなくまだ個人として存続しうる。彼らが個人的な重要
性を有していれば，ヨーロッパの大目標のために王党派と民主派を統合す
ることができる……31)。

　確かにルーゲはこの直後で，君主政は時代遅れで，民主政に代置されるのは自
然の成り行きだと語っているが，もし人民の意志を尊重するならば，君主は理
論上は存続しうるのである。

　また，ルーゲは君主政を打倒するための具体的方途を語らない。彼はドイツ
が民主国家になる前提条件として，30 以上の諸邦君主の主権を剥奪 ── ルー
ゲの言葉では「陪臣化」(Mediatisirung) ── し，ベルリンに置かれた中央権力機
関へと統合しなければならないとする32)。この陪臣化が平和裏には実現でき
ず，巨大な暴力を召喚しなければならないことは，フランスの先例を振り返る
までもなく自明である。しかし，ルーゲにその覚悟はない。彼は「民主的原
則」を論じた部分で，恐怖支配やテロリズム，「暴徒化した人びとが撒き散ら
す恐怖」と民主政との連関を否定する。「民主政は復讐の日を生き延びて，晴
れて勝利を勝ち取るその日に理性と人間性の国を宣言しなければならないし，
そうしたやり方を実践しなければならない」33)。かくして，ウィーン十月蜂起
の鎮圧，ベルリンへの正規軍の入城，プロイセン国民議会の解散と欽定憲法公
布の決定といった出来事が相次いだ革命の決定機にあって，ルーゲの君主政打
倒の呼びかけは現実味を帯びえない。革命の暴力性と向き合おうとしないルー
ゲは，プロイセン内相マントイフェル宛ての 1849 年 2 月 15 日の公開書簡を
このテクストに付し，自分が発行する雑誌『改革』に対する発禁処分の解除を
請うてさえいる34)。

　そして語用の観点からすれば，ルーゲが君主政の対義語として用いているの
が「共和政」ではなく「民主政」であることが肝要である。「共和政」という
語が用いられている数少ない箇所 ── このテクストに Demokratie, Demokrat,
demokratisch は 124 回登場するが，Republik, Republikaner, republikanisch は 13
回に過ぎない ── で，ルーゲは，「ドイツ人の気質は徹底しているが，先鋭的
ではない。自己統治が確かに実現し，あらゆる搾取から人民が社会的に解放さ

れれば，過去のひどい経験にもかかわらず，人は王党派となり，王冠を権力行使の象徴と見なすようになるだろう」，そうなれば，国家の変革が平和的に進展するはずだとしたうえで，「わたしたち民主主義者が共和主義者であるとすれば，それはおよそ道徳ゆえにではなく，必要性ゆえにである」と述べている[35]。ここでの「共和主義」は，君主政を排除して達成される民主政とは異なり，便宜的に君主と共存している段階を意味していると理解できる。ルーゲはフランクフルト国民議会での演説においても，「ドイツ連邦議会が代表する君侯共和政」(Fürstenrepublik) といった表現を使用しているが，これもやはり，革命期の彼が共和政と君主政を対置していたわけではないことを示す事例である[36]。

　ルーゲの思想が革命を経て共和政的君主政から反君主政へと移行したことは否定できない。しかしこの移行に際して，「共和政」という語は急進化を免れているのである。なお，君主政への対抗に際して「民主政」の語を選ぶ傾向は，他の革命家たちにも共通する。

　1849 年 5 月，ルーゲはドレスデン蜂起の敗北後，ブリュッセル，オーステンデ，ブライトンを経てロンドンに亡命した。亡命先でマッツィーニ，コシュート，ルドリュ＝ロランらと「ヨーロッパ民主主義委員会」を創設するも直後に離脱し，ブライトンに移って教師・作家としての活動を続けたが，ドイツの言論界に対する影響力は二度と回復されなかった。

おわりに——その後の共和政論

　その後のルーゲは普墺戦争(1866)，独仏戦争(1870-71)を契機にビスマルク賛美に転じ，晩年はドイツ政府から年金を受給し，1880 年に亡命先で客死した。もっとも，帝政支持への「転向」は独りルーゲだけのものではなく，1860 年代に政治活動を再開したかつての革命家の多くがビスマルク支持にまわり，彼と協力して，70 年代の「議会における自由主義時代」(オンケン)を実現している。しかし，それは革命の理念を裏切る変節だったのか。

　わたしは，革命から帝国創設へと至る途上の思想的変化をそのようには見ない。カント以来のドイツにおける変革の思想を通観した時，そこには時代状況の転変を越えて流れる一筋の水脈，共和政的君主政という理念の連続を確認で

きる。1848/49 年の革命を経てなお途絶えることのなかったその流れは，多数の小君主国の分立という困難な初期条件から統一を成し遂げ，25 歳以上男子の普通選挙制度に基づいた帝国議会というヨーロッパ最大の大衆政治空間を創出し，君主政のアップデイトを実現したドイツ帝国へと通じているのではないか。さらには，帝政後半の「人民皇帝」(Volkskaisertum) や「社会皇帝」(soziales Kaisertum) の思想を経て，第 1 次世界大戦後の「代替皇帝」(Ersatzkaiser)，すなわち強力な権力と権威を帯びたヴァイマル共和政の大統領制度にも及んでいるのではないか。

　これ以上の論考にあてられる紙幅はない。しかし，ジャコバンとボリシェヴィキのはざまの 19 世紀ドイツに「王のいる共和政」の思想が伏流していた可能性を，なお問い続けなければならない。

註

1)　Immanuel Kant, *Zum ewigen Frieden* (Königsberg 1795 (Version der Akademieausgabe)), S. 352 (宇都宮芳明訳『永遠平和のために』(岩波文庫，1985)，33 頁).

2)　Ebd., S. 353 (訳書，35 頁). フリードリヒに対する称賛は『啓蒙とは何か』(1784) にも確認できる。

3)　網谷壮介『共和制の理念』(法政大学出版局，2018)，169-226 頁。

4)　同書，223, 225 頁。

5)　Vgl., Christopher Clark, *Iron Kingdom: the Rise and Downfall of Prussia, 1600-1947* (Cambridge, Mass. 2006), p. 255 ; Matthew Levinger, *Enlightened Nationalism: the Transformation of Prussian Political Culture, 1806-1848* (Oxford 2002), p. 228.

6)　Walther Hubatsch, Der Reichsfreiherr Karl vom Stein und Immanuel Kant, in: Otto Büsch, Wolfgang Neugebauer (Hg.), *Moderne preußische Geschichte 1648-1947: eine Anthologie*, Bd. 1 (Berlin/New York 1981), S. 48-63 ; Vanya E. Bellinger, *Marie von Clausewitz: The Woman Behind the Making of On War* (New York 2015), p. 43.

7)　Karl A. v. Hardenberg, *Über die Reorganisation des Preußischen Staats* (Riga 1807).

8)　Georg Holmsten, *Freiherr vom Stein. In Selbstzeugnissen und Bilddokumenten* (Hamburg 1975), S. 7.

9)　Paul Haake, *Der preußische Verfassungskampf vor hundert Jahren* (München 1921), S. 61.

10)　小原淳『フォルクと帝国創設』(彩流社，2011)，35 頁。

11)　Wolfgang Mager, Republik, Gemeinwohl, in: Otto Brunner, Werner Conze, Reinhart Koselleck (Hg.), *Geschichtliche Grundbegriffe: Historisches Lexikon zur politisch-sozialen Sprache in Deutschland*, 8 Bde. (Stuttgart 1972-1997), Bd. 5, S. 618-629.

12)　もっとも，ヴァイディヒは「国民帝政」(Volkskaisertum)の実現を理想としており，『ヘッセン急使』の出版にあたって，ビューヒナーの草稿を穏当な内容に改変した。

13)　ルーゲについては主に，Warren Breckman, *Marx, the Young Hegelians, and the Origins of Radical Social Theory: Dethroning the Self* (New York 1999)；Helmut Reinalter (Hg.), *Die Junghegelianer: Aufklärung, Literatur, Religionskritik und politisches Denken* (Frankfurt a. M. 2010)；Helmut Reinalter, *Arnold Ruge (1802–1880). Junghegelianer, politischer Philosoph und bürgerlicher Demokrat* (Würzburg 2020)．当時の全般的状況，ルーゲを取り巻く環境については，J. スパーバー(小原淳訳)『マルクス』(上・下)(白水社，2015)参照。

14)　Arnold Ruge, Vorwort, in: *Hallesche Jahrbücher*, 1(1841. 1. 1), S. 3.

15)　Arnold Ruge, Der preußische Absolutismus und seine Entwicklung, in: ders., *Gesammelte Schriften*, Bd. 4(Mannheim 1846).

16)　Ebd., S. 18.

17)　Ebd., S. 23.

18)　Ebd., S. 22.

19)　Ebd., S. 46；53.

20)　Ebd., S. 58f.

21)　ルーゲは「共和政的君主政」とともに，「絶対国家」(der absolute Staat)という表現も用いている。絶対国家は，「内的にも外的にも主権を確立し，自由に構成された国家であり，同時にヨーロッパの大国であり，宗教改革の精神的自由を前提として，個人を自由にするという目的を追求する」，Ebd., S. 52. この概念については以下も参照。山本愛「A. ルーゲの「絶対国家」と自由」『ヨーロッパ研究』15(2021)。

22)　ルーゲからシュタール宛の 1841 年 9 月 8 日付書簡。Paul Nerrlich(Hg.), *Arnold Ruges Briefwechsel und Tagebuchblätter aus den Jahren 1825–1880* (Berlin 1886), Bd. 1, S. 239.

23)　Arnold Ruge, Selbstkritik des Liberalismus, in: ders., *Gesammelte Schriften*, Bd. 3 (Mannheim 1846).

24)　*Stenographische Berichte über die Verhandlungen der deutschen constituierenden Nationalversammlung zu Frankfurt am Main*, Bd. 1, S. 484.

25)　T. ニッパーダイ(大内宏一訳)『ドイツ史　1800–1866』下(白水社，2021)，300 頁。

26)　Arnold Ruge, *Die Gründung der Demokratie in Deutschland: oder der Volksstaat und der social-demokratische Freistaat* (Leipzig, 1849).

27)　Ebd., S. 1.

28)　Ebd., S. 11f.

29)　Ebd., S. 27.

30)　Ebd., S. 35.

31)　Ebd., S. 13.

32)　Ebd., S. 23.

33)　Ebd., S. 39ff.

34)　Ebd., S. 26–32.

35)　Ebd., S. 15.

36)　*Stenographische Berichte über die Verhandlungen der deutschen constituierenden Na-*
　　 tionalversammlung zu Frankfurt am Main, Bd. 1, S. 484.

第 8 章

自由，共和国，革命
── ロシア帝国バルト諸県の 1905 年

小森宏美

はじめに

10 月 16 日 (ユリウス暦) の「血の日曜日事件」の現場から長い葬列とともに
ラフマエ墓地に運ばれてきた 47 基の白い棺を前に，ルドルフ・フルト牧師は
次のような言葉で弔辞を述べ始めた。

> 誰もそれを理解できなかった，まさにその瞬間に，恐怖に満ちた，正義
> に背く死が，兄弟と仲間たちを，女性も子どもをも捕まえました。これほ
> ど恐ろしい話をタリンではこれまで聞いたことはありませんでした。50
> 人ほどの罪もなく斃れた人びとの木棺のそばで，町中が悲しみの涙を落し
> ました。あらゆるひどいことの中で皆にとっての唯一の慰めは，これらの
> 犠牲者が自由のために落命したことを知っていることにつきます。いまや
> 自由が夜明けを迎えようとしているのです。それを完全に手にすることを
> 知り，そこに向かうことが喪失の傷をいやしてくれるでしょう……エスト
> ニア人よ！　新たに始まった生活の中で，自由に向かってたゆむことなく
> 進んでいきましょう！[1]

1905 年 1 月にロシア帝国の首都ペテルブルクで起きたいわゆる「血の日曜
日事件」の受け止め方は，帝国西部のバルト諸県 (北からエストラント県，リーフ
ラント県，クールラント県) の内部でも，貴族や領主を一方に，都市民や労働者，
農民を他方に，それを恐怖の念をもって警戒したのか，共感と期待をもって見
守ったのかは異なっていた。だがそれだけでなく，都市部と農村部でも，少な
くともその初期においては異なる動きが見られた。県ごとの相違も小さくなか
った。リーフラント県では，都市部での労働者によるゼネストが農村部にも拡
大し，比較的早い時期から政治的要求が噴出して急進化の様相を呈した。一方，
本章でみるように，帝国内各地に波及していった革命的な動きがエストラント
県でその性格をあきらかに変えるのは，上述のエストラント県県都タリン[2]中

10月16日にタリンで起きた「血の日曜日事件」の犠牲者の葬儀に集まった人びと (Hiio ja Lepist (eds.), 2011)

心部で10月16日に起きた「血の日曜日事件」後のことであった。この事件翌日にロシア皇帝が発出した「十月詔書」後の，いわゆる「自由の日々」の8週間の間に，その年半ばまでとは様変わりした要求と実力行使が表面化してくることになる。皇帝が人民に認めた言論や集会の自由が現場では徹底されないどころか，皇帝自身もそれを望んではいなかった。後で述べるように，開催が認められる集会と，当局によって暴力的に排除される集会があった。認められるものがあまりにも限定的であると知り，またそれすらも特権層の保身のために制限されるという現実への幻滅や怒りと，その怒りに恐怖を感じた，権力はあっても数で劣る特権層の反応が暴力の連鎖を生み出していく。

　共和政とジャコバンの再考という本書の目的を共有しながらも，本章には「ジャコバン」という語は出てこない。それは，フランス革命後の1世紀の間に，社会的変化とともに政治運動の目的が大きく変化したからである。むろんそのことは，後に「1905年革命」と呼ばれることになるこの社会全体を巻き込んだ動乱がフランス革命の影響を受けていないことを意味しない。実際，各地では，赤旗が掲げられ，ラ・マルセイエーズのメロディーが口ずさまれた。だが，それを攻撃する側からこれらの人びとに貼られたレッテルは「社会主義者」であり，暴力による体制転覆や，ひいてはロシア帝国からの分離独立が警戒された。他方，自己認識に目を向ければ，明確な目的をもって社会主義政党

に加わっていた者たちを除いて，一般には左派に分類される者すらも「社会主義者」を名乗っていたわけではない。

「1905年」の伏流と複数の語り

　本章で論じるバルト諸県のうち現在のエストニアに当たるエストラント県とリーフラント県北部では，18世紀初頭にロシア帝国の一部になって以降も，人口構成の上では圧倒的少数派であるドイツ人[3]が，自治的な権利を保障された特別体制の下で支配的地位を独占し続けていた。県議会に議席を有するドイツ人家系は限定され，この時代にあっても中世に起源をもつ荘園領主が「騎士団」(Ritterschaft)と称される社団を代表した。ロシア帝国内の他地域で19世紀半ばの大改革期に導入されたゼムストヴォ(地方自治機関)も，バルト諸県と西部諸県には設置されなかった。

　ロシア帝国の中では比較的早い時期である19世紀前半にバルト諸県で実行された農奴の人格的解放は，なるほど農民の一定程度の社会的地位向上につながり，民族知識人の登場をうながしたかもしれないが，多くの農民の現実的な苦境に大きな変化があったとはいいがたかった。金納とされた地代の額は領主の恣意のままに決められたばかりか，のべつ幕なしに引き上げられた。放牧地や森林の使用権もなく，道路や鉄道など公共施設の建設や整備に無償で駆り出されることも多かった。

　抑圧された農民という姿はロシア帝国全土で変わりなかったかもしれないが，この地域では特に土地所有の状況に極端な偏りがあった。帝国西部では，一戸当たりの土地所有面積の平均が496デシャチナ(1デシャチナ＝1.09ヘクタール)であったのに対し，リーフラント県では同1,923デシャチナ，エストラント県は1,768デシャチナ，クールラント県では2,660デシャチナであった[4]。このような少数の者(その大半がドイツ人)への土地の集中の裏には土地無し農の存在がある。大土地所有がバルト諸県の中でも最も広く維持されていたクールラント県では土地無し農が農民人口の72%を占め，リーフラント県では66%，エストラント県では59%であった[5]。エストラント県には33,710戸の農家があり，そのうち21,718戸が小作人，11,992戸が自作農であった。小作人には小作料に加えて，物納や賦役の義務も課されていた。土地の分配はこの時期のバ

144

ルト諸県において喫緊の課題だったのである。土地の問題だけではない。国税の負担割合は，農民が 91.7%，8.3% が領主という不公平ぶりであった[6]。

　20 世紀初頭，ロシア革命と第 1 次世界大戦を経てエストニアは独立を果たすものの，この最初の独立国は短命に終わり，1940 年から 1991 年まで，ドイツによる一時的な占領期を除いて，エストニアは事実上，ソ連の構成共和国であった。独立国の地位を取り戻したのは 1991 年のことである。

　かような国家のあり方の変転と「1905 年」をめぐる歴史の語りは密接かつ複雑に絡み合っている。「1905 年」は，戦間期エストニア史学で「赤い年月」と呼ばれ，1940 年以降，ソ連史学ではレーニンの言葉を借りる形で 1917 年革命の「リハーサル」とされた。1991 年の再独立後しばらくは，歴史上の他の諸問題，とりわけ第 2 次世界大戦期の歴史の見直しに多くの力がそそがれたため，また，「1905 年」の扱いの難しさからエストニア史上の「白斑」とされていたが，1905 年から 100 年目を迎える 2005 年ごろから新しい傾向の研究が現れ始める。こうした「1905 年」をめぐる史学史については別のところで論じているので[7]，ここでは各地の郷民が宣言した「共和国」の問題に絞って整理したい。

　ソ連史学においては，既存の支配体制に対抗して設置された自治組織については，社会主義勢力の指導性に力点を置く叙述が主流であり，「共和国」の語が使用される場合でも，その枠組みを逸脱するものではなかった。「エストニア」での動きを対象に「共和国」問題を検討したのは，モスクワで博士号を取得した歴史家ヒルダ・モースベルク (Hilda Moosberg, 1903–1985) である。モースベルクによれば，「共和国」という概念はエストニア人農民の間で広く普及し，いくつかの郷では自治組織となった革命委員会が「共和国」と称されたのであった[8]。

　1991 年に再独立したエストニアの史学史において，1905 年革命は独立への一里塚として位置づけられていた[9]。知識人のみならず大衆が政治的な権利に目覚め，その獲得のために立ち上がった出来事とされたのである。こうした国民史の語りに郷民らが独自に行った「共和国」宣言をどう埋め込むか。エストニア近代史研究の泰斗トーマス・カリヤハルム (Toomas Karjahärm, 1944–) は，「共和国」をあくまでメタファーと捉える。実際，「共和国」を宣言したとして

も，現実的な意味がなかったことは明らかである。だが本章の筆者はむしろ，象徴的な意味合いとはいえ，仮にその言葉が農村部で使用されることになったとするならば，そこに至る過程の持つ意味に目を向けるべきではないかと考える。

　「共和国」宣言について史料が多くないことは，それがこの出来事を語る者によって後に考えだされた喩えであることを必ずしも意味しない。各郷の文書の多くは，12月中旬以降に始まる逮捕と裁判を恐れて隠されたり，焼却処分されたりした[10]。1905年12月から1909年5月までの間に，約700人に死刑判決が下され，約8,000人がシベリア流刑に処された[11]。何よりも展開の速さに記録がついていかなかった[12]。刊行物が検閲下にあり，戒厳令が出された12月初旬以降，特に急進的な主張をしていた *Teataja* のような新聞は発行を停止し，編集者らは身を隠さねばならなかった。1906年になって当時の状況を報じた新聞は，党派の違いはあるものの自らのふるまいを弁護する論調に終始するしかなかった。貴族や領主からの帝国中央政府への訴え，警察資料などの公的報告書は地方の状況を知るための有益な材料である一方で，中央政府による暴力的な介入を要請することを主たる目的としたそれらの中では，労働者や農民の動きは，社会秩序を乱すだけでなく，帝国からの分離を求める動きとして誇張された[13]。それでも，戦間期に結成された「1905年協会」によって大規模に収集された回想録がアーカイブ化され，当時を生きた知識人の日記や回想録もある。小説家フリーデベルト・トゥクラス (Friedebert Tuglas, 1886-1971) は，まさに1905年の出来事を「1905年の経験は一生に一度しかない類のものであった」と感想を付して詳細に書き残しており，貴重な史料となっている[14]。

エストニアの文脈における「共和国」

　序章で示されたように republic (res publica) とは国制や国家権力構造を指す語である。この語を地域の文脈に戻して検討するにあたり，前述の「1905年」をめぐる史学史上の議論を手掛かりに，本章ではエストニア語の vabariik (＝republic) が20世紀初頭に広く使われるようになった事実を出発点とする。現エストニア共和国の正式名称の「共和国」(vabariik) とは，字義どおりには，「自由 (vaba) 国 (riik)」を意味する。では，この言葉はいったいいつエストニア語の語

彙に含まれるようになったのか。

　1880 年代，アレクサンドル 3 世(Aleksandr Aleksandrovich Romanov, 在位 1881–1894)が即位し，いわゆる「ロシア化」の時代が始まったバルト諸県では，反政府的な動きに対する締め付けが強化され，指導的人物の逮捕や家宅捜査が続いた。その中で逮捕されたうちの一人が，アンドレス・ディド(Andres Dido, 1855–1921)であった。この逮捕の過程で押収された「戦いの歌」(Sõalaul)と題される手書きの詩は彼の反政府的な思想を裏付ける証拠とされた。ディドは，その後 3 年の拘留と取り調べを経てカザンに追放され，1888 年からスイスで学業を続けたのち，1892 年にパリに移住した。そのパリの地から故郷の雑誌 *Olevik* や *Õigus* に寄稿しつつ，1905 年の闘争と混乱を見守った[15]。

　さて，先に述べた押収された詩でディドが使用したのが vabariik であり，書かれた語としての Eesti Vabariik は，それが初出とされている。この詩が作られたと思われる 1882 年に，ディドは公の場でも vabariik の語を使っていた。この時点でディドは早くも国家としてのエストニアの独立を予見していたとの評価もある。

　　〔前略〕いまこそ農奴のまどろみから目覚め

　　ともに戦いに駆け付けよう

　　なぜなら自由はわれらの眼前に，

　　エストニア共和国(Eesti Vabariik)の上で輝くから

　　自由……[16]

　このディドの詩には，エストニア人の自由を阻害しているのが，少なくとも彼らの認識では，ロシア帝国の専制政府ではなく，現地のドイツ人貴族や領主であったことが描かれている。自由を手に入れるために武器をとって立ち上がれとディドは呼びかけた。ここに独立への意志を読み取るのは早計にすぎるだろう。仮に急進的な思想の持ち主であるディドにそこまでの期待があったとしても，当時のエストニアの人びとにとっての自由が独立した国家の獲得であったとは思われない[17]。次節でみるように，1905 年の 1 年間を通じての特権層との闘いの中で，教師や下級官吏，労働者，農民らそれぞれが求めるものが，生活状況や労働条件の改善から市民的自由，そして政治的参加へと移り変わり，はては「共和国」を名乗る郷がでてくるといった状況の変転万化があった。ま

さに 1905 年の展開こそが一つの分水嶺となったのである。

　付言すれば，「共和国」が宣言されたのは，何もバルト諸県だけのことでは
なかった。ザカフカース地方では 1903 年にグルジア人農民によりグリア共和
国が宣言され，その後，数年に亙って自治を享受した[18]。バルト諸県やザカ
フカースのようないわゆる帝国周辺部だけではなく，モスクワ県でも同様の事
例はある[19]。地域の抵抗と代替権力の創出という点でこれらの動きに共通性
があることは踏まえるとしても，それらを比較考証するには地域個別の事情を
無視するわけにはいかない。

ある地方の「1905 年」

「1905 年」の劇的な展開はいくつもの場面と場面の，けしてなめらかではな
い積み重ねと崩潰として捉えられるべきであろう。カリヤハルムは社会主義者
を中心とした動きと農村部の大衆運動をそれぞれ分けて描いている[20]。カリ
ヤハルムによれば，「十月詔書」後の「自由の日々」に専制政府の統制が帝国
全土で麻痺し，そうした状況下でバルト諸県の一部の農村部でも非合法的な動
きが散発した。当時の 365 の郷のうちおよそ 100 の郷で既存権力に対応する
動きがみられたものの，実際には何の正当な権限もなく，全成人が参加した選
挙で執行機関まで選ぶことができたのは 50 の郷であった。その 50 のうちで
も大半は実権を行使するにはいたらず，権力の交代は起こらなかったのである。
むしろ，既存の執行機関の活動を，郷の集会でなされた決定に従うよう統制し
たことが主たる成果であった[21]。では，「共和国」はどういう状況で宣言され
たのか。それを明らかにするための史料は多くはない。本節では，かろうじて
痕跡が救い出せるエストラント県西部のヴェリセ郷での出来事の推移に焦点を
合わせる。それが典型的であるというつもりは毛頭ないが，欠くことのできな
い側面である。鳥瞰と虫瞰を織り交ぜつつその側面を描いてみたい。

　都市部のストライキが農村部に飛び火し，ときを経ずして政治的要求にまで
急進化したリーフラント県南部やクールラント県とは異なり，6 月中旬にエス
トニア人農民とラトヴィア人農民の共同代表らがペテルブルクの内務省を訪れ
て，地方自治への参加に関する要望書を出すなどの出来事はあったものの[22]，
エストラント県およびリーフラント県北部の農村部では，1905 年秋まで，政

治的な要求が出されることはまれであった。確かに，3月には農村部各地でストライキが急拡大した。とはいえ，農民らの要求はあくまで労働時間の短縮や小作料の引き下げ，放牧地や森林の使用権など，生活状況や労働条件の改善にとどまっていた。なかでも荘園労働者によるストライキが頻発したが，労働時間の短縮や賃金引き上げ等の要求が満たされて短期間のうちに解決する場合がほとんどであった。他方で，すでに2月の時点で領主による兵士派遣要請が出されていたことは注目に値する[23]。

　3月下旬にヴィカラ教区(ラーネマー郡，ヴェリセ郷のある教区)で起きた出来事もそのうちの一つであった。農民が領主に対し，小作料の35%値下げや小作人の狩猟権や漁業権を求め，185人の署名のある要望書を提出した。この要望書にはさらに，小作人ミヒケル・アイツァム(Mihkel Aitsam, 1833-1913)の強制立ち退きを許さない旨が追加された。これに対し領主は，県知事アレクセイ・ロプヒン(Aleksei Lopuhhin, 1864-1928)に農民が反乱を起こしていると電話で訴え，県知事は郡長官を対応のために派遣した。郷巡査ヴァウスを連れて事情を調査した郡長官は反乱などないことを見て取り，県知事に次のように報告した。「生活状況の改善や小作料について農民が訴える場合に，それを行う相手が領主以外にいるでしょうか」と[24]。ところが，郡長官の説明にもかかわらず，反乱を恐れた領主は，労働者による暴動が起こっても財産を守れるようにと派兵を要請し，4月4日の夜には，ハープサル市(ラーネマー郡)に80人の兵士が到着した[25]。ここにみられるのは，領主の非妥協的な態度以上に，その警戒心が農村部に緊張状態を引き起こしている状況であろう。一方，却下された要求をあきらめきれない農民は，帝国政府への直訴を試みる[26]。ちょうど同じ年，バルト鉄道の支線がハープサル市まで延長され，駅舎の建設も進んでいた。そこで働く工夫が賃金の値上げを要求してストライキを起こした。交渉により要求どおりの賃上げが認められたことでストライキは終結したものの，翌日には特別列車に満載された兵士が同市に到着した[27]。武力衝突の舞台は整っていたのである。

　6月，上述の直訴を主導したと目されるアイツァムは，法外な小作料の度重なる値上げに抗した裁判で敗訴して小作地から立ち退きを迫られる羽目になった[28]。立ち退き当日，郡長官補佐を筆頭とする実行部隊が到着すると，アイ

ツァム農場の周囲には猟銃や小銃，干し草用のくまで，竿などで武装した何百人という農民が集まっていた。殺気立つ農民に囲まれて立ち退き作業をあきらめた郡長官補佐は実行部隊に退去を命じた。農民に道をふさがれつつも帰途につこうとする部隊に対し，農民は石を投げつけ，脅しの言葉を叫んだ。帰着した警察署長からの報告を受け，この騒動の翌日にはヴィカラに将校や騎馬兵とともに，副県知事のアレクサンデル・ギエルス (Alexander von Giers, 1861-1920) らが到着した。騎馬兵に発砲の合図が出されると，集まっていた農民は四散し，立ち退きは邪魔が入ることなく遂行された。72 歳のアイツァムとその妻マリ，さらに暴動を扇動したとみられる 6 人が逮捕されて，「夏戦争」あるいは「アイツァム戦争」と呼ばれる事件はいったん幕を閉じた。これは 1905 年前半に各地で起きた出来事のほんの一幕に過ぎないが，民衆の破壊行為を警戒し，兵士派遣を要請したのはラーネマー郡の領主だけではなかった。地方領主から救援要請が届く状況の中で，帝国中心部のストライキや暴動の鎮静化に人員を割いていた県当局はこの要請に応えることができず，タリン市などを除く各地の領主は数で優位に立つ農民らに恐れをなすようになっていた。一方，政治的な要求については，県レベルでの権限を越えるとされ，2 月の勅令で認められたように，帝国中央政府，とりわけ大臣委員会宛に要望書が送られた。そこでは，土地無し農への土地の分配に加え，県政府に農民代表を加えることも要求されていた[29]。ここからわかるのは，この時点での農民の政治的要求は，あくまで中央政府によって認められることによりかなえられるべきもので，暴力によってそのあり方を変えようとする試みは起こっていなかったことである。

　そうした状況がさらに急進化したのは，10 月 7 日の帝国首都ペテルブルクで始まった鉄道労働者によるストライキに，バルト諸県の労働者が加わった 10 月中旬のことである。本章冒頭で描いた悲劇は，政治犯の解放と街頭からの軍隊の撤収を求めて集まった 1 万人とも言われる労働者の集会が 16 日に開かれ，当局からの回答が得られないままに緊張状態が続く中で起きたものである。当初は手を出さないように指示をしていた県知事が，暴徒化してトーンペア（県政府中枢）に向かっているとの（後に誤報であったと判明する）報を受けて軍隊に鎮圧を求めた[30]。最終的には 86 人の命が失われ，それ以外にも多数の負傷者を出したこのエストラント県の「血の日曜日事件」は，それまでよりもいっ

そう，人びとに武装の必要を認識させたのであった。

　他方で，「十月詔書」によって人民に言論や集会の自由が認められ，それを受けて県知事から，たとえ過激な政治的主張がなされているとしてもけして介入してはならないという命令が地元の警察に発せられたことから，社会の議論は活発化した。紙面を通じてだけでなく，急進的な思想の持ち主が村々を回り，エストニア人がこれまでにいかに不公平に扱われてきたかを説いた[31]。こうした個々の動きにとどまらず，「エストニア」全体としての意思を統一しようとするイニシアチブも取られた。一つは，有力な民族指導者の一人で日刊紙 *Postimees* を発行するヤーン・トニッソン (Jaan Tõnisson, 1868–1941?) が紙面を通じて呼びかけた全エストニア会議であり，いま一つは，ラプラ郷議会が呼びかけた全郷会議である。いずれも下からのイニシアチブであったことは注目に値する。ラプラ郷議会の 11 月 5 日付の回状は次のように呼びかけた。

> 〔前略〕いまや，人民が自らの代表を通じて県政治に参加できるように県政府を根底から作り直すことが求められている。そして生まれ変わった県政府に，新しい，時代にふさわしい基本法(憲法)が必要なのだ〔中略〕。自らの手でその草案を来たるドゥーマに送らなければならない。心地よい考えや耳触りの良い言葉だけではまだ足りない。実行に移さないかぎり。〔後略〕[32]

　タルト大学に集まった全エストニア会議は，もともとは当局の許可を得て招集されたものであったが，初日から路線を巡って紛糾し，穏健派と急進派に分裂して議論が進められた[33]。エストニア語による教育や民族自治については主張を共有した両者であったが，君主政の維持を前提とする前者に対し，後者は，ロシアの民主主義的共和国化の必要性についての決議も行うほど政治的主張に開きがあった。郷の代表らはこの後者の決議についての情報を抱いて各地に戻った。

　一方，12 月 11, 12 日にタリン市のエストニア劇場で予定されていた全郷会議が開かれることはなかった。その前日 10 日に戒厳令が施行されたのである。ストライキ中で鉄道が使えないため地方から徒歩や馬車で県都にやって来た郷の代表らはエストニア劇場が封鎖されていることを知り，集会が行われるというヴォルタ工場に移動する。ここで社会主義者の演説が始まろうとしていたま

さにその時，当局の急襲を受けたのである。「自由の日々」の終わりを告げる象徴的な出来事であった。

　では，郷での「共和国」宣言はいつ，どのように行われたのか。このことについては公的な文書や新聞報道は存在しない。郷土史家のセルゲイ・セーラントによれば，正教教区学校教師[34]であるイヴァン・パウルス (Ivan Paulus, 1869–?) が，前述の小作人アイツァムと商店主ユリ・オヴィールとともに，「十月詔書」後にヴェリセの集会で郷の指導者になり，10月末，ヴェリセ郷民に，女性も含めた18歳以上の全ての者に市民権があることを伝え，さらに別の日に地域的権力として「共和国」を宣言した[35]。地方に着目して「1905年」研究を行ったアレクサンデル・ローリンク (Aleksander Looring, 1910–1942) もまた，ヴェリセ小学校長のシュミットが編纂したクロニクルに同様のこと，ただし，市民権があることは集会で宣言されたわけではなく，郷の十人組制度を通じて伝えられたことも含めて，「共和国」宣言がなされたことについて書かれていることを指摘する[36]。しかしながら，手を尽くして調査を行ったにもかかわらず，この出来事の直接的な証言を見つけられなかったローリンクは，以下のように結論付けている。すなわち，ヴェリセ郷で発せられたという「共和国」宣言について，地元の人びとはそのことについて知っているし話してくれるものの，詳細を承知している人物には出会ったことがなかった。ただ，当時，ハイムレ荘園で管理人をしていたデンマーク人イェンス・ペーダー・アンデルセン (Jens Peder Andersen) が後日ポルトセッパなる人物に送った書簡に，ヴェリセで拘束されたアンデルセンが取り調べを受けたのちに解放されて荘園に戻った際，パウルスが12月18日に，荘園は人民のものであり，新しい支配体制が確立したことを宣言したと書き記している。アンデルセンはこの出来事について，パウルスはまさに，「エストニア」が自立した自由な土地であることを公に宣言したのだと評している[37]。

「自由」

　12月に戒厳令が出されたのち，農村部では，荘園での焼き討ちや領主殺害が起きた。リーフラント県南部やクールラント県に比べれば，領主側の被害は3分の1程度であるものの，これらの蜂起に加わった者たちは懲罰隊による鎮

圧後に逮捕され，死刑や流刑に処された。暴力が横行した背景として，往々に
して農民の側の領主に対する積年の憎悪が指摘されるが，それが凄惨な暴力に
までエスカレートする過程には，本章でそのいったんを示したように，農民の
側の，当人にとっては正当な要求が認められない中での不満と不正に対する憤
りの高まりがあった。同時に，そうした農民のフラストレーションに恐れをな
した領主側が武力でそれを押さえようとすることを農民も恐れていた。実体の
ない「黒百人組」がやってくるなどといううわさ話がまことしやかにささやか
れ，武器の調達と自衛団の組織化が行われていたことも[38]，暴力の激化につ
ながったと言える。

　本章で論じたのは「自由」の意味の可変性であった。言い換えれば，身分制
社会における自由を維持しようとする特権層側と，それに挑むことで権利とし
て本来有しているはずの自由を勝ちとろうとする被支配層側との，非対称で複
層的なせめぎあいの実態を描くことを試みた。

　1905 年の騒乱の中で「共和国」は，それを批判する側にも支持する側にも
利用された。批判したのは，ドイツ人領主やロシア人地方官僚に限らない。こ
れらの人びとに加え，「共和国」を宣言する動きを無責任な急進派によるもの
と見なした穏健派のエストニア人もこれを批判的に論評した。エストニア人社
会も分化が進み，求めるものも一様ではなかったのである。こうした論争の中
で見過ごされているのは，「共和国」宣言を発した人びとにとっての現実であ
る。穏健派が敵視したのは，ロシア帝国からの分離を意味するような「共和
国」宣言や暴力による権力奪取の試みであった。穏健派にとって，エストニア
人のような小民族が「大きな政治」に巻き込まれるのは自殺行為でしかなかっ
た。だが，実際に「共和国」宣言を断行したのは，いずれかの政治勢力という
よりは行政単位としての郷であり，数もそれほど多くはなかったし，その実態
はさまざまであった。当然のことながら分離主義などであるはずもなかった。
むしろここで歴史の忘却から救い出すべきは，「共和国」と宣言したかしない
かにかかわらず，生活経験に基づいた要求の積み重ねから地域レベルでの事実
上の権力獲得を目的として，執行機関や郷議会の「非合法」な選出を行うにい
たった人びとの行動過程なのだ。

註

1) Toomas Hiio ja Kristina Lepist(eds.), *Mihkel Aitsam; 1905. Aasta revolutsioon ja selle ohvrid Eestis*(Tartu, 2011), p. 57.

2) 「タリン」はエストニア語。ドイツ語では「レヴァル」。本章では県以外の行政単位についてはエストニア語名のカタカナ表記で統一する。

3) 1897年の国勢調査によれば、エストラント県とリーフラント県北部の住民の民族構成は、エストニア人90.6%、ロシア人3.9%、ドイツ人3.9%であった。Toivo U. Raun, The Revolution of 1905 in the Baltic Provinces and Finland, *Slavic Review* 43.3(1984), p. 455.

4) James D. White, The 1905 Revolution in Russia's Baltic Provinces, Jonathan D. Smele and Anthony Heywood(eds.), *The Russian Revolution of 1905: Centenary Perspectives*(London, 2005), p. 55.

5) Ibid., p. 56.

6) Hiio ja Lepist, *op. cit.*, p. 73.

7) 拙稿「エストニア史学史における1905年革命——歴史家に見る社会的記憶化と忘却に関する一考察」井内敏夫編『ロシア・東欧史における国家と国民の相貌』(晃洋書房、2017年)を参照。

8) Toomas Karjahärm, *1905. aasta Eestis: massiliikumine ja vägivald maal*(Tallinn, 2013)。モースベルクが「共和国」と見なした郷はヨフィ、サンガステ、ムィサキュラ、ヴェリセ、パイヌルメ゠ヴァーリ。

9) とはいえ、歴史叙述が一夜にして反転したわけではない。1996年出版の通史ではソ連時代と変わらない叙述となっている。J. Selirand ja K. Siilivask(eds.), *Eesti maast ja rahvast. Muinasajast maailmasõjani*(Tallinn, 1996), pp. 318–319.

10) August Jürman, Verised jõulud 25 a. eest, *1905. a. revolutsiooni päevilt; Mälestiste kogu*(Tallinn, 1931). この回想の中でユルマンは、「パイヌルメ゠ヴァーリ共和国」の基本法も含め、少しでも疑いを招きかねないあらゆる書類を集めて隠したと記述している。

11) White, op. cit.

12) Aleksander Looring, 1905. a. revolutsioon Läänemaal, *Eesti Kirjandus* 10(1935), p. 455.

13) ミヒケル・マルトナが筆名M. Jürissonで出版した *Punased aastad Eestis; Eesti rewolutsionilise liikumise ajaloolikud ja majanduslikud põhjused*(Peterburg, 1907), p. 57では、「エストニアやラトヴィアの共和国などといった話は、ドイツ人が考え出した恐怖心から生まれたおばけだ」と一蹴している。「1905年」の歴史叙述にとっていま一つの不幸は、文字どおり精魂を傾けて「1905年」を追った歴史家ローリンクが処刑によりこの世を去ってしまったことである。彼は、地方のアーカイブや教会史料を渉猟するだけでなく、村落自治体に自治体保管文書の提供を広く求めたり、当時を知る人物に自らインタビューを行ったりした。残念ながら、「1905年」をテーマとしたローリンクの研究の中で読むことがかなうのは、彼の出身地であるラー

ネマー県(帝政期はラーネマー郡)での出来事について書かれた薄い書籍と雑誌論文
3編である。Tiit Rosenberg, Läänemaalane Aleksander Looring 1905. aasta ajaloo uuri-
jana, *Velise Wabariik ja 1905. aasta sündmused Eestis – müüdid ja tegelikkus*; 3. detsembril
2005. a Valgu klubis toimunud ajalookonverentsi materjalid (Velise, 2006).

14)　Friedebert Tuglas, *Noorusmälestusi Kogutud teosed, 6* (Tallinn, 1990).

15)　Peep Pillak, *Andres Dido 150*, Aastaraamat 2005, https://vm.ee/et/aastaraamat-2005
(2021 年 12 月 22 日最終閲覧)

16)　Hando Runnel (ed.), *Andres Dido: Ajaloo kasust, Sotsialist kapitalismi koolis* (Tartu,
2006), pp. 15-16. この詩では「自由」に priius の語が使われている。ちなみに，
vaba は形容詞で，名詞の場合は vabadus となる。

17)　ディドは，1905 年の Res publica – Vabariik と題する短文の中で，共和国(共和
政)と立憲君主政はどちらも国民にいわゆる人権を保障するものであるとし，単な
る君主政と立憲君主政を区別しており，そこでの重要性は，最高権力者が大統領で
あろうと君主であろうと法律による拘束を受けることであるという理解が示されて
いる。*Olevik*, 1905. 12. 13, nr. 94, p. 1503.

18)　Teodor Shanin, *Russia, 1905-07 Revolution as a Moment of Truth; The Roots of Other-
ness: Russia's Turn of Century, Volume 2* (London, 1986), pp. 103-107.

19)　*Ibid.*, pp. 109-111.

20)　Karjahärm, *op. cit.*; id., *1905. aasta Eestis: sotsialistid ja terroristid* (Tallinn, 2015)，回
想録を集めた *1905. aasta Eestis: mälestused* (Tallinn, 2016)。

21)　Karjahärm 2013, *op. cit.*, pp. 58-61, 67-70.

22)　Hiio ja Lepist, *op. cit.*, p. 85.

23)　*Ibid.*, pp. 76-78.

24)　J. Vaus, 1905. aasta Märjamaal ja ümbruskonnas, *Läänemaa*, 1929. 01. 10, nr. 1.

25)　Looring, *Eesti Kirjandus* 10, op. cit., p. 461.

26)　Ibid.

27)　Ibid., p. 462.

28)　この値上げには，正教会附属学校用に小作地に建物を建てて貸し出していたア
イツァムに対する領主側(ルター派)の嫌がらせという側面もあった。Ibid.

29)　Hiio ja Lepist, *op. cit.*, p. 84.

30)　*Ibid.*, pp. 49-53.

31)　Aleksander Looring, 1905. a. revolutsioon Läänemaal, *Eesti Kirjandus* 11 (1935)，
p. 484.

32)　*Postimees*, 1905. 11. 12.

33)　穏健派のトニッソンは，この会議招集前から，暴力ではなく合法的な方法ででき
る範囲の変革を達成しようと *Postimees* 紙上で呼びかけていた。*Olevik*, 1905. 10.
27.

34)　エストニア人の多くはルター派信徒であるが，19 世紀半ばの改宗運動の際に正
教徒に改宗し，再改宗しなかった者も少なからず存在する。ヴェリセは例外的に正

教徒の多い地域とされ，それがここでの動きの背景にあることをローリンクは指摘している。

35）Sergei Seeland, Velise Wabariigist ja sellele järgnenud sündmustest, *Velise Wabariik ja 1905. aasta sündmused Eestis – müüdid ja tegelikkus;* 3. detsembril 2005. a Valgu klubis toimunud ajalookonverentsi materjalid（Velise, 2006）．このパウルスの宣言が観念的には「エストニア」全土を想定していたのかいなかは判然としない。パイヌルメ＝ヴァーリについては，タリン市やタルト市でそれが行われないなら，自分たちがやるとして，12月初旬に「共和国」宣言がなされたという。August Jürman et al., A. Jürmani mälestused 1905. a. vabadusliikumisest Vaalis. *1905. aasta vabadusliikumine Koeru kihelkonnas*（Tallinn, 1935），p. 16.

36）Aleksander Looring, *Punased aastad Läänemaal*, I vihk（Haapsalu, 1933）．

37）Looring, *Eesti Kirjandus* 11, op. cit., pp. 494-495.

38）Hiio ja Lepist, *op. cit.*, p. 105；Looring, *Eesti Kirjandus* 11, op. cit., p. 495.

第9章

ロシア革命における国制の選択
── 立憲君主政，共和政，ジャコバン独裁

池田嘉郎

はじめに

近世以降のヨーロッパでは，どのような国制が公共の福利により適うものであるかをめぐり，様々な思索と実践が繰り広げられた。そうした経験の総体は，20世紀初頭のロシア帝国における，国制をめぐる競争にも示唆を与えた。とくに「王のいる共和政」についていえば，議会による王権の制限というその理念が，立憲君主政や議会主義に引き継がれることで，ロシア帝国の自由主義者に間接的な影響を与えた。本章では，彼ら自由主義者と，社会主義者との競合に焦点を当てて，1917年のロシア革命における国制選択の推移を追いたい。

1917年の過程は，ロシア独自の歴史条件に規定されていたので，近世・近代ヨーロッパの経験がそのまま反映されたということはあり得ない。しかし，立憲君主政，共和政，ジャコバン独裁等の概念は，ロシア革命中に頻繁に参照された。それらの概念は1917年のロシアにおいて，政治闘争の経路をつくるための標識の役割を果たしたのである[1]。

ヨーロッパにおける国制の展開とロシア

強大な君主権力に対して，憲法および議会によって制約を加える国制を立憲君主政と考えるならば，1814年に始まるフランス復古王政に，近代ヨーロッパにおけるその起点を見ることができる。それとは別に，イギリスでは17世紀末に議会が王権に対する優位を確立したが，これは大陸諸国において19世紀に広まっていく立憲君主政の直接のモデルとはならなかった。強力な王権の存在を前提とした上で，それを部分的に制約する復古王政型の立憲君主政こそが，1818年以降の数年間にドイツ諸国に広まることによって，他国に対するモデルとしての役割を最初に果たすことになったのである[2]。

その後，有産市民の勢力が増進するにつれて，より強力な議会によって君主

権力を制約する事例が，各地で見られるようになった。フランス七月王政（1830 年），ベルギー王国憲法(1831 年)，サルデーニャ王国憲章(1848 年)などがそうである。さらにベルギーとイタリアでは，19 世紀半ばまでに議院内閣制が成立した。すでに 18 世紀後半に同制度が形成されていたイギリスとともに，議院内閣制をもつ国々の立憲君主政は「王のいる共和政」の 19 世紀版と呼ぶことができる。議会が国政において決定的な役割を果たすという意味では，これらの立憲君主政諸国と，フランス第三共和政とを，議会主義として一括することも可能である[3]。他方で強大な君主権力を保持した立憲君主政もあった。とくにドイツ帝国憲法(1871 年)は，議会の権限を限定的なものにとどめた。

　ロシア帝国では皇帝が専制権力を保有し，それを制約する憲法も議会もなかった。20 世紀初頭，ゼムストヴォ(地方自治体)活動家とその他の知識人から構成された自由主義者は，専制権力の制限を目指して組織的な運動を開始した。日露戦争中に彼らは民衆運動とともに皇帝政府に圧力をかけ，1905 年 10 月に憲法の導入と議会の開設を謳う「十月詔書」の公布を勝ち取った[4]。

　十月詔書が出されたのは，自由主義者が立憲民主党(カデット)の結党大会を開催している間のことであった。カデットは結党大会では立憲君主政と共和政のどちらを目標とするかで揺れたが，1906 年 1 月の第 2 回党大会で立憲君主政を支持すると決めた。その理由は，第一に，このときまでに皇帝政府が体勢を立て直し，共和政実現の展望が遠のいたこと，第二に，民衆の間にはツァーリへの信頼がなお強く，共和政を導入する準備が整っていないと判断されたこと，第三に，普通選挙と議院内閣制が実現できるのであれば，立憲君主政と共和政の違いは二義的なものであると多くのカデットが考えたことがあった。この第三の点ゆえにカデットは，第 2 回大会において党綱領に「ロシアは立憲的かつ議会的な君主政でなければならない」と書き込んだのである[5]。

　1905 年革命期に首相を務めた帝政派の大物官僚ウィッテは，カデットを批判して次のような評を残している。「本質的にいって彼らが欲していたものは立憲君主政ではなく，世襲制の大統領を伴う共和政であった」[6]。ここには，カデットが目指した立憲君主政が，「王のいる共和政」の延長線上にあったことが示唆されていた。

　社会主義者は，議会に著しく大きな権力を与える型の共和政を目指した。ロ

シア社会民主労働党(ボリシェヴィキとメンシェヴィキ)は「民主共和政」を掲げ，「人民専制，すなわち全ての最高国家権力の立法会議への集中」を求めた。社会主義者＝革命家党(エスエル)の綱領は行政権力と立法権力の関係について語らなかったが，やはり「民主共和政」を求めた[7]。彼らの要求は多かれ少なかれ，フランス革命における「王のいない共和政」の系譜を引いていたといえる。

二月革命と事実上の共和政の出現

1917 年 2 月 23 日(ユリウス暦)にペトログラードで始まった革命は，3 月 2 日にはニコライ 2 世に退位を決意させるにいたった。同日付けの詔書で皇帝は定められた皇位継承順位を破り，皇太子アレクセイではなく弟ミハイル大公に譲位した[8]。ミハイル大公は帝位の受託を拒否し，3 月 3 日付けの声明で「国家ドゥーマ〔下院〕の発意によって成立し，全権力を与えられた臨時政府に従うよう」市民に要請した。臨時政府が全権力をもつのは，「憲法制定会議が統治形態に関する自身の決定によって人民の意志を表明するまでの間」とされた。こうして臨時政府が全権力の担い手としてロシアの統治にあたることになった[9]。

和田春樹は，皇位継承順位が破られたことと，ミハイル大公が貴賤結婚によって「国家統治者」となる資格を喪失していたことをもって，本声明を「帝位の継承を拒否した一私人の願望の表明にすぎない」「法的にはいかなる意味ももたない」と評価した[10]。しかしこの声明は，臨時政府首相リヴォフ公が，カデットの二人の法学者であるナボコフとノリデ，それにシュリギーンに作成させたものであり，その過程自体が臨時政府創出の一環であった[11]。

とりわけ臨時政府は，法令を登録・公示する元老院を通じて，ミハイルの声明に法的文書の地位を与えた。司法大臣ケレンスキーが，皇帝の退位詔書とあわせて同声明を元老院第一局長に手渡し，公示の検討を求めたのである。3 月 5 日，元老院は，両文書を『政府法令集』で公示することを決めた。また，両文書は元老院で永久保存されることになった。同日，ケレンスキーは元老院の決定を臨時政府に伝えた。翌日付けの『政府法令集』に両文書は公示された[12]。これにより，ミハイルの声明は法的文書の地位を得たのである。

3 月 8 日，臨時政府の活動について法的観点からの諮問を行なう法制審議会

が，最初の会議を開いた。同会議はココシキンやノリデといったカデット法学者から構成された。議事には，「現在の統治形態の構成および諸権力間の関係について意見交換がなされた。いかなる決定も採択されなかった」とある。二月革命によって成立した国制をどう規定するのか，行政権力と立法権力（上下院）の関係をどう考えるのかについては，明確な定式を与えるのを避けたのである。だが，それを補うような決定が続いてなされた。議長マクラコーフ（3月18日から議長はココシキン）の提案により，「公表される法的決定・通知においては大臣会議の用語は用いず，それを臨時政府の語をもって替えることが望ましい」とされたのである[13]。1906年憲法体制下の大臣会議は，行政権力は有するが立法権力はもっていなかった（立法権力は皇帝と上下院が分有していた）。それゆえ「全権力」を得た臨時政府には，「大臣会議」の名称はふさわしくなかったのである。これを受けて3月10日，臨時政府は官房長ナボコフの提案で，「恒常的政府が確立されるまでの間，大臣会議を臨時政府と呼ぶ」と決議した[14]。こうして「臨時政府」という名称において，行政機関が行政権力と立法権力をあわせもつ，二月革命後のロシアの暫定的な国制が表現を得ることとなった。

　たしかに，臨時政府の主力であるカデット（5月からはエスエル・メンシェヴィキ等と連立を組む）は，行政権力と立法権力が拮抗する状態を，本来の理想としていた。だが，現実には彼らは，行政権力に立法権力が統合された形の臨時政府の権力を保持することに力を注ぐこととなり，立法権力に行政権力を統合することを求める社会主義者の権力構想と競い合うこととなったのである。

第三共和政とジャコバン独裁

　皇帝の退位とミハイルの帝位受託拒否によって君主政は消滅し，事実上の共和政が出現した[15]。社会主義者がこの事態を歓迎したのはもちろんのこと，従来は立憲君主政を支持してきたカデットも，3月中に共和政支持に切り替えた[16]。モスクワのカデットで歴史家であるキゼヴェッテルは，自分たちは人民の自由をデスポチズムから守るための保障を求めてきたのであり，君主政か共和政かは相対的な重みしかもっていなかったと説明した[17]。

　こうしてロシアの主要政党は全て，共和政支持の立場を共有することになっ

160

た。自由主義者も社会主義者も，「人民」の権力を標榜したのである。だが，彼らが追求する共和政の型には違いがあった。カデットは，行政権力（大統領）と立法権力（議会）の均衡を重視した。メンシェヴィキやエスエルは大統領制に否定的であり，議会に行政権力も帰属させようとした。ボリシェヴィキも二月革命当初は「人民代表からなる一院制の立法会議に全最高国家権力を集中させること」を謳い，4月にレーニンが帰国してからは，各地のソヴィエトが権力機関となる「ソヴィエト共和政」が打ち出された[18]。

　追求する型の違いは，参照する歴史上の事例の違いにも現れた。二月革命後に諸政党の活動家は，主に西ヨーロッパ，また，ときにアメリカ合衆国の過去の出来事を参照して，流動的な状況の中で自分たちの位置を定めるための手がかりとした。彼らに最も多様な道標を提供したのは，幾度も体制転換を繰り返したフランスの歴史であった。

　カデットにとって両極をなしたのは，第三共和政とジャコバン独裁である。前者は依るべき範型であった。1917年3月，共和政支持を決めたカデット党大会でのココシキン報告「共和政」でも，第三共和政が模範とされた。内閣が議会に対して責任を負い，大統領はそうした内閣を通じてのみ統治するという点で，第三共和政は行政権力と立法権力の協調が巧みに実現されていると考えられた[19]。カデットが立憲君主政に求めたものと，第三共和政型共和政に求めたものとは，行政権力と立法権力の均衡という点で，連続していたといえる。

　ジャコバン独裁は，立法権力が強大化し過ぎて行政権力との調和が崩れた，否定的な事例の極であった。ココシキンは1908年にこう記していた。「現実生活を考慮しない，人民主権理念の直線的，直接的実行の試みは，かくもしばしばデスポチズムにたどりついたのだった。こうした規定を最も顕著に実証してくれる例の一つは，フランスの1793年における，いわゆる「ジャコバン体制」によって与えられる……。国民公会の活動の実践上の結果は，近代史上ほとんど例を見ないデスポチズムの確立であった」[20]。

　カデットにとっての両極のうち，第三共和政は社会主義者の関心をさほど引かなかった。反対にジャコバン独裁を中心とするフランス革命の諸事件は，社会主義者にとっても重要な参照基準であった。ボリシェヴィキはジャコバン独裁を模範とした。とくにレーニンは，「1793年のジャコバン党は，全国家権力

161

を自分の手ににぎった勤労被抑圧者の階級の搾取階級にたいする真に革命的な闘争の偉大な模範として，歴史にのこっている」と記した[21]。

　エスエルとメンシェヴィキは，ジャコバン派に二律背反的な態度をとった。3月15日，エスエル党機関紙『ジェーロ・ナローダ(人民の事業)』創刊号は，巻頭論説でペトログラード・ソヴィエトのことを，1792年8月10日に国王権力が停止された後のパリのコミューン(市自治組織)にたとえた。ジャコバン派が支配するコミューンは，急進化する民衆運動の指導的役割を果たした。エスエルはそうしたコミューンを肯定的に振り返りつつ，すぐ後にくる国民公会のことは，「栄誉ある，そして恐ろしい記憶を残した国民公会」と呼んだ[22]。

　6月3日から11日の第1回全ロシア労兵ソヴィエト大会でも，ジャコバン派の評価が争点となった。レーニンは「ブルジョア議会主義的共和政」に，全権力がソヴィエトに属する「農民・プロレタリアの民主共和政」を対置し，「1792年のフランス，同じく1871年のフランス，1905年のロシア」をその先例とした[23]。こうしてレーニンは，ジャコバン派のコミューン，パリ・コミューン，1905年のソヴィエトをモデルにして，ソヴィエト共和政の樹立を主張した。

　レーニンに対して陸海軍事大臣ケレンスキーは，「フランスの1792年はどのような終わりを遂げたのか。それは共和政の崩壊と独裁の勝利によって終わったのである」と述べた。エスエル党指導者で農業大臣のチェルノフも，「大フランス革命の道」は，革命権力の基盤が絶えず縮小していく道であり，それは「最後のジロンド派が最後の山岳派，社会主義的ジャコバンによって処刑されるまで」続くであろうと発言した。メンシェヴィキ指導者で郵便逓信大臣のツェレテリも，「われわれは大フランス革命を手本として学んでいるのだが，それを破滅へと導いた過ちや失敗をそこから取り入れることは望まない」と述べた[24]。

　だが，兵士の蜂起未遂である七月事件を経ると，エスエル・メンシェヴィキの調子は変わった。彼らは，左右からの反革命の脅威を除去すべく，臨時政府は強圧的な措置を辞すべきではないと考えるようになり，ジャコバン独裁にも肯定的に言及するようになった(ただしレーニンのようにソヴィエトの権力についてではなく，臨時政府の権力について語っていたわけであるが)。メンシェヴィキのダ

ンは7月9日，「反革命を全くの蕾のうちに根絶することが必要だ。そのためにわれわれは，われらの政府を社会救済政府，独裁政府として宣言することを呼びかける」と発言した。「社会救済政府」という言葉は，国民公会の保安委員会(社会救済委員会)を念頭においていた。ツェレテリも同調した。「フランスの国民公会は右側と戦ったのだとわれわれにいう者があるが，そういう人々はフランス革命と異なるロシア革命の一つの特性を忘れているのだ。ここでは反革命は，アナーキーが空けた裂け目から入り込もうとしているのだ。クロンシタット〔早くも5月に臨時政府に反旗を翻していた〕がわれわれのヴァンデ〔フランス革命における反革命反乱の拠点〕を準備していると，われわれが予測して述べたのは正しかったのではないだろうか」[25]。こうして社会対立の深化を背景にして，ジャコバン的な「革命独裁」への支持は社会主義者の間に広く見られるようになっていった。

臨時政府の全権と革命議会

　カデットにとっては，エスエルやメンシェヴィキが臨時政府に強権的な措置をとるよう求めること自体は，歓迎すべきことであった。だが，両者の溝が十分に埋まることはなかった。エスエル・メンシェヴィキは，全ロシア労兵ソヴィエト中央執行委員会をはじめとするソヴィエト機構を権力基盤とした。それゆえカデットから見れば，彼ら社会主義者は結局のところレーニンと同じで，ソヴィエトの側から臨時政府の全権を侵害すべく圧力をかけてくる存在であった。実際，社会主義者は，ソヴィエトが「議会」であり，臨時政府はそれに責任を負うという擬制をしばしば推し出した。

　この点での両者の相克は，4月末以降にとくに顕著になった。帝国主義的な戦争目的を公然と追求する外務大臣ミリュコーフ(カデット党首)の退任を求めて，4月20日に街頭デモが起こり，月末までに政府危機となった。ペトログラード・ソヴィエトを拠点とする社会主義者の入閣が実現に向かう中，4月30日にカデットの機関紙『レーチ』は，「臨時政府は責任内閣ではない」で始まる巻頭論説を掲載した。匿名の筆者(ミリュコーフの可能性がある)によれば，臨時政府は「自らの中に立法権力と執行権力をあわせもつ，何かより大きなもの」であり，「臨時政府の権力の無制限性について語ることが，可能でもあれ

ば必要でもある」(ここで「無制限性」といっているのは，1906年の憲法制定と議会開設以前の，専制権力と同じ性質の権力をもつということである)。臨時政府は国家生活に対する責任を，「存在しない議会に対しても，ペテルブルグ・ソヴィエトに対しても負っておらず，全人民に対して負っているのである」[26]。

　社会主義者が入閣して5月5日に第1次連立が成立したが，臨時政府が何者にも責任を負わないことは変わりがなかった。だが，5月6日，エスエルの『ジェーロ・ナローダ』巻頭論説は次のように記した。ペトログラード・ソヴィエトは「今のところ最高代表機関であり，あたかも即興でつくられたロシア勤労民主勢力の議会のようである」。このソヴィエトの承認によってのみ，臨時政府の新構成は「いわば，革命的観点から見て，正当な存在を得た」[27]。ここでは臨時政府とペトログラード・ソヴィエトの関係は，議院内閣制における内閣と議会になぞらえられていた。実際，社会主義者大臣は，ソヴィエトに責任を負うことになっていた。農業大臣チェルノフは5月23日，エスエルの会議で次のように報告した。「社会主義者大臣たちの生きた力の源……は，われわれの「予備議会」である。それに対して社会主義者大臣は報告義務を負い，その指令は彼らにとって義務的である」[28]。第1回全ロシア労兵ソヴィエト大会でツェレテリも，「自分の活動について君たち，同志諸君，革命的民主勢力の議会に報告しながら，われわれは以下のことを考慮している。自分たちは，革命的民主勢力の今後の全政策を定める使命を負った機関の前にいるのであると」と述べた[29]。

　7月初頭にウクライナ問題への対処をめぐって第1次連立が解体し，8月末にはコルニーロフ反乱の過程で第2次連立も解体した。反乱収束後の9月1日に5人の大臣からなる執政府(ディレクトリア。テルミドール反動後の5人からなる総裁政府と同じ名称)がひとまずおかれた。同時にケレンスキーは，「ロシア国家を統治している国家秩序は共和政的な秩序であることを公示し，ロシア共和国を宣言する」との声明を出した。ミハイル大公の声明起草者の一人であるノリデがこの宣言に与えたコメントは，1917年の共和体制についての最も明快な解説である。彼によれば，この宣言によって臨時政府は憲法制定会議の権限を侵害したわけではない。というのは，共和政とは「君主のいない体制」のことであり，「〔二月〕革命のとき以来」すでにロシアには，「共和体制が存在して

《祖母と孫娘》(『ペトログラーツキー・リストーク』1917年8月8日)。革命の混乱と政治対立の深化を描く戯画。臨時政府を成立させた国家ドゥーマを象徴する婦人(帽子は議場であるタヴリーダ宮)が，汚れた「自由」の旗をもった少女(「革命」)を叱責している。背後には「打倒！」の旗をもった少女(「無政府」)。「こんな汚い街頭の娘と関わり合いになって，恥ずかしくないのかい……それでもあたしの名づけ子かね！」これを見咎めた男(「労兵代表ソヴィエト」)が叫ぶ。「何だ？　譴責か?!　……大変だ！……助けてくれ，同志諸君，──反革命だ！！！」

いる」からである。また，憲法制定会議を経ずに新国家体制が宣言された事例は他にもある。1871年8月にはフランス国民議会が，まだ国制が確定していない時点で，行政権力の長であるティエールに「共和国大統領」の肩書きを与えた。

　だが，なぜ，ロシアにおける共和体制の宣言と同時に憲法が公布されなかったのか。ノリデによればその答えは，「コンスティトゥーツィア〔憲法，国制〕は臨時政府自身，その存在自体だからである」。また，あらゆる共和体制が大統領をおくわけでもない。スイスの連邦参事会議長は参事会の長であるに過ぎない。同様に，「ロシア共和国の長に現時点でついているのも，臨時政府という参事会である。その上それが，わが国において，自身の中に立法権力と行政権力を統合しているのである」[30]。

　かくしてノリデによれば，共和政宣言はロシアの国制に何の変化ももたらさなかった。ナボコフも同じ認識であったが，より辛辣であった。彼によれば，「共和政的諸制度と人民代表制のない共和政，憲法のない共和政は，本質的にいって，国家体制の特定の形態とはなりえない」。「実際に存在している体制は，「権力の無力によって緩和された独裁」と呼ぶのが何よりも正しい」[31]。

　社会主義者の側は，国家秩序を支えるために，ソヴィエトを組み込む形で何らかの代議機関をつくろうとした(9月には民主主義会議が開かれた)。だが，首相ケレンスキーは手を縛られることを嫌い，そうした機関に立法権力を認める

ことを拒否した。憲法制定会議までは臨時政府だけが全権の担い手であると考えるカデットも，ケレンスキーと一致した。9月末に第3次連立ができた後，10月初旬には共和国会議がつくられた。これは別名を予備議会といい，ソヴィエトをはじめとする諸団体の代表からなった。カデットからすれば，普通選挙で選ばれたわけではない共和国会議に議会の地位を与えるわけにはいかなかった。ナボコフは，「計画されている予備議会は，議会主義とは何ら共通するものをもたない。それは議会のあらゆる原理の歪曲である」と述べた。「政府が予備議会に対して責任を負うようになったそのときをもって，あらたな国制転換がなされることになる。政府は主権的権力から執行権力に変わってしまい，主権的権力は予備議会に移ることになる」[32]。

　10月4日，共和国会議を立法機関ではなく諮問機関とする規程が公表された。カデットの『ルスキエ・ヴェドモスチ』巻頭論説はこれを歓迎した。いわく，臨時政府が共和国会議に対して責任を負うようなことになれば，「そのような秩序はロシア国家の臨時管理体制に，より責任ある性格をではなく，反対にまったく無責任な性格を付与したであろう」。「議会にかえて議会の代用物を据えようという，国法学の観点からはアヴァンチュール的な試みが挫折したことには，共感をもって接するほかない」[33]。

　こうして臨時政府は全権力を保持し続けた。だが，実際にそこにあったのは，「権力の無力によって緩和された独裁」(ナボコフ)にほかならなかった。約3週間後にはソヴィエト共和政が，この独裁にとってかわることになるのである。

むすび

　十月革命によってロシアにはソヴィエト共和政が宣言された。その主唱者であるレーニンは，ジャコバン独裁からインスピレーションを得ていた。「王のいない共和政」から派生した民主共和政は，1917年のロシアではソヴィエト共和政に帰着したのである。1918年1月には憲法制定会議が解散され，ソヴィエト共和政が新しいロシアの国制であることが確認された。

　だが，ソヴィエト共和政はジャコバン独裁期の国民公会のように，議会(ソヴィエト)とその機関に全権力が帰属したわけではなかった。むしろ，ソヴィエト共和政は，1917年に争われた複数の国制モデルの特徴をもっていた。

　まず，ソヴィエト大会が国権の最高機関であり，大会と大会の間には，大会
で選ばれた全ロシア中央執行委員会が行政権力と立法権力を担うという点では，
国民公会の独裁と似た，一貫したソヴィエト体系が成立していた。

　しかし，ソヴィエト大会はまた，レーニンを首班とする政府である，人民委
員会議も選出した(そのため中央執行委員会の役割は次第に副次的なものとなった)。
人民委員会議がソヴィエト大会に対して責任を負うという点では，ソヴィエト
共和政には第三共和政的共和政との共通点が見られた。

　だが，第三共和政(あるいは立憲君主政)のような権力分立の発想は，ソヴィエ
ト共和政にはなかった。人民委員会議は(中央執行委員会と同様に)行政権力と立
法権力をあわせもっていたのである。1906 年憲法以前の専制権力，および臨
時政府における，行政権力と立法権力をあわせもつ最高機関が，人民委員会議
においてふたたび確立されたようであった。

　あえていえばソヴィエト共和政の権力の特質は，まさにこの，最高機関(人
民委員会議，実質的にはその背後にある共産党)が，行政権力と立法権力をあわせ
もつ点にあった。こうした権力の特質を前にして，人民委員会議がソヴィエト
大会に責任を負うという擬制(「王のいる共和政」を起点とする立憲君主政の特徴で
あり，第三共和政的共和政の特徴でもある)はフィクション化した。同時にまた，
ソヴィエト体系が全権力を担うという擬制(「王のいない共和政」を起点とする民主
共和政の特徴)もフィクション化したのである。

　1917 年の革命のこのような帰結が物語るのは，ヨーロッパ史の経験とロシ
ア史の文脈とがいかに交差したかということである。行政権力と立法権力をあ
わせもつ最高機関(専制政府において見られた)が，立憲君主政となった 1906 年
から 17 年 2 月までの中断を経て，臨時政府，ついで人民委員会議の形で再確
立されたこと自体は，必ずしもロシア史の文脈のみから説明すべきことではな
い。ロシア史に限らず，大衆の時代において，総力戦の遂行を使命とする体制
(臨時政府，ソヴィエト共和政)が，一体不可分の「人民」権力を標榜したことは
説明可能だからである。だが，専制権力が 20 世紀初頭まで保持され，それを
制限する議会が十分に定着していなかったという，ロシア史独自の前提条件が，
1917 年 2 月また 10 月における，一体不可分の「人民」権力の登場の一要素
となったことも否定できない。そうしたロシア史上の前提条件と，大衆の時代

および総力戦という同時代的な条件とが交差して，あらたな国制をつくりだす際に，立憲君主政や民主共和政やジャコバン独裁といったヨーロッパ史の経験は，各党派の立場をより明確なものとし，政治闘争の経路を方向付けることを助けたのである。

　同様の機制は，19世紀後半以降の第1次グローバル化，および20世紀における大衆と総力戦の時代において，ヨーロッパを含む世界の諸地域で看取されたことであったといえよう。それぞれの地域の歴史的文脈が，同時代的文脈と交差してあらたな国制を生み出す際に，その変容の方向付けを助けるような役割を，「王のいる共和政」や「王のいない共和政」に由来する諸理念は果たしたのである。このような観点から，明治維新，トルコ共和国，ファシスト・イタリア，ナチス・ドイツ，アジアとアフリカの社会主義体制，植民地の自立，ポスト社会主義体制等について検討してみることは有益であろう。それはまた日本国憲法体制についても同様である。「王のいる共和政」は，その20・21世紀的形態において，私たちもよく知っているものなのだ。

註

1)　ロシア革命期におけるフランス革命の参照について，虚偽意識という観点から検討したものに，Dmitry Shlapentokh, *The French Revolution and the Russian Anti-democratic Tradition: A Case of False Consciousness* (London, 2017 ; First ed. 1997) がある。西ヨーロッパと軌跡を共有しているという幻想のもと，革命家たちはロシアにおける民主主義的制度の未成熟を看過し，全体主義の創出を促したと著者は論じる。これはロシア史に関する運命論的な議論であるように思われる。

2)　Markus J. Prutsch, *Making Sense of Constitutional Monarchism in Post-Napoleonic France and Germany* (Basingstoke, 2013), pp. 3, 18-29, 74-120.

3)　К. Н. Соколов. Парламентаризм. Опыт правовой теории парламентского строя (СПб., 1912). С. 39, 91-99, 104-118, 119-137, 342-343.

4)　К. Ф. Шацилло. Русский либерализм накануне революции 1905-1907 гг. (М., 1985).

5)　池田嘉郎「ロシア革命における共和制の探求」，池田嘉郎・草野佳矢子編『国制史は躍動する──ヨーロッパとロシアの対話』（刀水書房，2015年），213-214頁。

6)　С. Ю. Витте. Воспоминания : Царствование Николая II. 2-е изд. (Л., 1924). С. 306.「それも，人民の内に「君主的偏見」が存在する間だけであった」と続く。

7)　Программы российских политических партий (Пг., 1917). С. 5, 16

8)　皇太子へと譲位するよう説得するために，プスコフの皇帝のもとに赴いたグチ
コフとシュリギーンは，ミハイル大公に譲位するとの皇帝の決意を聞いて当惑した。
現場に居合わせた北部方面軍総司令官ルースキーは，「こんなに大事な国家的問題
のためにやってくるのに，国家基本法一冊も持ってこなければ，法律家さえ連れて
こないなんて，どうなっているのか」と彼らに問いただした。Военный дневник
великого князя Андрея Владимировича Романова(1914-1917). (М., 2008). C. 308.
この発言は，法的継承性を確立することが，高等政治の関与者の間で無視できぬ重
みをもっていたことを物語る。ミハイル大公の文書の扱い(後述)をめぐっても，同
様の動機が働いていた。

9)　ミハイルの文書は，Вестник Временного правительства. 5 марта 1917. C. 1. 臨時
政府の中核をなすカデットは，3月3日の党中央委員会において，国家評議会(上
院)と国家ドゥーマ(下院)を「現在の状態のまま」とすることを決めた。これをも
って二月革命後のロシアでは議会は停止状態となった。Протоколы центрального
комитета конституционно-демократической партии. 1915-1920 гг. Т. 3 (М., 1998). C.
354. 不平等選挙に基づく国家ドゥーマ(カデットよりも保守的な勢力が優勢だっ
た)に対してカデットが不信感をもっていたことが，この決定の背後にあったと推
測できる。

10)　和田春樹『ロシア革命――ペトログラード 1917年2月』(作品社，2018年)，
68, 452頁。この評価について長谷川毅が，「臨時政府が直面した正統性の問題を理
解していない」と批判している。長谷川毅「和田春樹の二月革命論について」，『ロ
シア史研究』104号(2020年9月)，187頁。筆者もこの点は同意見である。和田
著全体への筆者の評価は，池田嘉郎「和田春樹著『ロシア革命』(作品社)を読む」，
『図書新聞』3385号(2019年2月2日)，参照。

11)　В. Набоков. Временное Правительство // Архив русской революции. Т. 1. (Бер-
лин, 1921). C. 17, 20-21. 臨時政府(3月2日夜に成立)は当初の宣言において，自
身のことを「内閣」と呼び，「執行権力」(行政権力)であるとみなしていた。ミハイ
ルの文書によって，臨時政府が「全権力」をもつ，つまり立法権力をあわせもつこ
とが確定された。Набоков. Временное Правительство. C. 21. なおカデット機関紙
『レーチ(言論)』は，ミハイルの文書はリヴォフ公，シュリギーン，ケレンスキー
によってつくられたとした。Речь. 5 марта 1917. C. 2. 臨時政府，国家ドゥーマ臨
時委員会，ペトログラード・ソヴィエト執行委員会それぞれの代表から文書がつく
られたとのフィクションを打ち出したのである。

12)　Русские ведомости. 7 марта 1917. C. 4; Собрание узаконений и распоряжений
правительства, издаваемое при правительствующем сенате. No. 54. 6 марта 1917. От-
дел первый. Ст. 344, 345.

13)　Записи хода заседаний юридического совещания при Временном правительстве.
Март-октябрь 1917 года. Т. 1 (М., 2018). C. 37, 63.

14)　Журналы заседаний Временного правительства: Март-октябрь 1917 года. Т. 1
(М., 2001). C. 71.

15) А. Боголепов. Современный государственный строй России // Право. No. 27-28. 11 июля 1917.

16) 池田嘉郎「ロシア革命における共和制の探求」，215-218 頁。

17) А. Кизеветтер. Партия народной свободы и республика // Русские ведомости. 18 марта 1917. С. 1.

18) Правда. No.No. 1-227. 1917 г. Вып. 1 (Л., 1927). С. 3. 池田嘉郎『革命ロシアの共和国とネイション』(山川出版社，2007 年)，33-34, 38-39 頁。同「ロシア革命における共和制の探求」，218-219 頁。

19) 池田嘉郎「ロシア革命における共和制の探求」216-219 頁。行政権力が過度に自立化した例は，ルイ・ナポレオン大統領の第二共和政に見出された。

20) Ф. Ф. Кокошкин. Русское государственное право в связи с основными началами общего государственного права. Вып. II (М., 1908). С. 101-102.

21) レーニン「人民の敵について」，『レーニン全集』25 巻(大月書店，1957 年)。これは，社会主義最右派『エジンストヴォ(統一)』の論説「人民の敵」への反論である。同論説は，ジャコバン独裁期の 1793 年における，共和国の敵と内通している者を人民の敵とする法令を引いて，ドイツと内通しているレーニンもまた人民の敵だと書いたのである。Единство. 20 мая 1917. С. 1.

22) Дело народа. 15 марта 1917. С. 1. パリのコミューンについては，山﨑耕一『フランス革命──「共和国」の誕生』(刀水書房，2018 年)，137 頁。

23) レーニン「労働者・兵士代表ソヴェト第一回全ロシア大会」，『レーニン全集』25 巻，3-4 頁。

24) Первый всероссийский съезд советов (М.-Л., 1930). С. 77, 108, 118.

25) Меньшевики в 1917 году. Т. 2 (М., 1995). С. 116, 118.

26) Речь. 30 апреля 1917. С. 2. ミリュコーフが書いたであろう傍証として，別の号の同紙巻頭論説に関するレーニンのコメントを参照せよ。レーニン「「ジャコバン主義」で労働者階級をおどすことができるか？」，『レーニン全集』25 巻。

27) Дело народа. 6 мая 1917. С. 1.

28) Партия социалистов-революционеров. Документы и материалы. 1900-1925 гг. Т. 3. Ч. 1. (М., 2000). С. 135. ここで「予備議会」とはペトログラード・ソヴィエトのことを指す。この語は 1848 年革命中にハイデルベルクで開かれた会議に先行例をもつ。Петроградский листок. 6 сентября 1917. С. 1.

29) Первый всероссийский съезд советов. С. 54.

30) Л. М-ов. Россия-республика. (Беседа с доктором государственного права проф. птгр. университета бар. Б. Е. Нольде) // Петроградский листок. 5 сентября 1917. С. 1.

31) В. Набоков. Провозглашение республики // Речь. 5 сентября 1917. С. 1.

32) Русские ведомости. 24 сентября 1917. С. 4.

33) Русские ведомости. 4 октября 1917. С. 3.

「名乗ること」と「名指すこと」
── フランス近世史から

高澤紀恵

　　　「ジャコバン派は革命の予期しない産物であったのに，事物
　　の力によって革命の前衛になった」[1]。
　　　「ジャコバン派の歴史のあとにはジャコバン主義の歴史が来
　　る。それはただちに，祝うにせよ嫌うにせよ，人を動かす大き
　　な思い出の歴史として，革命それ自体の最良および最悪の化身
　　としてはじまった」[2]。　　　　　　　（フランソワ・フュレ）

　歴史学が大きく変わった1970年代の後半，柴田三千雄は『史学雑誌』
「1976年の歴史学界　回顧と展望」に次のように書いた。「研究分野，研究方
法，歴史意識の諸点の間には何らかの関連があり，わが国の戦後歴史学の出発
点においては，その間に稀にみる一貫した体系性が認められた。研究分野とし
ての社会構成，研究方法としてのマルクスとウェーバー，歴史意識としての
「民主化」「近代化」がそれである。戦後30年の歴史学は，この体系の拡散な
いし解体の過程にほかならない」[3]。

　それから45年が経過した現在，私たちは，歴史学に限らず，さらに急速に
変貌する世界を生きている。パンデミックは，対応に追われる主権国家の個性
を際立たせ，地域に潜む緊張や問題を炙り出した。その中で日本語世界の西洋
史家たちが「ジャコバン」をキーワードに，ヨーロッパにおける近世共和政か
ら近代共和政への移行を問おうとしたのが，本書である。この試みに，いかな
る特徴と可能性，そして課題があるのだろうか。本章では柴田の分析にならい，
研究分野，研究方法，歴史意識の三つの視角から考えてみたい。

観察尺度をめぐって──ヨーロッパの広がり

　まず研究分野であるが，ここではその前提となる観察尺度について考えてみ
よう。本書は，2004年に公刊された『近世ヨーロッパの東と西── 共和政の

理念と現実』⁴⁾を継承，発展させた論集という一面を持つ。だが本書では，中・東欧を扱う論文に，フランス，オランダ，イギリス，ロシアにスウェーデンとエストニアを論じた論文が加わり，対象とする空間は前書よりさらに広域的になっている。また，「近世」に限定した前書に比べると，時間軸は18世紀から20世紀初頭にまで引き延ばされ，より長いスパンで「ジャコバン」と「リパブリック」を論じている。では，本書が空間と時間の観察尺度をこのように広げたことで，新たにいかなる図柄が見えてきたのであろうか。

まず印象的なのは，新聞や書簡，書籍によって出来事や思想がまたたくまに伝わり（第1章），語彙を含む文化的資源を共有し，かつ共振する18世紀広域ヨーロッパの姿である。そこで行き交ったのは，単なる「情報」ではない。コシチューシコ蜂起後にパリへの亡命を余儀なくされたパヴリコフスキの足跡は（第4章），移動する人々の紡ぐ多様な人的ネットワークに覆われた空間を浮かび上がらせる。ウィーンからヴェルサイユに嫁ぎパリの断頭台に消えたマリー＝アントワネットの生と死が照らし出すのも，王朝原理と家産制原理によって繋がれた複合的な政治空間の重なりと広がりである。「ジャコバン」という言葉が「人を動かす」強烈な力を持ち得た圏域，すなわち本書が扱う「ジャコバン現象」の生起する空間がここにある。その広がりは，英・独・仏を中心とした従来のヨーロッパ史像の枠を大きく超え出ている。

翻ってみると，幕末・明治にはじめてヨーロッパと出会った人々の視野は，大きく開かれていた。たとえば，明治2(1869)年に『掌中万国一覧』や『世界国尽』で福澤諭吉が描いたヨーロッパには，オーストリア，ロシア，フランスの「三帝」とイギリス，プロイセン，スペインなどの「十五王」に加えて「国の政事は共和政，小国なれど一様に文字の教の繁昌し百工技藝手を尽し他の侮を被らず」⁵⁾と記されたスイスなどが並び立っていた。文久遣欧使節団(1862年)に加わった福澤に遅れること5年，パリに渡った箕作麟祥(みつくりりんしょう)は，やがて『万国新史』の執筆と併行して⁶⁾，モロー・ド・ジョンネの『統計学』を翻訳，出版するのであるが，この書も，ロシアから北欧，ギリシアに至る広域の諸国を見渡し，数値によってそれらを比較していた⁷⁾。

しかし，明治人のこの視野は，「近代化」「民主化」をゴールとする単線的な時間認識のなかで国民国家を観察対象とする戦後歴史学に十分に継承るこ

とはなかった。その意味で，発生史的アプローチをとらず，冷戦と二つの大戦前のヨーロッパの豊かな広がりを同時代的に展望する本書は，対象地域の研究状況を相対化し，従来のヨーロッパ史像を乗り越えようとする試みのひとつと捉えられるであろう。

ところで本書は，前書『近世ヨーロッパの東と西』と同様，ポーコックの『マキァヴェリアン・モーメント』を批判的前提としている。ポーコックの大著は，「フィレンツェの政治思想と大西洋圏の共和主義の伝統」という副題が端的に示すように，フランスならびにフランス革命を直接，その射程に入れてはいない。「フランス革命のナイヤガラの滝へと注ぐ本流に加わるのではなく，ブリテンとアメリカの歴史のような地方的なものに時間を費やすのはなぜか」という問いに対し，ポーコック自身「わたしはただ，ナイヤガラの滝を通過せず，大渦巻としてのそれを避けた歴史を研究しているのだ」と述べているとおりである[8]。本書も前書も，ポーコックと比べるとユーラシア大陸の東方へ，広域ヨーロッパへとその観察尺度を広げたことをまず確認しておきたい。さらに，フランス革命が生んだ「ジャコバン」に焦点を合わせた本書は，ポーコックが迂回したこのナイヤガラの滝に飛び込み，広域ヨーロッパの大渦巻に目をこらすことを選んだことになる。その取り組みは，革命をナショナル・ヒストリーの枠から解き放ち，国際的契機を重視する近年のフランス革命研究の動向[9]とも呼応する。「革命の結果，地図からいわば古い国境がすべて消し去られてしまった。フランス革命は法律，伝統，国民性，母国語を無視して，人々を和解させたり分裂させたりし，また時として同国人を敵にしたり外国人を同胞にしたりした」[10]という19世紀の人，トクヴィルの言葉は，この大渦巻の広がりを巧みに叙述したものといえる。しかし，このように観察尺度を東に広げた本書は，ジャコバン登場以前に議論を限定した『近世ヨーロッパの東と西』にはなかった，幾つかの方法上の課題を招き寄せることになったように思う。

方法をめぐって――実践と言説，運動と思想

ジャコバンとは，革命という予測不能な運動のなかで生まれた一群の人々の呼称である。始まりは1789年，パリのサン・トノレ街にあるジャコバン修道

院に憲法友の会が置かれ，このクラブのメンバーがジャコバンと呼ばれるようになったところにある[11]。「ジャコバン派の歴史のあとにはジャコバン主義の歴史が来る」とフュレが述べるように，このクラブに集まった人々は，はじめから明確な思想や主義を共有するグループであったわけではない。革命がたったひとつの明確なゴールを持たずに始まった以上，それは当然かもしれない。管見の限りでは1791年には「革命のすべての真の友，すべてのジャコバンたち」と，クラブのメンバーが自らをジャコバンと呼ぶテクストが確認できるが[12]，その具体的顔ぶれと勢力図は革命の展開のなかで変化する。一般に革命研究における分析用語としての「ジャコバン」は，1793年に国民公会からジロンド派を追放して以降のロベスピエールら山岳派のことを指す。それ故，同時代人の言葉(エミック)としての「ジャコバン」か，分析用語(エティック)としての「ジャコバン」か，どの時期の誰を指していかなる立場から発せられた呼称なのか，常に周到な注意が必要となる[13]。

　そもそも，フランスにおいて「ジャコバン」を「ジャコバン」たらしめたのは，行為を迫る革命であり，書斎での思索ではない。国王一家の逃亡未遂といった不測の事態や緊迫する国際情勢，あるいは経済危機のなかで，またパリ民衆の行動と声に応答してロベスピエールが発した言葉は，その生まれた状況や日々の実践と不可分である。沸騰する状況から生まれたこうした「熱いテクスト」を流布させること自体，企みに満ちた行為であり，格段に拡大した「政治」の領野での出来事である。それ故，書き手の思想が転写された透明なテクストとしてではなく，眼前の聴衆や読者との関係のなかで言説を読み解く方法が求められるであろう。読書行為それ自体を歴史化したロジェ・シャルティエの研究[14]や出来事に作用する行為としてテクストを分析するクリスチャン・ジュオーら GRIHL の仕事[15]は，広域ヨーロッパの「ジャコバン」ならびに「ジャコバン現象」に迫る上で参照に値する。

　同時に，「ジャコバン」を名乗ることと，「ジャコバン」と名指されることとの間の距離にも留意すべきであろう。フランスから遠く離れた地で「ジャコバン」を名乗った者たちの間に一定の共感を想定することは可能であろうが，「ジャコバン」と名指され，いわんや処罰された者たちが「ジャコバン主義」という共通の思想を抱いていたとは限らない。「アカ」と名指された人々に，

必ずしも明確な共通項があるとは限らないのと同様である。では，特定の集団や行為を危険な「ジャコバン」と名指し処罰した人々は，一体何を恐れ，何を侵犯された時にこの言葉を発したのだろう。広域ヨーロッパに広まる「ジャコバン現象」が顕わにするのは，むしろそれぞれの地域の秩序ならびに秩序観ではないであろうか。

　フランス語世界における「レピュブリック」と「レピュブリカン」の意味についても，時間軸のなかで，言説と実践を交錯させつつ丁寧に読み解く作業が不可欠となる。フランス語のレピュブリックという語は，英語や他の言語同様，現在のように「共和政」ないしは「共和国」という意味に収斂するものではなかった。ボダンの『国家論』(*Les Six livres de la République*)が刊行されたのは 1576 年のことであるが，その少し前の公文書にはフランス王国を指して「レピュブリック・ド・フランス」と呼ぶ表現があるし[16]，「都市」を意味する言葉と「行政管理」を意味する言葉とがひとつになって「都市統治」，ないしは「都市の統治権」(l'administration de la republique des villes)を指す事例も見られる[17]。後者の場合には，ラテン語のレス・プブリカ(公事)の意味がより強く響いている。フランス王国においても，都市とレピュブリックを重ね合わせる表現があったことを忘れずにおきたい。

　他方，レピュブリカン républicain は，16 世紀の終わりには「レピュブリックの公民」として使われていたが，1615 年には「人民主権に基づく政体を支持する者」という用法が見られ，1694 年になると「王政に反対する者，叛徒」という悪しき意味が確認される[18]。英語世界と併行して起こったこの変化[19]に，ブリテン諸島の革命，とりわけ 1649 年のチャールズ 1 世の処刑という出来事が無縁であったとは考えづらい。チャールズ 1 世の王妃がフランスから嫁いだルイ 14 世の叔母であることを思えば，なおさらである。そのルイ 14 世は，1655 年に護国卿クロムウェルと「フランス王国とイングランド・スコットランド・アイルランド共和国(レピュブリック)の間の和平条約」[20]を取り結んでいる。ここでのレピュブリックは，単なる国家の意味ではなく，王を斬首し共和政を樹立したイギリス革命の記憶を刻んだ呼称である。

　同じ頃フランスは，ルイ 14 世とマザランを追い詰めたフロンドの乱(1648-53)を経験した。前述のイギリス革命の動向がフロンドの乱の展開に影響を与

えたことは夙に指摘されているが，ここで注目したいのは，「ジャンセニスト」と呼ばれるカトリックの一群が，「共和主義者」(レピュブリカン)と名指されていくことである。反「ジャンセニスト」の急先鋒であるイエズス会士マランデにとってジャンセニウスとその弟子たちは，共和主義的で反抗的な心を持つ者であり，若き日のルイ14世にとっては「教会と国家における共和主義的な党派」(le parti républicain)(サン・シモン)として記憶されたという[21]。かつてミシェル・ド・セルトーは，17世紀フランスについて「宗教的服従が，より根本的な忠誠に屈服し，後者は，国王への服従を「神聖にして人間的な法」に，または「自然法」において基礎づけ，信者たちを国王への「反逆者」と「支持者」との間の亀裂に則って分割する」[22]と語った。セルトーが指摘するようにこの時期，国王への忠誠は，世俗の領域にとどまらず信仰の領域をも併呑しつつあったのである。それゆえ，国王が統べる秩序に従順ならざる者とされた「ジャンセニスト」は，純粋に信仰を求めた本人たちの意図とは無関係に「レピュブリカン」というレッテルを貼られたのである。ここでのレピュブリカンが，「叛徒」と互換可能であることは明らかであろう。

フランス革命期には，「レピュブリック」「レピュブリカン」という言葉は一層，多様な場面で現れる。たとえば1789年に，ソルボンヌ大学は「一度も分裂したことのない唯一のレピュブリックである」[23]と言われた。一方，翌1790年に現れた一枚刷りの版画「わたしのからだ」(Ma Constitution)では，跪くラファイエットを前に下半身を露わにしたマリー＝アントワネットの図像に，レピュブリックのラテン語「レス・プブリカ」の文字が書き込まれている。この版画には，娼婦を意味する fille publique とレピュブリックとを掛けて，ラファイエットと王妃の双方を攻撃，嘲笑する意図が込められているという[24]。立憲王政を原理とする91年憲法(Constitution)がまさに準備されているこの時期に，こうした政治的ポルノが王政を支えてきた象徴体系を攻撃し，揺るがしていたのである。王政が日常性に張り巡らされた巨大な象徴体系に支えられてきたことに鑑みれば，王政から共和政への移行は，またルイ16世とマリー＝アントワネットの処刑は，必ずしも言語化されない象徴体系や政治的実践の領域に踏み込んで理解する必要があろう。リン・ハントら革命期の研究者たちが，政体を論じたエリートの言説にとどまらず広範な史料や図像を用いて「政治文

化」を掘り起こしてきた所以である[25]。

　1789年7月の国民衛兵の誕生もまた，言説分析では掬いきれない伝統的実践や記憶の根強さを教えている。ポーコックは，市民が「公共のもの」(レス・プブリカ)に奉仕する重要な責務として民兵に光をあて，フィレンツェからイングランドへとその継承，展開を追っている。民兵論は，シヴィック・ヒューマニズム研究の柱のひとつといっても過言ではない。ところで武装する市民がみずから都市を守るという都市民兵の理念と実践は，中世・ルネサンス期のフランスの都市においても広く共有されていた。パリの事例から言えば，上述のフロンドの乱で幼い王が市外に敗走せざるを得なかったのは，パリの民兵組織が王に反旗を翻したからである。それが故に，成年に達したルイ14世は，さまざまな手段でこれをコントロールし，都市を武装解除しようと腐心した[26]。1688年には常備軍の補助として主に農村の臣民から「国王民兵」(milice royale)を徴用するシステムも新たに作られるが，同じ「民兵」という名称を使われていても，都市民が武器をとって都市を守るブルジョワ民兵とはまったく別の組織である[27]。フロンド以降のブルジョワ民兵は，半ば儀礼用の存在となったが，それでもアンシアン・レジーム期の制度の常として廃止されることはなかった。それ故，1789年7月12日にはネッケル解任の報を受け不穏な情勢となったパリで，13日には赤と青の徽章をつけたブルジョワ民兵を組織するとの掲示が市庁舎に出され[28]，バスティーユ陥落翌日の15日には国民衛兵と名前を改め，その指揮権がラファイエットに託されるのである[29]。かくも速やかに国民衛兵が立ち上がるのは，パリ市民の間でブルジョワ民兵の記憶が広く共有されていたからであろう。ルソーの人民主権論が，ジュネーヴ共和国の歴史的経験を土壌として構想されたことを想起すれば[30]，「ジャコバン」や「レピュブリック」「レピュブリカン」に迫るためには，そして歴史学と政治思想史の対話を深めるためには，言葉を導きの糸としつつも，それを生きた広範な人々の実践と交差させて読み解く方法が求められているのではないであろうか。

歴史意識をめぐって――21世紀の世界のなかで

　封建制から資本主義への移行が学問的かつ現実的な課題であった戦後歴史学では，「中世史」と「近代史」という時代区分のなかで研究が進められていた。

「中世」と「近代」の間に「近世」と呼ぶべき独自の個性をもつ時代が存在するという認識が広がったのは、日本の西洋史学の場合、20世紀が終わろうとする頃であろう[31]。しかし1970年代から、世界システム論を起爆剤として同時代性への理解が深まり、戦後歴史学を突き破るかにして社会史が誕生したことは、その長い助走期間となったように思う。後者について見れば、1977年に報告された二宮宏之の「フランス絶対王政の統治構造」は、制度史的アプローチも政治イデオロギーからのアプローチも避け、「社会的結合関係」から絶対王政の権力秩序を捉え返そうとした試みであり[32]、16世紀からフランス革命までの300年間の国家と社会が独自の特質を持つことを鮮やかに描き出した。また、1978年に刊行された良知力の『向う岸からの世界史』は、現在に至る中・東欧史研究の礎となる作品であるが、社会史研究の到達のひとつでもあった。モスクワで生まれパリで客死したゲルツェンの書『向う岸から』へのオマージュが読み取れるこの作品で、良知は、ウィーンの未定型な流民に自らを重ねつつ、「向う岸」の人々、すなわち歴史なき民として市民社会から排除された人々の視点から48年革命を問い直したのであった[33]。いずれの作品にも、あるべきゴールとして理念化された西洋近代を批判する視座が内包されていた。

それから4半世紀を経て『近世ヨーロッパの東と西』が論じられた頃、冷戦後のEUは一挙に十カ国を迎え入れ、さらに東方に拡大しようとしていた。21世紀への期待のなかで、新たなヨーロッパ理解が模索された時期であった[34]。それは、ヨーロッパにおける絶対主義の比較研究を通して「共有された過去を探り確認することによってヨーロッパの構築が目指された」[35]第2次世界大戦後をも彷彿させる転換点であった。

そして現在、ヨーロッパの内外で格差と分断が広がるなかで、プリズムとしてのジャコバン現象に着目した本書の議論は、どのような射程を持ちうるのだろうか。どのように近代ヨーロッパへの道筋を展望できるのであろうか。ここでは、革命のなかで希求された「平等」の問題を軸に、フランス革命研究の成果に学びつつ考えてみたい。

1789年8月4日の夜、農村を「大恐怖」が覆うなか、憲法制定国民議会は封建制の廃止を熱狂と共に宣言し、11日には「封建制、領主裁判所、十分の

一税, 官職売買制, 特権, 聖職禄取得金, 多数の聖職禄の廃止を定めるデク
レ」を発布した[36]。それは, アンシアン・レジームのフランスを支えた「特
権の体系全般の廃棄宣言であった」[37]。しかしながら, 領主権などの物的諸権
利については, 農民の買い戻しが求められただけで, 無償で廃棄されることは
なかった。所有権の神聖がその理由であった。それでも, この宣言が熱狂と共
に行われたのは, 「この時代における金銭は, 諸条件の平等をもたらす重要な
要因であり, 特権や古い身分社会を破壊する手段だった」[38]からである。こう
してフランス革命は, 世襲制原理に基づく身分の差異を撤廃し, 特権による社
団的編成を解体すると同時に, 自由な経済活動がもたらす金銭による差異を政
治社会の編成原理として呼び込んだのである。実際, 「人および市民の権利宣
言」を前文に付した 91 年憲法は, 納税額をメルクマールに能動市民と受動市
民を差異化し, 前者のみに選挙権を認めたのである。

　ここでの問題は, 制限選挙というこの原理に対して, ロベスピエールら後の
山岳派(序章のいうジャコバン A)が, いかなるスタンスをとっていたか, である。
ロベスピエールは, 「フランスにおいて生まれ居住するすべての人間は, フラ
ンス国民と呼ばれる政治社会の構成員, すなわちフランス市民である。……こ
の称号に付随する諸権利は, 各人の所有する富にも, 各人に割り当てられる税
の分担額にも依存しない」[39]とする立場から, これを徹底して糾弾した。身分
的差異のみならず, 経済的差異を政治参加の権利に繋げることを拒む彼の言葉
は, 「平等主義者」として描かれてきたロベスピエール像[40]を裏切らない。ま
た, ジロンド派を逮捕した翌日の 1793 年 6 月 3 日, ジャコバン・クラブは奴
隷制廃止の請願に応え, 翌年には国民公会で植民地奴隷制の廃止を決議してい
る[41]。しかしながら, 山岳派をつねに「平等」を最優先した人々と捉えるこ
とは単純にすぎよう。ロベスピエール自身は奴隷制の廃止に逡巡していたとい
われているし[42], ジェンダーについてみれば, 国民公会期はむしろ, 男性優
位の原則を強化している。「女性および女性市民の権利宣言」で名高いオラン
プ・ド・グージュの処刑は, その象徴的な出来事であった[43]。「平等」と「自
由」が時に対立し, 革命の路線対立となることは夙に指摘されているが, 「平
等」を測るメルクマールも, あるいはそれを正当化する論理も, ひとつではな
い。身分的・社団的秩序を解体した後, 何を「平等」のメルクマールとし, 誰

が政治社会を構成する市民となるのか。何が市民の責務と権利であるのか。そもそも，世襲に基づく王は，市民法の保護を受けることができるのか。これらは主権を国王から国民へと移したフランス革命に厳しく突きつけられた問いである。しかし，国王処刑をめぐって交わされた激論が示唆するように[44]，その答は決して一様ではない。では，革命を生きた人々が格闘したこれらの問いは，ナポレオンと48年革命の19世紀ヨーロッパにどのように引き継がれていくのであろうか。本書が取り組んだ広域ヨーロッパの自称，他称のジャコバンたちは，「王がいる／いない」という問題を超えて[45]，これらの問いにどのように向き合ったのだろうか。男女の普通選挙権が実現したとはいえ，民主主義への信頼が揺らぐ現在を生きる私たちにとって，広域ヨーロッパの「ジャコバン」の格闘に学び，「レピュブリック」の歴史を考え，パブリックの新たな可能性を探る意味は尽きないように思う。

　　註
1)　フランソワ・フュレ(河野健二訳)「ジャコバン主義」フランソワ・フュレ，モナ・オズーフ編(河野健二・阪上孝・富永茂樹監訳)『フランス革命事典』2(みすず書房，1995)，1107頁。
2)　同上，1001頁。
3)　柴田三千雄「回顧と展望　総説」『史学雑誌』86-5(1977)，1頁。
4)　小倉欣一編『近世ヨーロッパの東と西——共和政の理念と現実』(山川出版社，2004)。
5)　福澤諭吉「世界国尽」『福澤諭吉全集』第2巻(岩波書店，1959)，623頁。ちなみに，この2年前，慶応3(1867)年の文章ではスイスは「此国の政事は寄合持にて，国王もなく亦大統領といふ者もなし」と書かれている。福澤諭吉「条約十一国記」同書182頁。
6)　箕作麟祥『万国新史』(市川清流，1877)。なお本書の翻刻版が2018年に世界史研究所から出版されている。
7)　モロー・ド・ジョンネ(箕作麟祥訳)『統計学　一名・国勢略論』10冊(文部省，1875)。
8)　J. G. A. ポーコック(田中秀夫・奥田敬・森岡邦泰訳)『マキァヴェリアン・モーメント』(名古屋大学出版会，2008)，524頁。
9)　山﨑耕一『フランス革命——共和国の誕生』(刀水書房，2018)。
10)　アレクシス・ド・トクヴィル(小山勉訳)『旧体制と大革命』(ちくま学芸文庫，1998)，111頁。
11)　1798年版(5ᵉ éd.)のアカデミー・フランセーズの辞書 Dictionnaire l'Académie

française にはすでに憲法友の会との関係が説明されているが，七月王政期の 1832-35 年版 (6ᵉ éd.) では削除され，修道会の説明だけになっている。

12)　Jean-Louis-Marie Villain d'Aubigny, *Adresse à tous les membres des Sociétés des amis de la Constitution, affiliées à celle de Paris*, 1791, Paris, p. 4.

13)　エティックとエミックについては，ファニー・コザンデ，ロベール・デシモン（フランス絶対主義研究会訳）『フランス絶対主義 —— 歴史と史学史』（岩波書店，2021），230，253 頁；カルロ・ギンズブルグ（上村忠男編訳）『ミクロストリアと世界史 —— 歴史家の仕事について』（みすず書房，2016），73-88 頁を参照されたい。

14)　ロジェ・シャルチエ（福井憲彦訳）『読書の文化史　テクスト・書物・読解』（新曜社，1992）など。

15)　クリスチアン・ジュオー（嶋中博章・野呂康訳）『マザリナード　言葉のフロンド』（水声社，2012）；文芸事象の歴史研究会編『GRIHL　文学の使い方をめぐる日仏の対話』（吉田書店，2017）；同『GRIHL II　文学に働く力，文学が発する力』（吉田書店，2022）。

16)　(1552. 4. 4) *Registres des délibérations du bureau de la ville de Paris*, tome 3 (Paris, 1886), p. 295.

17)　たとえば *Edictz royaulx faictz jusques en l'an mil cinq cens cinquante trois. Pour les hospitaulx, maisons-Dieu, leprosareries & aumosneries de ce royaume*, (1553, Paris).

18)　*Trésor de la langue française informatisé*, https://www.cnrtl.fr/definition/republicain, (2022. 2. 12 閲覧)。

19)　高濱俊幸「18 世紀前半期イングランドにおける共和主義の二つの型」田中秀夫・山脇直司編『共和主義の思想空間 —— シヴィック・ヒューマニズムの可能性』（名古屋大学出版会，2006），71 頁；佐々木武「近世共和主義」『岩波講座 世界歴史』16（岩波書店，1999），237-238 頁。

20)　*Traicté de paix entre le Royaume de France, et la République d'Angleterre, d'Ecosse et d'Irlande*, (Paris, 1655).

21)　御園敬介『ジャンセニスム　生成する異端 —— 近世フランスにおける宗教と政治』（慶應義塾大学出版会，2020），62-63 頁。本書で御園は，「ジャンセニスト」という名称自体，敵意をもつイエズス会やマザランらが創り出したレッテルであったことを丁寧に論証している。

22)　ミシェル・ド・セルトー（佐藤和生訳）「時間の生産 —— ある宗教考古学」『歴史のエクリチュール』（法政大学出版会，1996），185 頁。

23)　Michel de Cubières-Palmézeaux, *L'Assemblée de Sorbonne, ou l'histoire des Etats généraux de l'Eglise...* (Paris, 1789), p. 20.

24)　鈴木杜幾子『フランス革命の身体表象 —— ジェンダーからみた 200 年の遺産』（東京大学出版会，2011），135-136 頁。

25)　リン・ハント（松浦義弘訳）『フランス革命の政治文化』（ちくま学芸文庫，2020）。

26)　詳しくは高澤紀恵『近世パリに生きる —— ソシアビリテと秩序』（岩波書店，

2008），第三章，第五章を参照されたい。

27）　佐々木真「フランス絶対王政期における国王民兵制」『史学雑誌』98-6(1989)，とくに 64 頁。

28）　*L'ouvrage des six jours, ou lettre d'un Membre du District des Feuillans, à son Ami, sur la révolution de Paris*, (Paris, 1789), p. 3.

29）　柴田三千雄『パリのフランス革命』(東京大学出版会，1988)，135-137 頁。

30）　川合清隆『ルソーとジュネーヴ共和国 —— 人民主権論の成立』(名古屋大学出版会，2007)。

31）　近藤和彦「近世ヨーロッパ」『岩波講座 世界歴史』16(岩波書店，1999)が明確な画期となった。なお，近世という時代区分が導入されることによって，同時代性に着目した「近世化」の議論が可能となったと思われる。「特集 「近世化」を考える(1)」『歴史学研究』821(2006)。

32）　二宮宏之「フランス絶対王政の統治構造」吉岡昭彦・成瀬治編『近代国家形成の諸問題』(木鐸社，1979)，201 頁。二宮は，「近世」という呼称でこの時期を呼ぶことはしなかったが，その理由については以下で述べている。「アンシアン・レジームの国家と社会 —— 序にかえて」二宮宏之・阿河雄二郎編『アンシアン・レジームの国家と社会 —— 権力の社会史へ』(山川出版社，2003)。

33）　良知力『向う岸からの世界史 —— 一つの 48 年革命史論』(ちくま学芸文庫，1993)。

34）　小倉編『近世ヨーロッパの東と西』，3 頁。

35）　ファニー・コザンデ，ロベール・デシモン『フランス絶対主義』，171 頁。

36）　以下に服部春彦訳が収録されている。河野健二編『資料 フランス革命』(岩波書店，1989)，101-104 頁。

37）　二宮宏之「フランス絶対王政の統治構造」，229-230 頁。

38）　フランソワ・フュレ(森岡邦泰訳)「8 月 4 日の夜」『フランス革命事典』1 巻，171 頁。

39）　「ロベスピエール　選挙権制限に反対」(樋口謹一訳)『資料 フランス革命』，136 頁。

40）　柴田三千雄『バブーフの陰謀』(岩波書店，1968)，48-52 頁；また彼の社会思想の両義性については遅塚忠躬『ロベスピエールとドリヴィエ —— フランス革命の世界史的位置』(東京大学出版会，1986)，210-248 頁。

41）　「植民地奴隷制の廃止」(服部春彦訳)『資料 フランス革命』，495-496 頁。

42）　浜忠雄「フランスにおける「黒人奴隷制廃止」の表象」『北海学園大学人文論集』66(2019)，14-15 頁。

43）　浜忠雄「ジロデ゠トリオゾンの作品における身体表象 —— レイシズム，ネイション，ジェンダー」『北海学園大学学園論集』155(2013)，13-14 頁。

44）　とくに国王裁判に際してのサン・ジュストの発言は示唆に富む。「国王裁判」(樋口謹一訳)『資料 フランス革命』，305 頁。

45）　フランス革命に圧倒的影響を与えたルソーが「だから私は，法律によって統治

された国家を，その統治形態がなんであろうと，すべて共和国と呼ぶ」と述べ，政府が主権者の執行機関である場合は「そのさいは，君主制でさえ共和的である」と注釈をつけた意味を改めて検討すべきであろう。J. J. ルソー（作田啓一訳）『社会契約論　または政治的権利の諸原理』『ルソー全集』第 5 巻（白水社，1979），145 頁。

関 連 年 表

【地域名略記号】At：オーストリア，Am：アメリカ13植民地／アメリカ，Br：ブリテン，Be：ベルギー，D：ドイツ，F：フィンランド，H：ハンガリー，Ir：アイルランド，It：イタリア，N：ネーデルラント，P：ポーランド，R：ロシア，S：スウェーデン，Sp：スペイン，Sz：スイス

年	フランス	英米，大西洋圏
1748	モンテスキュー『法の精神』	
1749		
1751	『百科全書』刊行開始	
1755	モンテスキュー死去 ルソー『人間不平等起源論』	
1756	七年戦争（〜1763）	
1759		国立博物館（ブリティシュ・ミュージアム）開館
1760		ジョージ3世（〜1820）
1762	ルソー『エミール』『社会契約論』	
1763		ロンドンで「ウィルクスと自由」運動（〜1774）
1764		
1765		印紙税一揆（Am）
1771	大法官モプーの司法改革	
1772		
1773		ボストン茶会事件
1774	ルイ16世（〜1792） ヴェルジェンヌ，外務卿（〜1787） テュルゴー，財務総監（〜1776）	フィラデルフィアで第1回大陸会議
1775		アメリカ独立戦争勃発
1776	ネッケル，財務総監（〜1781） フランクリン，大陸会議の駐仏公使（〜1785）として渡仏	ペイン『コモンセンス』 ギボン『ローマ帝国衰亡史』第1巻 スミス『諸国民の富』 アメリカ独立宣言

南欧，ネーデルラント	中・東欧，北欧，ロシア	年
	アーヘンの和約により，オーストリア継承戦争終結	1748
ムラトーリ『公共の福祉』	オーストリア・ボヘミア統一管理庁創設	1749
ウィレム 5 世，オランダ総督（～1795）		1751
		1755
同　　　　　左		1756
カルロス 3 世（～1788）(Sp) ナポリ王国でタヌッチの改革開始		1759
		1760
		1762
		1763
ベッカリーア『犯罪と刑罰』		1764
レオポルト，トスカーナ大公（～1790）	ヨーゼフ 2 世，神聖ローマ皇帝（～1790） ヨーゼフ 2 世，マリア＝テレジアと共同統治(At/H)（～1780）	1765
	グスタヴ 3 世（～1792）(S/F) ゾンネンフェルス『祖国愛について』(At)	1771
王立アカデミー創設(Be)	ベッカリーア『犯罪と刑罰』ポーランド語訳 第 1 次ポーランド分割 グスタヴ 3 世のクーデタと政体法改正(S/F)	1772
	プガチョフの乱(R)	1773
	出版自由法改正(S/F)	1774
		1775
	コシチューシコ，アメリカ独立戦争に参加（～1784）	1776

年	フランス	英米，大西洋圏
1777	ラファイエット，アメリカ独立戦争に参加	
1778	仏米同盟条約	
	ヴォルテール死去 ルソー死去	
1779		ヨークシャ運動の開始
1780		ロンドンでゴードン暴動
1781		
1782		アイルランドでグラタン議会
1783	カロンヌ，財務総監(〜1787)	パリ条約により，アメリカ独立戦争終結 ピット政権(〜1801)，行財政改革
1784		ワット，複動回転蒸気機関の特許
1785	首飾り事件(〜1786) ジェファーソン，駐フランス公使(〜1789)	
1786	英仏通商条約	
1787	名士会	憲法制定会議でアメリカ合衆国憲法制定
1788	ネッケル，財務総監に復職(〜1789)	
1789	1月　全国三部会選挙公示 　　　シィエス「第三身分とは何か」 5月　全国三部会 6月　「国民議会」の宣言，「球戯場の誓い」 7月　憲法制定国民議会 　　　バスティーユ占拠	4月　ジョージ・ワシントン，アメリカ合衆 　　　国大統領(〜1797) 11月　プライス『祖国愛について』(Br) この年　マンチェスタにて最初の蒸気機関紡 　　　績工場

南欧, ネーデルラント	中・東欧, 北欧, ロシア	年
		1777
		1778
		1779
第4次蘭英戦争(〜1784)	フェルセン, アメリカ独立戦争に参加(〜1783)(S) スウェーデン, 武装中立同盟に参加 マリア゠テレジア死去, ヨーゼフ2世単独統治(〜1790)	1780
ジュネーヴ, 代議制共和体制(〜1782) カペレン『オランダ人に向けて』(N)	ヨーゼフ2世, 宗教寛容令, ボヘミアで農奴制廃止令	1781
オランダ政府, アメリカ独立を承認 アダムズ, 駐オランダ公使		1782
		1783
	カント『啓蒙とは何か』	1784
オランダ・フランス同盟 パトリオット派, 市政の掌握開始(N)	ヨーゼフ2世, ハンガリーで農奴制廃止令 ハイノーツィ, 国王顧問官秘書(H)	1785
トスカーナ大公国で死刑制度廃止	ハイノーツィ, セレーム県副知事(H) スウェーデン・アカデミー創設 フリードリヒ2世死去 モーツァルト「フィガロの結婚」初演	1786
レオポルト『トスカーナ憲法試案』 ヨーゼフ改革への抵抗運動開始(Be) プロイセン軍, パトリオット派を鎮圧(N)	リヒター『なぜ皇帝ヨーゼフは民に愛されないのか?』(At)	1787
	第1次ロシア・スウェーデン戦争(〜1790) 反グスタヴ3世派によるアニャーラ盟約(S/F) ポーランド, 四年議会(〜1792) パヴリコフスキ『ポーランドの農奴について』(P)	1788
5月 反ヨーゼフ的秘密結社「祭壇と炉のために」結成(Be) 9月 リエージュ革命 10月 ブラバント革命勃発(Be)	2月 合同と安全の法(S/F) 6月 フイエル, ウップサーラ大学講師(S) この年 パヴリコフスキ『ポーランドのための政治的考察』(P)	1789

年	フランス	英米，大西洋圏
	8月　封建制廃止の決議 　　　「人および市民の権利宣言」 10月　ヴェルサイユ行進 11月　ジャコバン・クラブ設立	
1790	4月　コルドリエ・クラブ設立 7月　聖職者民事基本法	11月　バーク『フランスの革命についての 　　　省察』
1791	4月　ミラボー死去 6月　ヴァレンヌ(国王一家逃亡)事件 7月　ジャコバン・クラブ分裂(立憲派は脱 　　　退，フイヤン・クラブを設立) 9月　1791年憲法，立憲君主制へ 　　　オランプ・ド・グージュ「女性および 　　　女性市民の権利宣言」 10月　立法議会の発足 　　　ジロンド派のブリソーが開戦を主張 12月　ロベスピエール，反戦演説	2月　ペイン『人間の権利(第一部)』 8月　ハイチ革命(～1804) 10月　ユナイテッド・アイリッシュメン 　　　(UI)結成
1792	3月　ジロンド派内閣成立 　　　立法議会，植民地での自由人の平等を 　　　決議(奴隷制存続) 4月　立法議会，オーストリアに宣戦布告 8月　8月10日事件 9月　ヴァルミの戦い 　　　立法議会解散，国民公会召集 　　　王政廃止決議，共和国宣言 10月　ジャコバン・クラブからブリソー追 　　　放(ジロンド派脱退) 12月　国王裁判開始	1月　ロンドン通信協会設立 　　　ウルストンクラフト『女性の権利の擁 　　　護』 2月　ペイン『人間の権利(第二部)』 4月　フォックス派「人民の友協会」設立 5月　煽動的文書を取り締まる「国王布告」 11月　「共和主義者と水平派から自由と所有 　　　を護るための協会」設立(Br) 12月　スコットランドで国民代表大会(ナシ 　　　ョナル・コンヴェンション)(第1回) 　　　アイルランドで「カトリック代表大 　　　会」 　　　煽動文書出版でペイン有罪判決
1793	1月　裁判の結果，ルイ16世処刑	
	2月　イギリス・オーストリア・プロイセン・スペイン・オランダ等による第1次対仏大同盟	

188

南欧, ネーデルラント	中・東欧, 北欧, ロシア	年
1月　ベルギー合州国 12月　レオポルト2世, ベルギーを再併合	1月　ヨーゼフ2世, 改革勅令を撤回, 翌月死去 9月　ハイノーツィ『ハンガリー王権の制限に関する政治公共的論議』(H) 10月　レオポルト2世, 神聖ローマ皇帝(〜1792)	1790
1月　オーストリア軍, リエージュ革命を鎮圧	5月　統治法(五月三日憲法)(P) 6月　グスタヴ3世による反革命十字軍の提唱, フェルセンを通じてルイ16世一家の逃亡を教唆(S) 7月　リーデル『ハプスブルク君主政のための憲法草案』(At) 8月　ピルニッツ宣言(At/D) 12月　ゾンネンフェルス, シュタイアーマルク領邦議会の「第四身分」創設を提言(At)	1791
	2月　オーストリア・プロイセン軍事条約 3月　仮面舞踏会事件, グスタヴ4世アドルフ(〜1809), 摂政府統治の開始(S/F) 4月　ポーランドの保守派貴族, サンクトペテルブルグでタルゴヴィツァ連盟を結成 7月　フランツ2世, 神聖ローマ皇帝(〜1806) 　　　ハイノーツィ, 王国官房書記(H) 8月　コシチューシコ, フランスの立法議会により名誉市民の称号 10月　フランス軍はヴォルムス, マインツ, フランクフルトを占領 　　　リーデル『反貴族政的平等連盟に向けての全ドイツ人への布告』(At) 　　　ラクスマン, 光太夫をともない, 日本に来航(R) 12月　出版自由法改正(S)	1792
1月　パトリオット派がアムステルダムで全州議会を開催	1月　ユンタン結成(S) 　　　ハイノーツィ, 公職追放(H) 　　　第2次ポーランド分割	1793
2月　　　　　　　　　　　同　　　　　左		

年	フランス	英米，大西洋圏
	3月　ヴァンデの反乱，革命裁判所を設置 4月　国民公会の中に公安委員会を設置 6月　ジロンド派議員を追放，逮捕 　　　新たな人権宣言，1793年憲法(ジャコ 　　　バン憲法) 7月　マラー暗殺 　　　封建的特権の(無償)廃止 　　　ロベスピエール，公安委員会に参加 9月　パリ民衆が「恐怖政治」を要求 　　　革命軍(食糧徴発隊)創設 　　　公安委員会の権限強化 10月　共和暦(革命暦)を採用 　　　「革命政府」宣言 　　　王妃マリー゠アントワネット処刑 　　　ジロンド派処刑 12月　共和国軍，トゥーロン奪回 　　　ロベスピエール「革命政府の原理原 　　　則」演説	4月　スコットランドで国民代表大会(第2 　　　回) 5月　議会改革を求める請願運動(Br) 8月　アイルランド議会が国民代表大会を非 　　　合法化 　　　サン゠ドマングで黒人奴隷解放宣言 10月　スコットランドで国民代表大会(第3 　　　回) 11月　ブリテンの国民代表大会
1794	1月　ヴァンデの反乱，ほぼ平定 2月　全フランス植民地での黒人奴隷制廃止 　　　ロベスピエール「徳と恐怖」演説 3月　エベール派を逮捕，処刑 　　　ダントン派を逮捕，翌月に処刑 5月　「恐怖政治」の頂点 6月　最高存在の祭典 7月　テルミドール9日のクーデタ，翌日， 　　　ロベスピエール派処刑 11月　ジャコバン・クラブを閉鎖	5月　イングランドの「ジャコバン派」逮捕， 　　　人身保護法一時停止
1795	5月　革命裁判所の廃止 8月　1795年憲法 10月　国民公会解散，総裁政府成立	5月　UI，秘密結社として再結成 6月　ロンドン通信協会の大衆集会，以後 　　　97年まで繰り返す 7月　ブリテン全域で食糧一揆が広がる 11月　煽動的活動を取り締まる「国王布告」 12月　「治安二法」(煽動集会法と反逆行為 　　　法)
1796	1月　ヴァンデの反乱，ゲリラ的に再開する 　　　も，6月までに鎮圧 4月　ナポレオン，第1次イタリア遠征 5月　「バブーフの陰謀」発覚	2月　ウルフ・トーン，フランスへ 夏　ピット政権，対仏講和交渉 10月　バーク『国王弑逆総裁政府との講和』
1797	5月　バブーフ処刑	3月　ジョン・アダムズ，アメリカ合衆国大

南欧, ネーデルラント	中・東欧, 北欧, ロシア	年
	5月　秘密革命委員会の結成(P) 7月　プロイセン軍, マインツを占領 8月　ハイノーツィ「ハンガリーに与える新たな国制の構想」(H)	
6月　ナポリ王国,「ジャコバン派」陰謀事件 10月　フランス軍とオランダ・パトリオット派「バタヴィア軍」が行動開始	3月　コシチューシコ蜂起(P) 5月　マルティノヴィチ,「改革派秘密協会問答書」「自由・平等協会問答書」(H) 7月　オーストリア「ジャコバン派」, 一斉逮捕 8月　ハンガリー「ジャコバン派」, 一斉逮捕 10月　コシチューシコ, マツェヨヴィツエの戦いで敗北, ロシアの捕虜となる 11月　パヴリコフスキ, フランスに亡命	1794
2月　バタヴィア共和国(N) 5月　イギリスがバタヴィア共和国に宣戦布告(第5次蘭英戦争) 10月　フランス, ベルギーを併合	1月　ヘーベンシュトライト, 処刑(At) 5月　ハンガリー「ジャコバン派」公開処刑(第1回) 6月　ハンガリー「ジャコバン派」公開処刑(第2回) 8月　カント『永遠平和のために』 10月　第3次ポーランド分割 11月　スタニスワフ2世退位, ポーランド＝リトアニア共和国消滅	1795
3月　ハーグで国民議会開催(N) 10月　チスパダーナ共和国(It)	11月　グスタヴ4世アドルフの親政開始 　　　エカチェリーナ2世死去 12月　パーヴェル1世, コシチューシコを含むポーランド人捕虜を釈放	1796
5月　ヴェネツィア共和国消滅	4月　ナポレオン, オーストリアとレオーベ	1797

年	フランス	英米，大西洋圏
	10月　カンポ・フォルミオ条約により，オーストリアと講和	統領（～1801）
1798	5月　ナポレオン，エジプト遠征	2～4月　ユナイテッド・イングリッシュメン（UE）とロンドン通信協会のメンバーの逮捕あいつぐ 5月　アイルランド反乱 8月　フランス軍，アイルランドに上陸（9月降伏）
	12月　イギリス，オーストリア，ロシア，スウェーデン等による第2次対仏大同盟	
1799	3月　フランス，オーストリアへ宣戦布告 4月　共和国7年の選挙（ネオ・ジャコバン派躍進） 5月　シィエス，総裁就任 7月　ジャコバン・クラブの再建 11月　ブリュメール18日のクーデタ 　　　臨時統領政府の成立 12月　ナポレオン，第一統領（～1804） 　　　1799年憲法	3月～4月　UI と UE の逮捕あいつぐ 7月　ロンドン通信協会，UE，UI，ユナイテッド・ブリトンズ，ユナイテッド・スコッツメンは非合法化
1800		ブリテン＝アイルランド合同法，翌年，「連合王国」発足 オーウェン，ニューラナーク工場村を経営（Br）
1801	ナポレオンと教皇庁との間でコンコルダ	トマス・ジェファーソン，アメリカ合衆国大統領（～1809）
1802	アミアンの和約により，イギリスと講和	
	ナポレオン，終身第一統領	
1803		フランスからルイジアナを購入（Am）
1804	フランス民法典 ナポレオン皇帝，第一帝政（～1814）	ハイチ共和国
1805		
	イギリス・ロシア・オーストリア・スウェーデン等による第3次対仏大同盟	
	トラファルガー海戦	

南欧，ネーデルラント	中・東欧，北欧，ロシア	年
7月　チザルピーナ共和国(It)	ン仮条約締結 11月　プロイセン王フリードリヒ・ヴィルヘルム2世死去，フリードリヒ・ヴィルヘルム3世(〜1840) この年　アドレルスパッレ「ジャコバン主義とは何か」(S)	
2月　ローマ共和国 4月　ヘルヴェティア共和国(Sz) 5月　バタヴィア共和国憲法公布(N)	10月　パリで「ポーランド共和主義者協会」結成	1798
12月　　　　　　　　　同　　　　　左		
1月　ナポリ共和革命	8月　コシチューシコ，パリでポーランド共和主義者協会に参加	1799
	パヴリコフスキ『ポーランド人は独立を勝ちとることができるか』，パリで匿名出版 1800年議会(S/F) ユンタン主要メンバーのウップサーラ追放とイャルタの爵位放棄(S) イャルタ「真のジャコバンとは何か」(S)	1800
		1801
ナポレオン，イタリア共和国大統領(〜1805)		1802
		1803
	フランツ2世，オーストリア皇帝を称す ベートーヴェン第3交響曲「エロイカ」初演	1804
ナポレオン，イタリア王(〜1814)		1805
同　　　　　左		
	シラー死去 アウステルリッツ三帝会戦	

年	フランス	英米，大西洋圏
1806	ナポレオン，ベルリン勅令により大陸封鎖開始	ピット死去 フォックス死去
	プロイセン，ロシア，スウェーデン，イギリス等による第4次対仏大同盟	
1807	ティルジット条約により，プロイセン・ロシアと講和	イギリス領での奴隷貿易廃止
1808	グレゴワール『黒人の文学について』	イギリス艦，長崎港に侵入(フェートン号事件)
1809		ジェームズ・マディソン，アメリカ合衆国大統領(〜1817)
	オーストリア・スペイン・イギリス等による第5次対仏大同盟	
1810		
1812	ナポレオン，ロシア遠征に敗北	1812年戦争(Am, Br)
1813	ロシア，プロイセン，イギリス，スウェーデン，スペイン等による第6次対仏大同盟	
1814	ウィーン会議(〜1815)	
1815	ワーテルローの戦い ナポレオン，セントヘレナ島(英領)へ流刑	
1816		
1817		ジェームズ・モンロー，アメリカ合衆国大統領(〜1825) リカード『経済学と課税の原理』
1818		

南欧，ネーデルラント	中・東欧，北欧，ロシア	年
ジョゼフ・ボナパルト，ナポリ王(〜1808) カルボナリ結成(It) ルイ・ボナパルト，ホラント王(〜1810) (N)	ライン同盟 フランツ2世，神聖ローマ皇帝退位	1806
同 　　　左		
	プロイセン改革開始	1807
半島戦争(〜1814)(Sp) ジョゼフ・ボナパルト，スペイン王(〜1813) ジョアシャン・ミュラ，ナポリ王(〜1815)	第2次ロシア・スウェーデン戦争(〜1809)	1808
	グスタヴ4世アドルフ，クーデタにより廃位	1809
同 　　　左		
	カール13世(〜1818)(S) スウェーデン，フィンランド大公領をロシアに譲渡 政体法改正(S) メッテルニヒ，外相(〜1848) フランス領イリリアの成立	
ホラント王国をフランスに併合(N) カディス憲法制定議会(Sp)	ヤーン『ドイツ民族性』(D) ジャン＝バティスト・ベルナドットの立太子(S)	1810
1812年憲法(Sp) シチリア自由憲法		1812
同 　　　左		1813
	ライプツィヒの戦い	
同 　　　左		1814
ゴヤ「1808年5月3日」		
ウィレム1世(ウィレム6世)，ネーデルラント連合王国国王(〜1840)	ドイツ連邦 神聖同盟	1815
両シチリア王国		1816
	ブルシェンシャフトのヴァルトブルク祭(D)	1817
	パヴリコフスキ『刑罰論』(P) カール14世ヨハン，スウェーデン王(〜1844)	1818

年	フランス	英米，大西洋圏
1819		スペインからフロリダ半島を購入(Am) マンチェスタで政治集会を弾圧したピータールー事件
1820		ミズーリ協定(Am)
1821		
1825		イギリスで空前の好況，年末に恐慌，近代的経済循環の始まり
1829		カトリック解放法(Br/Ir)
1830	7月革命	マンチェスタ・リヴァプール間に商業鉄道運用

南欧，ネーデルラント	中・東欧，北欧，ロシア	年
	カールスバート決議(D)	1819
スペイン立憲革命 ナポリでカルボナリ革命		1820
ピエモンテ革命(It) ギリシア独立戦争(〜1829)	メッテルニヒ，宰相(〜1848) ヘーゲル『法の哲学』	1821
ジャワ戦争(〜1830)(N)	ハンガリー・アカデミー創設 ニコライ1世(〜1855) デカブリストの乱(R)	1825
ギリシア独立	パヴリコフスキ，ワルシャワの獄中で死去	1829
ベルギー独立	セーチェーニ『信用』(H) 11月蜂起(P)	1830

あとがき
―― レスプブリカのアクチュアリティ

　2022年2月24日，ウラジーミル・プーチンのロシアはウクライナに侵攻した。それから2か月程が経過した本日5月1日までに，ロシア・ウクライナ間の停戦協議は何度か開催されてきた。しかし，先行きはいまだ不透明。コロナ・パンデミックにロシア・ウクライナ戦争が重なった今日，私たちは世界史上稀に見る混沌の中にある。本書第9章の執筆者である池田嘉郎は，ソヴィエト連邦を「共和政の帝国」と形容したことがある[1]。しかし，どうも今般の侵攻は，現在のロシア連邦が「共和政の帝国」という名辞を冠することに正当性を与えてしまったようにもみえる。

　ところで，この「共和政の帝国」という語には既視感がないだろうか。ソ連以外にも，アメリカという「王のいない共和政の帝国」や19世紀のイギリスという「王のいる共和政の帝国」を，つまり，君主の有無にかかわりなく民主政に漸近した共和政国家が歴史的に展開してきた帝国主義国家を想起させるのである。本論集が扱った共和政（レスプブリカ）という，「より多くの者が幸せに暮らせる国」ないしは「公共善の実現体」が，同胞民族の併合を建前に帝国的に拡大する可能性があることを，期せずしてロシア・ウクライナ戦争は提起したのである。現代の帝国論にも繋がるアクチュアルなテーマなのである。

　私は冒頭で「プーチンのロシア」と述べた。現代ヨーロッパにおいて家産制国家は存在しないと信じたいので，このように形容すれば，語弊が付きまとうかもしれない。しかし，私が「プーチンのロシア」という語を通じて言わんとしたのは，「皇帝（君主）のいる共和国」のことである。1790年代のヨーロッパ各地のジャコバンは，（序章の近藤論文の定義では）「ジャコバンA」と「ジャコバンB」の2つに分岐しつつも密接に連関しながら展開した。第4章の小山論文はまさにそのBからAへの転換を論じたのである。第2章の中澤は，以上を「ジャコバン現象」と名付け，最終的に以下の2つの方法，つまり，（A）レスプブリカを最も急進的に民主政を通じて実現する方法と，（B）これを穏健に立憲君主政によって達成するという方法とが19世紀へと継承されたと結論した。

共和政という語のこの多義化こそ，ヨーロッパの近世から近代への変動の実態そのものを表していると言えないだろうか。

＊　　　＊　　　＊

　ところで，終章の高澤論文は，「世襲に基づく王は，市民法の保護を受けることができるのか。……主権を国王から国民へと移したフランス革命に厳しく突きつけられた問いである」と述べた。これは特に，市民革命以後も生き残った君主政，つまり，人権や市民権と共存することになる 1830 年や 1848 年革命期の君主政国家の市民が長期にわたり対峙した課題でもある。近代君主政史研究のほか共和政史研究に突きつけられた重いテーマとなるだろう。

　ちなみに，19 世紀においても，それまでに選挙王政を経験してきた中・東欧では，ジャコバンＡとジャコバンＢのフレームは共和政という概念範疇のもとで共振し続けた。たとえば，「王のいる共和政」下において国民の合意のもとに即位した王は「終身の大統領的な行政官」あるいは「国民とともに歩む王」であると理解された2)。ハンガリー・ジャコバンにおいては，選挙に基づく王は，市民の第一人者で国民主権の担い手の一人でもあったから，当然ながら市民法の保護下に入った。しかし，世襲の絶対君主や専制君主は理論的には市民法を超越するので，同法の保護下に入るとはそもそも想定されていない。ハンガリー・ジャコバンが抵抗権の行使可能性を通じた合意の回路を君主政に内包させることに苦心したのは，実際に目の前にあるハプスブルク世襲王政に制限をかけるために他ならなかった。

＊　　　＊　　　＊

　総じて本論集は，西洋近代に内包される複数の様態に着目することで，近世から近代そのものを総点検した。特に複合／礫岩国家論を通じて従来のウェストファリア型主権国家論批判を展開してきた近世史家たちが，近代移行期の只中にあったジャコバンの国家論・政体論に着目し，近代史研究の最新の知見をもとに一から再検討を試みたのである。「王のいる共和政」は近世史家には馴染深い概念である。これに対して，「王のいない共和政」は長らく「近代」共和主義の典型と目されてきた。しかし，これは自明のことなのだろうか。本書

は，ジャコバンにおいてすら，核心に「王のいる共和政」論が存在し，その多
義性と移行のプロセスとには地域別に無数の特性が存在したことを確認した。

　なにより，近藤論文が序章で述べたように，本書に収められている論考は，
パーマーやポーコックの影響のもとに始まったのではない。西欧史や大西洋史
観とは別個に展開していた中・東欧史や北欧史研究の独自の伝統から生まれた
ものである。本書が示すような「東西の共振」は，近年になってようやく相互
に認知されるにいたった[3]。その観点からすると，中・東欧圏という選挙王政
型の共和主義的伝統，大西洋圏という市民的人文主義型の共和主義的伝統は，
今後，欧米圏という起源を同じくする2つの近代的時空間の相互関係性を解
明するための礎になるはずである[4]。実際に，第4章の小山論文はハイチ革命
とコシチューシコ蜂起を同じ俎上に載せて議論する可能性を秘めている。

　では，この2つの時空間を同等に検証する際に共有すべき認識とは何だろ
うか。三政体のうち民衆政（民主政）による合意を主な根拠とする大西洋圏の
「王のいない共和政」は，三政体混合による合意に基づく中・東欧圏の「王の
いる共和政」とは，外見上鋭く対立する。しかし，着目すべきは，両者のいず
れも，「合意」をその基盤としていることである。つまり，東西の共和政史研
究に常に必要とされるのは，ヨーロッパ史に規定される合意の意味内容とその
変転を不断に問い続けることであろう。そうすることで初めて，中・東欧圏な
らびに北欧圏と大西洋圏との異同を厳密に検証することが可能となろう。さら
に，このほかに以下の3点に着目する必要がある。

　(1)「王のいる共和政」も，変革を求めた以上，正当とされる体制を暴力的
に構築し維持する手法が存在した。武力抵抗権の是非は当時も議論されていた。
フランスのジャコバン（山岳派）によるテロルとは規模も徹底の度合いも比にな
らないが，テロルをジャコバンBの「王のいる共和政」と相容れないものと
して区別してしまってよいのだろうか。むしろ，19〜20世紀にヨーロッパ規
模で進行する構造的暴力を理解するためには，ヨーロッパ各地のジャコバンが
近代の入り口にあって，いかに暴力を捉え，どのように暴力を正当化したかを，
正確に見据えなければならない。非歴史的だと思う読者もいるかもしれないが，
この問題は今次のロシアによるウクライナ侵攻を考察する際の前提になるとさ
え思う（詳細は別稿での考察を要する）。

(2) 共和主義の進展と近代の人びとの実態。近代の「民主政のレスプブリカ」からも「立憲君主政のレスプブリカ」からも零れ落ちる人びとが存在した。つまり，近代の人権や市民権の埒外に置かれ，市民的編成から零れ落ちた人びとが存在したのである。この問題を共和政史研究はいかに捉えるべきか。人権や市民権がもつ構造的差別の問題を，「長い 19 世紀」における共和政(レスプブリカ)の長期変動や産業資本主義との連関の中に布置して捉え直す必要がある。そうした構造的差別を社会史的文脈から検証する余地が残されている。共和政とジェンダー，階級，エスニシティ，疫病など，テーマは事欠かない。問われているのは，私たちが自明としてきた近代的諸価値そのものなのである。

　(3) 思想史との対話。共和政研究には，歴史学と思想史が別個に積み上げてきた膨大な業績がある。双方を相互交流のもとに発展させる必要があろう。2000 年代を例としよう。西洋史学と思想史学の 2 つの共和政研究，つまり，小倉欣一編『近世ヨーロッパの東と西 —— 共和政の理念と現実』(山川出版社，2004)と田中秀夫，山脇直司編『共和主義の思想空間 —— シヴィック・ヒューマニズムの可能性』(名古屋大学出版会，2006)とは，ともに極めて高水準の議論を展開していたにもかかわらず，当時はいかなる対話も果たせなかった。両著は Martin van Gelderen and Quentin Skinner (eds), *Republicanism: A shared European heritage,* vol. I-II (Cambridge, 2002)を踏まえていたし，この時点で対話が実現していれば，2010 年代に近世史学で再興隆する複合／礫岩国家論にもっと異なるアクセントをつけられたはずである。複合／礫岩国家論は共和政論と，核心の部分で密接に関わっている。

＊　　　＊　　　＊

　本論集は，2016-2019 年度科学研究費補助金・基盤研究(B)一般「ジャコバン主義の再検討 ——「王のいる共和政」の国際比較研究」(研究課題番号 16H03499)および，同上研究メンバーが関与した早稲田大学総合研究機構傘下にあるナショナリズム・エスニシティ研究所の A 班「伝統と国民形成」による研究成果の一部である。出版に際しては，早稲田大学総合研究機構より，2021 年度学術書出版補助費を得ることができた。短期間で仕上がる目に見える成果しか評価されない昨今，本書のような人文系の研究成果の出版に惜しみ

ない助力を施してくれたことに感謝の意を表したい。

　なにより「王のいる共和政」研究プロジェクトの始動当初からこれに着目し，出版まで漕ぎつけて下さった岩波書店の石橋聖名さんに心より御礼申し上げる。本書を作り上げていく過程でみせられた並々ならぬ熱意と要所での適切な指摘の数々は，私たち執筆メンバーにとって大きな支えとなった。

　また，ハンガリー・中欧大学のバラージュ・トレンチェーニ教授，ポーランド科学アカデミーのアンナ・グジェスコヴィアク＝クルヴァヴィチ教授，オクスフォード大学のロバート・エヴァンズ名誉教授(欽定講座)には，本書のコンセプトに助言を頂くとともに過分の評価を得た。心より感謝申し上げる。

2022 年 5 月 1 日

中澤達哉

註

1)　池田嘉郎「帝国，国民国家，そして共和制の帝国」『Quadrante：クァドランテ』(第 14 号，2012)，81–99 頁。

2)　井内敏夫『ポーランド中近世史研究論集』(刀水書房，2022)，45 頁；拙稿「ヨーロッパの選挙王政と世襲王政」歴史学研究会編・加藤陽子責任編集『天皇はいかに受け継がれたか —— 天皇の身体と皇位継承』(績文堂出版，2019)，303 頁。

3)　2019 年 3 月に，中澤が代表を務める上述の科学研究費補助金・基盤研究(B)とハンガリー・中欧大学歴史学部との連携による国際会議 European Jacobins and Republicanism を開催した。ここで，ハンガリーのみならず，ドイツ・ポーランド・スウェーデン・オーストリアでも，ジャコバンを名乗る「王のいる共和政」思想が存在したことを指摘した。さらに同地域の「王のいる共和政」論の源流を，政治的人文主義による古代ローマ共和政の近世的再解釈に求めた上で，中・東欧におけるその拡大の要因の一つとして，これが啓蒙君主政の正統化原理として機能したという解釈を発表した。現在，本国際会議の英語での成果出版が進行している。一方，日本では，同年 5 月の日本西洋史学会小シンポジウム「「革命」「自由」「共和政」を読み替える —— 向う岸のジャコバン」および 2021 年 12 月の早稲田大学高等研究所シンポジウム「ジャコバンと共和政 —— 歴史学と思想史の対話」を開催した。

4)　本論集の各章で言及されているパーマーは民主革命の圏域に中・東欧を含めて理解したが，のちの研究の多くはこれを除外している。一方，F. ヴェントゥーリ(加藤喜代志・水田洋訳)『啓蒙のユートピアと改革』(みすず書房，1981)は，ポーランドを大西洋圏との連関の中で論じた稀有な事例である。歴史学においても，中・東欧圏や北欧圏の把握の仕方にはいまだ懸隔が存在していると言えよう。

［執筆者紹介（執筆順）］

近藤和彦（こんどう・かずひこ）
東京大学名誉教授／イギリス近世・近代史

森原　隆（もりはら・たかし）
早稲田大学文学学術院教授／フランス近世・近代史

阿南　大（あなみ・だい）
日本女子体育大学体育学部講師／ハプスブルク地域史

小山　哲（こやま・さとし）
京都大学大学院文学研究科教授／ポーランド近世史

正木慶介（まさき・けいすけ）
神奈川大学外国語学部准教授／イギリス近代史

古谷大輔（ふるや・だいすけ）
大阪大学大学院人文学研究科教授／北欧史

小原　淳（おばら・じゅん）
早稲田大学文学学術院教授／ドイツ近現代史

小森宏美（こもり・ひろみ）
早稲田大学教育・総合科学学術院教授／エストニア近現代史

池田嘉郎（いけだ・よしろう）
東京大学大学院人文社会系研究科教授／ロシア近現代史

高澤紀恵（たかざわ・のりえ）
法政大学文学部教授／フランス近世史

［編者］

中澤達哉

早稲田大学文学学術院教授。中・東欧史。著書に『近代
スロヴァキア国民形成思想史研究——「歴史なき民」の
近代国民法人説』(刀水書房, 2009),『ハプスブルク帝国
政治文化史 —— 継承される正統性』(共編著, 昭和堂,
2012)などがある。

王のいる共和政　ジャコバン再考

　　　　　　2022 年 6 月 28 日　第 1 刷発行
　　　　　　2023 年 5 月 15 日　第 3 刷発行

編　者　　中澤達哉
　　　　　なかざわたつや

発行者　　坂本政謙

発行所　　株式会社 岩波書店
　　　　　〒101-8002　東京都千代田区一ツ橋 2-5-5
　　　　　電話案内　03-5210-4000
　　　　　https://www.iwanami.co.jp/

印刷・精興社　製本・牧製本

歴 史 と は 何 か 新版	E. H. カー 近藤和彦 訳	四六判 410 頁 定価 2,640 円
フ ラ ン ス 絶 対 主 義 —歴史と史学史—	ファニー・コザンデ ロベール・デシモン フランス絶対主義 訳 研 究 会	A5判 358 頁 定価 7,370 円
イギリス革命と変容する〈宗教〉 —異端論争の政治文化史—	那 須 敬	A5判 258 頁 定価 6,160 円
フランス革命と神聖ローマ帝国の試煉 —大宰相ダールベルクの帝国愛国主義—	今 野 元	A5判 394 頁 定価 10,450 円
ロ シ ア 革 命 破局の 8 か月	池 田 嘉 郎	岩 波 新 書 定価 924 円

―――― 岩波書店刊 ――――

定価は消費税 10% 込です
2023 年 5 月現在